◎本书获上海电子信息职业技术学院高层次与紧缺人才

U0586997

语言类型学视域下
邵阳方言否定判断研究

唐玉环 / 著

湖南师范大学出版社

·长沙·

图书在版编目（CIP）数据

语言类型学视域下邵阳方言否定判断研究／唐玉环著. —长沙：湖南师范大学出版社，2024.3
ISBN 978 – 7 – 5648 – 5240 – 5

Ⅰ.①语…　Ⅱ.①唐…　Ⅲ.①湘语—方言研究—邵阳　Ⅳ.①H174

中国国家版本馆 CIP 数据核字（2024）第 014953 号

语言类型学视域下邵阳方言否定判断研究

Yuyan Leixingxue Shiyu xia Shaoyang Fangyan Fouding Panduan Yanjiu

唐玉环　著

◇出 版 人：吴真文
◇组稿编辑：李　阳
◇责任编辑：李　阳
◇责任校对：谢兰梅
◇出版发行：湖南师范大学出版社
　　　　　　地址／长沙市岳麓区　　邮编/410081
　　　　　　电话/0731 – 88873071　　0731 – 88873070　　0731 – 88872256
　　　　　　网址/https：//press. hunnu. edu. cn
◇经销：新华书店
◇印刷：长沙市宏发印刷有限公司
◇开本：710 mm×1000 mm　1/16
◇印张：19.75
◇字数：380 千字
◇版次：2024 年 3 月第 1 版
◇印次：2024 年 3 月第 1 次印刷
◇书号：ISBN 978 – 7 – 5648 – 5240 – 5
◇定价：89.00 元

|目　录|

绪　论

一、选题意义

否定范畴是语言学研究的重要范畴之一。否定范畴还牵涉时、体、疑问、语气等多个语法范畴，并与语义、语用、逻辑推理关系密切。任何一种语言都存在否定表达方式，任何一个陈述都包含要么肯定要么否定的语义判断，吕叔湘先生（1982）深刻地指出："一句话，从形式上说，不是肯定，就是否定。"[①] 人们在表达肯定之外，在认识外部世界和交际交往的过程中，必定还要对主观意愿、性状、动作、事件等做出否定性的表达。因此，语言上的否定以"逻辑-语义"为基础，并涉及语法、语用等多个层面。要真正掌握一种语言，必须正确理解和恰当运用这种语言的否定表达方式；要深化句法语义语用研究，必须深入研究语言的否定范畴。

从20世纪90年代起，否定范畴成为语言学界研究的热点问题之一。长期以来，学者们的研究焦点主要集中在普通话的否定词和否定式上，对汉语方言否定的关注相对较少，尤其是对某一方言点的否定范畴进行深入系统的研究则更是少之又少。汉语方言否定的研究成果大部分聚焦在对否定标记词的用法描写上，缺少从类型学的角度对汉语方言否定进行深入研究。如果我们能够对某个有代表性的方言点的否定范畴进行深入分析，并将其进行跨方言的比较研究，从类型上进行归纳和概括，那么这将会大大深化对现代汉语否定范畴的认识。这种深度挖掘语言事实并进行广泛比较的研究是方言语法研究进一步深化的必然要求，因而也

[①] 吕叔湘. 中国文法要略[M]. 北京：商务印书馆，1982：234.

是一项具有重要学术意义的课题。

本课题为什么选择湖南邵阳作为研究样本？主要原因在于，邵阳所在的地理位置使其否定标记词具有汉语南北方言过渡地带的复杂性与特殊性。

否定标记词与地域有明显的相关性。有多位学者曾经指出汉语方言否定词具有南北差异，如日本语言学家桥本万太郎（1985）开创性地运用了语言地理类型学的方法，他认为，亚洲大陆语言的否定词呈现出明显的地理分布特征，呈现出"纵"的变化，南方方言的否定词大多数用暗鼻音［m］或［n］，北方大部分使用闭塞音［p］，而在长江流域附近由南方型移向北方型，成为向闭塞音过渡的摩擦音［f］。① 张敏（2002）则从动态（历时）类型学方面提出解释——存在否定词向普通否定词用法引申是人类语言的常见现象，而且是可以循环发生的机制，华南 m 型普通否定词是 m 型存在否定词多次引申的产物。② 刘丹青（2005）指出，汉语古今南北普遍具有普通否定与有无否定（存在否定）的词项差异，并认为湘方言的否定类型为北中型，其普通否定和有无否定的声母对立，分别为 p（或吴语的 f）和 m（或其他鼻音变体）。同时指出这是由上古汉语一脉相承的格局。③ 这些学者的研究成果表明，从宏观的语言地理类型学的视角来看，汉语方言的否定标记词在形式与功能的对应上具有明显的南北差异。

邵阳市位于湖南省的西南部，处于与贵州省、广西壮族自治区、广东省的交界地带，这一区域也处于湘语的南部区域，周边有西南官话、平话、赣语、粤语和土话等汉语方言，还有壮语、侗语、苗语、瑶语等民族语言。与以长沙为代表的北部湘语否定词的"不""冇""莫"明确三分相比，邵阳方言否定词的表现形式与语法功能更为复杂，呈现出南北方言的过渡性特征。

此外，沈家煊（2010、2017）指出，汉语注重"是"和"有"的分别（"是""有"分立），对"是"的否定只能用"不"，对"有"的否定只能用"没"，因而不存在"没是"和"不有"的说法。④ 这一论断对于汉语普通话和大部分北方方言而言的确如此，但对于南方方言诸如湘方言、赣方言、客家话、闽方言、粤方

---

①［日］桥本万太郎．语言地理类型学［M］．余志鸿，译．北京：北京大学出版社，1985：76-85.

②张敏．上古、中古汉语及现代南方方言里的"否定-存在"演化圈［C］//余霭芹．Proceedings of the international symposium on the historical aspect of the Chinese language：commemorating the centennial birthday of the late professor Li Fangkuei，vol Ⅱ．Seattle：University of Washington，2002：571-616.

③刘丹青．汉语否定词形态句法类型的方言比较［J］．（日）中国语学，2005（252）：1-22.

④沈家煊．英汉否定的分合和名动的分合［J］．中国语文，2010（5）：387-399；沈家煊．从语言看中西方的范畴观［J］．中国社会科学，2017（7）：131-144.

言而言是否绝对如此呢？回答是：不一定。在湖南邵阳方言中，判断动词"是"就可以用"唔"和"冇"两个否定标记词来否定，呈现出"唔是"与"冇是"并存的语言现象。因此，以"是"的否定作为切入点，从语言地理类型学的角度，对邵阳方言的否定范畴进行深入分析，并与周边方言、少数民族语言进行比较研究，有助于我们对南方方言的否定范畴有更为深入的了解，有助于我们进一步揭示汉语否定范畴的发展规律与发展趋势。

二、否定概说

（一）否定的内涵：否定观念、否定命题和否定范畴

否定的本质内涵究竟是什么？我们可以从否定观念、否定命题和否定范畴三个方面来理解否定的本质内涵。

1. 否定观念是人们对客观世界否定性本质的认识

否定与肯定相对立，二者都是客观世界的本质属性。否定问题不仅仅是一个语言学问题，而且是一个重要的哲学问题。否定的本质属性是什么？作为描述世界的方式，否定事实（负事实）是否存在于客观世界中？诸如此类的关于否定本质的问题也是哲学重点探讨的内容。否定是辩证法的内容之一，对否定的认识体现了我们认识世界的方法论。客观世界的否定性与矛盾性、物质运动紧密相关。事物内部充满着肯定因素和否定因素的矛盾，在事物存在、运动、发展的进程中，当事物内部的肯定因素居于主导地位时，事物就保持其相对稳定的存在，当否定因素处于支配地位时，事物就朝着相反的方向产生性质的改变，最终转换成另一个新生事物。这个过程就是事物自我否定的过程，世界万物永远处于这样的否定之否定的变化进程中。否定观念就是人们对客观世界的这种否定性本质的认识。

否定性与肯定性是一组对立的范畴，任何事物自身都有自相矛盾的否定性。哲学家黑格尔把否定看作是一种扬弃，他把否定推到前所未有的高度，并依据否定命题建立起否定之否定的辩证理论，在《小逻辑》的"存在论"部分，黑格尔认为肯定中包含着否定，肯定的同时就是否定。否定性就是一种限度和界限，因此否定性也是一种规定性。真正的否定性在他物中把自身确立起来，用他物来充

实自己，从而达到更高层次的肯定。① 对否定性的认识加深了人们对客观世界矛盾性的认识与把握，促进了人们认知能力、反思能力的发展。

2. 否定命题是断定对象不具有某种性质的命题

否定也是逻辑学的重要概念之一。否定跟合取、析取、蕴涵一起都是基本的逻辑联结词，否定以"非""不是"来表述，用逻辑学的符号表示就是："¬"或"~"。否定作为一种特殊的一元算子，我们可以将其看作一种不可能性算子。否定命题是断定对象不具有某种性质的命题。例如：

（1）迷信不是科学。

（2）辱骂和恐吓绝不是战斗。

根据否定命题主项的数量特征，否定命题又可以分为：全称否定命题、特称否定命题和单称否定命题，例如：

（3）一切知识都不是先天就知道的。（全称否定命题）

（4）有些老师不是共产党员。（特称否定命题）

（5）李时珍不是当代名医。（单称否定命题）

早在古希腊，哲学家和逻辑学家对否定命题就有所研究，如亚里士多德认为，从命题逻辑的角度来看，肯定命题是肯定主体中存在某个事物的断言，是肯定某事物属于另一事物；否定命题则是否定主体中存在某个事物的断言，是否定某事物属于另一事物。肯定和否定都有与之对应的事实，肯定命题并不比否定命题更真实或更虚假。② 但是还有一些哲学家持不同观点，他们认为否定命题的地位低于肯定命题，如布拉德雷指出，否定的本质是不相容性或排斥性，包括否定命题与肯定命题的不相容性、否定命题的主词与宾词的不相容性、否定命题的宾词与其他宾词的不相容性。③ 罗素（1983）认为，否定命题的产生和形成依赖肯定命题，但肯定命题的产生却不需要以否定命题为基础。否定命题具有依赖性，我们只能从 P 的空间来决定~P 的空间，而不能以~P 的空间来明确规定 P 的空间。否定在逻辑空间上具有"在……之外"的特性。否定的本质就是信念，是意识之中的东西，否定就是对某个对象或事件的相信或不相信。④ 同时，罗素还指出，否定判断的形成有一种肯定性的基础，即为"'不相似'的肯定关系"，只有

---

①［德］黑格尔. 小逻辑［M］. 贺麟，译. 北京：商务印书馆，1980：189.

②苗力田. 亚里士多德全集［M］. 北京：中国人民大学出版社，1990：40.

③徐为民. 语言之说［M］. 北京：中国社会科学出版社，2007：137.

④［英］罗素. 人类的知识［M］. 张金言，译. 北京：商务印书馆，1983：148，150.

在相关的肯定判断早已形成或想到的情况下，知觉才能引起否定的判断。

语言哲学家维特根斯坦对否定做出了深刻的表述，他认为否定不是现实的实在，而是逻辑的实在。维特根斯坦关于否定的最基本的思想可以表述为：否定不是存在于客观世界的东西，而是语言特有的现象，实在或客观世界只具有肯定的形式，不具有否定形式。语言中的否定命题，如"这朵花不是红色的"，其中的否定词或否定符号"不"或"～"不是实在本身固有的，"不"或否定符号"～"在实在世界中并没有与之相对应的东西。① 一个否定并不是世界上某种东西的某种名称，它只是一种运算符号，否定是一种逻辑常项，其功能是运算。"～"是同"∧（析取）""∨（合取）""→（蕴涵）"性质类似的命题联结词。当命题 P 为真时，～P 为假；当 P 为假时，～P 为真。"非 P"的"非"具有划界的功能。因此否定并不提供新的经验与信息，而仅仅服务于我们的知识整理和阐明。"否定"和"虚无"并非世界的一部分，它是被人类的精神带入了这个世界。②

张清宇（2004）认为，涉及否定的论题都跟否认有关，否认是跟断定很不相同的一种语言行为。断定通常由具有某种语旨能力的陈述句来实施，目的是向听者表明（或者至少要使听者相信）言者所述之言；否认则是另一种具有语旨能力的语言行为，目的是向听者表明言者拒绝相信这样的事情（或者至少要使听者相信是如此）。否认要比单纯的不相信的语力显得更强一些，不相信的未必就是否认的，但否认的一定是不相信的。③

哲学家、逻辑学家们对否定进行探究的主要目的是促进命题逻辑的推理运算，从而达到对世界的"真"的把握，他们对否定的产生、否定与现实世界的关系、否定与肯定的关系进行了深刻而又充分的论述，这些论述对语言学上的否定研究具有很大的启发性。

3. 否定范畴是否定观念在语言中的呈现

否定范畴是否定观念在语言中的呈现。语言学上的否定范畴反映了人类对自身和客观世界的肯否特性的主观认识与判断。奥托·叶斯柏森（2009）指出，所有或大多数语言否定的一般规则是："不"表示少于，低于，或者说介于所修饰词和零之间。例如"不好"表示的是"差的、次的"，而不包括"好极了"的意

---

①徐为民．语言之说［M］．北京：中国社会科学出版社，2007：144.
②［荷兰］范坡伊森．维特根斯坦哲学导论［M］．刘东，谢维和，译．成都：四川人民出版社，1988：50.
③张清宇．逻辑学九章［M］．南京：江苏人民出版社，2004：134.

义；"不温"表示低于"温"的温度，介于"温"和"冰冷"之间，而不是介于"温"和"热"之间。① 钱敏汝（1990）用黑格尔的"扬弃"概念把否定界定为：否定不仅意味着表达事物或事态与某种状态的联系或肯定关系无效，而且还酝酿着新意义的形成和新信息的传递，"任何具有扬弃作用的语言单位即具有否定意义，这样的语言单位可称为否定载体"。②

否定意义的传达有多种手段：一是否定标记词的使用，即用独立的语法成分（副词或动词）来表示否定，如现代汉语常常使用否定标记词"不""没""别"来表达否定，古代汉语则常用"不""否""无""非""弗""勿""未"等否定词，这些否定标记词是否定结构的显性形式标记。二是特定的语气语调，如反问句。反问句的语表形式与语里意义恰好相反，吕叔湘（1982）指出："反诘实在是一种否定的方式。反诘句里没有否定词，这句话的用意就在否定；反诘句里有否定词，这句话的用意就在肯定。"③ 反问句的否定作用来自反问语气，反问语气的形式手段有语调、重音、语速、疑问形式、语气词、副词、情态成分等。王力（1985）在《中国现代语法》中曾认为"反诘语当然可以当否定使用，这是很自然的道理"。④ 三是带有否定意义的词语，这些词语诸如动词"拒绝、懒得、后悔、免得、避免、缺乏、停止、禁止"等，形容词"错误、荒谬"等，这些词语本身就蕴涵着否定的意义，也可以表达否定的意思。四是特定的修辞手法，如反语修辞格。反语是运用跟本意相反的词语来表达语意，常常含有讽刺、嘲弄的色彩，如普通话中的"你干的好事！"，长沙方言中的口头禅"做好事！"，其中的"好事"均指相反的含义"坏事"或"糟糕的事"。

否定观念、否定命题、否定范畴三者既相互联系，又相互区别。其区别主要表现在：

一方面，所属范畴不同。否定观念属于哲学上的认知范畴，是人们对事物矛盾发展规律的主观认知；否定命题属于逻辑学上的运算范畴，是人们运用否定对事物的真假进行断定；否定范畴属于语言学上的语法语义范畴，是人们使用否定来传递态度或描述事件过程。

另一方面，研究的侧重点不同。否定观念是辩证法的基本内容之一，主要研

---

①［丹麦］奥托·叶斯柏森. 语法哲学［M］. 何勇，等译. 北京：商务印书馆，2009：505.
②钱敏汝. 否定载体"不"的语义、语法考察［J］. 中国语文，1990（1）：30-37.
③吕叔湘. 中国文法要略［M］. 北京：商务印书馆，1982：290.
④王力. 中国现代语法［M］. 北京：商务印书馆，1985：129.

究人们如何把握事物的矛盾运动规律，如何在批判中建构关于世界的整体认知，如何在改造世界的过程中提升和完善自我的认知能力；否定命题用语句表达，但否定是逻辑运算的重要内容，否定是命题的一种运算方式，否定命题或负命题主要研究在推理过程中否定对命题真值的影响；否定范畴是研究日常语言中的否定表达，主要研究否定的语法、语用意义，由于受话语语境和说话人主观语气的影响，日常语言中肯定式可以表达否定的意思，否定式也可以表达肯定的意思，日常语言否定的表达方式比逻辑学上的否定命题和负命题要更为复杂多样。

（二）汉语否定句的界定和否定的类型

否定句是相对肯定句而言、表达否定意义的句子。为了明确本书的研究对象，我们可以从句法的角度对汉语否定句和否定的类型进行清晰的界定。

1. 汉语否定句的界定

语言中传递否定意义的方式多种多样，但在语法形式表现上有很大的差别。上述四种否定手段中，第一种具有显性形式上的标记，是学界公认的语法上的否定结构。第二种则不一定有显性形式标记，如反问句"你难道没听说过？""你何必跟他吵？"中的"难道""何必"是反问句的标志性词语，体现了明显的反诘语气，但有的反问句要根据语境来确定是不是反问句，如"你哭什么？"，既可以看成是反问性的否定，表达"别哭"或"犯不着哭"的意思，也可以看成是特指问，询问对方"哭"的原因。从功用上看，反问句是一种表达否定的方式，但我们不能仅仅依赖其语用效果将其归纳为否定句，因此表达效果并不是否定句的成句标准。第三种方式很多学者认为是语法上的肯定句，虽然逻辑上肯定和否定是矛盾关系，但不能将带有否定语义的动词或形容词都视为否定式。第四种方式的肯定否定涵义也是要根据具体语境才能确定，脱离现实语境则难以辨别、难以理解。否定表达的意义与表达形式之间的不一致给否定句的界定带来了一定的困难。

关于否定句的界定，本书认为应该以形式标准作为主要标准。否定句的形式标准是对否定句进行科学研究、避免主观随意性的重要一环。因此，很多学者强调否定句的形式标准的重要性。金兆梓《国文法之研究》认为，肯定句与否定句的分别只需看是否有"不""无""非""弗""莫"等否定副词。吕叔湘（1982）

在《中国文法要略》中也指出"否定的句子必须要有否定的字样"。① 李宇明（2000）提出："语言学研究的否定范畴指的是与肯定形式相对立的否定形式，否定式与否定不同，否定式是在肯定式上添加否定标记所构成的结构。"②

本书认为，否定在本质上是一种否定性态度或一种否定性断定，是说话人的主观意愿的表达，或者是说话人对事件可能性的看法。本书讨论的否定范畴是一个语法语义范畴，它是由人们的否定观念投射到语言系统而形成。否定句有外在的形式标准，即运用否定标记词对整个句子或句子的谓语部分进行否定，因为谓语是句子表意的核心部分。胡清国（2004）指出："从汉语的实际出发，只有否定标记紧靠谓词或置于句首（实际起了全句谓词的作用）时才能称得上是否定句，如'并非/没有'等。"③ 例如：

（6）a. 父亲老了，走不快。

b. 父亲老了，走得不快。

（7）不是所有的牛奶都叫特仑苏。

例（6）中，a 句是否定句，否定标记词"不"紧贴谓词"走"，"不"与"快"一起组成"不快"，其语义还是作用在谓语"走"上；b 句中由于"得"的阻隔作用，"不"的语义只能作用于"快"，因而不是否定句。例（7）中"特仑苏"在蒙语中是"金牌牛奶"之意，即"不是所有的牛奶都具有特仑苏这样的高品质"，"不是"作用于全句，因此，例（7）也是否定句。

具体而言，汉语的否定包括：①主观性否定，包括否定意愿、判断、拒绝、禁止、属性等；②客观性否定，包括否定存在，对已经发生的事实的否认，对事物变化过程的否认。

"否定"概念的具体内容如下：

a. 表达拒绝或否定意愿。（不）

b. 否定物体的性状或习惯性行为。（不）

c. 否定状态或行为将发生或持续。（不）

d. 否定行为发生的可能性。（不）

e. 劝阻。（别）

---

① 吕叔湘. 中国文法要略［M］. 北京：商务印书馆，1982：234.
② 李宇明. 汉语量范畴研究［M］. 武汉：华中师范大学出版社，2000：20.
③ 胡清国. 否定形式的格式制约［M］. 武汉：华中师范大学出版社，2010：4.

f. 否定人或物的存在。（没）

g. 否定拥有。（没）

h. 否定状态已经存在或过去行为的发生。（没）

2. 否定的类型

从否定的性质来看，否定可以分为两种类型：语义否定和语用否定。

语义否定是从语义上对句子的真值条件进行否定，即指某个句子若要为"真"所必须符合的条件，语义否定也是对句子的"衍推义"进行的否定。语义否定一般用否定标记"不"来否定。

语用否定是从语用上对句子的适宜条件进行否定，即对表达命题方式的适宜性进行否定，语用否定也是对句子的"隐涵义"或"预设义"进行的否定，语用否定一般用"不是……而是……"或"不是……是……"格式，语用否定又称为"元语言否定"。例如：

（8）a. 这个小伙子不聪明。（语义否定）

b. 这个小伙子不是聪明，而是绝顶聪明。（语用否定）

（9）a. 他不爱你了。（语义否定）

b. 他不是不爱你，而是恨你。（语用否定）

从否定标记在句子中的显隐程度的角度来看，否定又可以分为显性否定和隐性否定。显性否定是指有否定标记的否定，如"他明天不来"，句中出现了"不"这样的否定标记；隐性否定是指不出现否定标记的否定，如"他拒绝回答记者的提问"，句中没有否定标记词，只出现了"拒绝"这样的蕴涵否定意义的词语。

三、相关研究综述

（一）汉语普通话的否定范畴研究

1. 关于"不""没"的语法属性和语法意义的研究

关于"不""没"的语法属性和语法意义，最基本的看法是：根据其句法分布，"不"是副词；"没"在名词前是动词，在动词、形容词前是副词。"不"表单纯否定，"没"表"领有、具有""已然""曾经"的否定。《现代汉语词典》（第七版）指出，不，副词，用在动词、形容词和其他副词前面表示否定，如：不去，不能，不多。动词"没"表示"领有、具有""存在"的否定，如：没理由。屋里没人。动词"没"还可以表示"不如""不够"，如：你没他高。来了没三天就走了。副词"没"表示"已然""曾经"的否定，如：他还没回来呢。我从没见过他。

朱德熙（1982）指出"不"是副词，"不"的语法意义是否定意愿、状态或惯常行为。"不"加在表示动作的动词或词组前边往往是对某种意愿的否定（不愿意、不肯、不想），如"我不跟他一块儿去。""我不喝水。"有时也表示没有某种习惯或癖好，如"他从来不抽烟。"其他如"没、没有、别、甭"等等都是动词。① 马庆株（1988）也指出"不"在自主动词前否定现在、将来和经常性的动作行为，表示"不肯""不愿意"的意思；"没"否定过去发出的动作行为；"不"在非自主属性动词前头的功能是否定某种属性。②

吕叔湘（1999）认为"不"是副词，只能修饰动词，不能代表动词；"没"是助动词，既能修饰动词，也能代表动词。"没"作为动词，是"有"的反义词。吕叔湘（2010）③、李瑛（1992）④、白荃（2000）⑤、聂仁发（2001）⑥ 均认为，"不"和"没"语法意义的区别主要是主观与客观的区别，"不"用于否定主观意愿，时间上可指过去、现在和将来；"没"用于客观陈述，时间上限于过去和现在，不能表达将来时间。例如：

（10）你去不去？——不去。（主观意愿）

（11）以前他没有去过。前天他没有去。今天他没有来。（客观陈述）

（12）我们昨天开了个会：我们昨天没开会。（否定完成）

（13）他读过高中：他没读过高中。（否定经验）

石毓智（2001）认为"不"和"没"是逻辑小品词，"不"和"没"的否定功能分工跟词的数量特征有关，"不"否定无法分清边界的具有连续量语义特征的词语，"没"否定有明确边界的离散量语义特征的词语。⑦

郭锐（1997）指出"不"和"没"的否定意义分别为："不"是对非过程时状的否定，即对谓词性成分本身情况的否定；"没"是对过程时状的否定，包括对事物存在和事件存在的否定。汉语谓词性成分在外在时间性上存在过程和非过

①朱德熙．语法讲义［M］．北京：商务印书馆，1982：200．
②马庆株．汉语的动词和动词性结构［M］．北京：北京大学出版社，1988：163．
③吕叔湘．现代汉语八百词［M］．北京：商务印书馆，2010：383．
④李瑛．"不"的否定意义［J］．语言教学与研究，1992（2）：110－115．
⑤白荃．"不""没"教学和研究上的误区［J］．语言教学与研究，2000（3）：221－226．
⑥聂仁发．否定词"不"与"没有"的语义特征及其时间意义［J］．汉语学习，2001（1）：21－27．
⑦石毓智．肯定和否定的对称与不对称［M］．北京：北京语言文化大学出版社，2001：35－82．

程的对立，"过程"是指谓词性成分实现为外部时间流逝过程中的一个具体事件，这种谓词性成分一般带有"着、了、过、正在、在、呢"等时间性成分，"非过程"是指谓词性成分不与时间流逝发生联系，只是抽象地表示某种动作、状态或关系，这种谓词性成分一般不带"着、了、过、正在、在、呢"等时间性成分。非过程成分一般用"不/别/甭"来否定，过程成分一般用"没（有）"来否定。①

王晓凌（2009）指出，"不"和"没"的主要区别是："不"是对非现实事件的否定，而"没"是对现实事件的否定。王晓凌将汉语的句子分为状态句与事件句，事件句下又可以进一步区分为现实事件句与非现实事件句。无论是表达主观性，对将来事件进行否定，还是对习惯或癖好的否定，"不"都可以看成是非现实命题选择的结果。而"正在进行""完成""结束""结果"等语义特征则选择"没"作为其否定标记。因此，现实事件句与"没"搭配，而非现实事件句、状态句与"不"搭配。②

沈家煊（1995、2010）认为"不"否定无界成分，"没"否定有界成分；"不"否定的是"是"，"没"否定的是"有"。沈家煊将其跟英语进行比较，分析了汉语否定词"不"和"没"的差异。研究结论为：汉语注重"是"和"有"的分别（"是""有"分立），对"是"的否定用"不"，对"有"的否定用"没"。汉语中的"有"是一个存在动词，因此，对"有"的否定，实际上就是对存在的否定。③

吕叔湘（1982）认为，"不"否定的是"是"，注意点在动词的动作性，"做不做"这件事；"没"否定的是"有"，"有没有"这件事，"没"的否定是对存在的否定。要是注意点在动词的动作性（做不做这件事），我们用"不"，要是注意点在事变性（有没有这件事），则用"没"或"未"。一般的否定用"不"，无论过去、现在、将来；用"无此事"的观念的时候用"没"和"未"。"没"和"未"大多用于过去，但也可延及现在甚至未来。"有"之否定，白话用"没"或"没有"。吕叔湘还认为："名词，汉语里似乎觉得它本身不受否定，所以没有和英语的 no 相当的否定词。可是我们可以否定事物的存在，就是否定'有'，这儿不用'不'，我们也可以否定两个事物的符合，就是否定'是'，这个文言里也不

———————

①郭锐．过程和非过程［J］．中国语文，1997（3）：162−175．
②王晓凌．非现实语义研究［M］．北京：学林出版社，2009：30−42．
③沈家煊．"有界"与"无界"［J］．中国语文，1995（5）：370−374；沈家煊．英汉否定的分合和名动的分合［J］．中国语文，2010（5）：387−399．

用'不'。"①

王士元（1990）认为"有"和"有过"都是体标记，"有"和"有过"之前的"没"是"不"的交替形式，"没有"实际上是一个语素复合体，由一个否定标记和一个体标记组成的序列，而"没"不仅仅是"没有"的简化形式。②

2. "不""没"的句法组合规律研究

"不""没"的句法组合规律的研究主要有以下几个角度。

第一，从动词的自主和非自主角度考察"不""没"与动词的搭配。马庆株（1988）认为自主动词既能用"不"否定，又能用"没"否定，非自主属性动词一般用"不"否定，非自主变化动词一般用"没"否定。

自主		非自主变化		非自主属性	
不看	没看	*不病	没病	不是	*没是
不想	没想	*不看中	没看中	不值	*没值
不洗	没洗	*不毕业	没毕业	不等于	*没等于
不搬	没搬	*不听见	没听见	不认得	*没认得

自主动词前的"不"否定现在、将来和经常性的动作行为，表示"不肯""不愿意"的意思；"没"否定过去发出的动作行为。非自主属性动词前头的"不"否定某种属性，即不具有某种属性。这里的属性是广义的，包括：

判断、同一、归属等关系。例如：是、等于、像、如、包括、符合、属于。

可能、估价等行为。例如：应当、可以、可能、值、值得、配。

多余、缺少等状态。例如：多余、缺少、缺。

心理属性。例如：认得、知道、盼、恨。

第二，从数量特征出发探讨名词、形容词和动词的否定组合规律。石毓智（2001）从词语的数量特征出发，归纳出自然语言肯定和否定公理：语义程度极低的词语，只能用于否定结构，语义程度极高的词语，只能用于肯定结构；语义程度居中的词语，可以自由地用于肯定和否定两种结构之中。石毓智指出，名词、形容词、动词的否定搭配情况与其数量特征有关。他认为可数的名词都是非定量的，有离散量特征，可以用"没"否定，如：人、笔、书、草、东西、苍蝇、学问、消息等，可以受"没"的否定。凡是不可数的名词都是定量的，都不

---

① 吕叔湘. 中国文法要略[M]. 北京：商务印书馆，1982：234-238.
② 王士元. 现代汉语中的两个体标记[J]. 袁毓林，译. 国外语言学，1990（1）：25-33.

能用"没"否定，如：质地、表面、要害、世界、官场等。语义程度极高的名词一般不能直接加"没"否定，如："声息、声音、强音"三个词中，语义程度极低的"声息"可以加"没"否定，但语义程度最高的"强音"不能用"没"否定。

　　形容词的量表现在程度的高低上，凡是可以用"有点""比较""很""太""十分""最"修饰的就是非定量的，可以用"不"否定，如：大、小、深、浅、长、短等。形容词表性质的动态变化时，经常使用两个句型：A. 名＋形＋了。B. 名＋变得＋形＋了。"高、红、重、窄、脏"之类的形容词可用于 A、B 两种句型，可用"不""没"否定，如"那棵树高了""那棵树变得高了""那棵树不高"。"笼统、老气、干脆、寒酸"之类的形容词不能用于 A 句型而能用于 B 句型，且只能用"不"否定，而不能用"没"否定。如："＊文章笼统了。/文章变得笼统了。/文章不笼统。/＊文章没笼统。"双音节形容词的构词方式对肯定否定也会产生一定的影响，凡是以意义相同或相近而且语义程度相等或相当的两个语素合成的复音节形容词，一般都可以用程度词序列切分，因此它们是非定量的，可以用"不"否定，如"安定、安全、暗淡、别扭、草率、吵闹、纯粹、大方"。凡是概念义不同的两个语素合成的复音节形容词，都不能用"不"否定，如笔直、冰冷、翠绿、嫩白、喷香、精瘦、稀烂等。汉语的性质否定格式是"不＋是＋形＋的"，程度否定格式是"不＋形"。

　　动词的量主要表现为重复次数的多少、持续时间的长短等，凡是其后的宾语可以自由地加上或删去数量成分的动词，是非定量的，可以用"没""不"否定。不同的动词由于其语义程度的高低差别导致其在肯定否定结构中出现的概率也有很大的差别：低程度词经常或只用于否定结构，如"介意、理睬、认账"；高程度词只用于肯定结构，如"拥戴、钦佩、铭记、合计、折合、相当、顶"；中等语义程度的词可以自由地用于两种结构，如"记得、说话、佩服"。还有的能用"不""没"两个否定标记来否定，如"听、说、看"；有的只能用"没"来否定，如"倒、塌、烧毁、完成"；有的只能用"不"否定，如"是、需要"。否定动词时，在具体的上下文中，"没"和"不"往往不能自由地替换，即使可以替换，也必然伴随着语义的改变。

　　第三，从动词的过程性与非过程性特征出发研究"不""没"与动词的组合规律。郭锐（1997）指出非过程成分都用"不/别/甭"来否定，如"他姓李。——他不姓李。""猫吃老鼠。——猫不吃老鼠。"过程成分都用"没（有）"来否定，如"他姓过李。——他没姓过李。""猫在吃老鼠。——猫没有吃老鼠。"郭锐认为现代汉语中的"没（有）"有两种基本用法，一是对事物的存在的否定，二是对过程性成分的否定，如果不考虑"没（有）"的词性，这两种说法从更高层次上说是相通的。

第四，从语义特征的角度论述"不""没"与动词的组合规律。戴耀晶（2000）从"没"和"了"与动作动词配合使用的角度来分析否定问题。他认为，否定的量向大确定，肯定的量向小确定；否定有［＋保持］的语义特征，肯定有［＋变化］的语义特征；否定与事件"前"相容，肯定与事件"后"相容；否定范围有不确定性，肯定范围有确定性。例如：

（14）李师傅前年学了计算机。（发生了"学计算机"的事件）

（15）看上去她脸上涂了油彩。（进入了"涂油彩"的状态）

（16）李师傅前年没学计算机。（保持"没学计算机"的原有状态）

（17）看上去她脸上没涂油彩。（保持"没涂油彩"的原有状态）

肯定标记"了"的［＋变化］语义特征指示了事件的某一时间点，即完成点或实现点，具有"点"的特征。否定标记"没"的［＋保持］语义特征指示了事件的连续时间段，即持续段，具有"段"的特点。由此造成了肯定句、否定句对时间词语、频率词语的句法共现和语义选择的不平行。这样就可以解释一部分副词在肯定句和否定句中意义不平行的语言现象。[①]例如：

（18）朱波已经去了内蒙古。（"已经"表事件发生）

（19）＊朱波已经没去内蒙古。（"已经"与"没"语义矛盾）

聂仁发（2001）认为"没有"＝［＋否定］［＋实现］，"不"＝［＋否定］［－实现］或［＋否定］［＋意愿］［＋性状］。"不"否定的是性状，是静态的；"没有"否定的是变化，是动态的。

"不""没有"的第一对区别性语义特征是［±活动］，例如：

（20）我们村子还不富，还是节约点。（静态）

（21）我们村子还没有富，还是节约点好。（动态）

这里"没有"否定的是将来某时刻活动的实现，并且与"没有"连用的将来

---

①戴耀晶. 现代汉语否定标记"没"的语义分析［C］//中国语文杂志社. 语法研究和探索（十）. 北京：商务印书馆，2000：49—56.

时间只能是时点，这与"没有"表示"实现"的时间点的属性相一致。"没有"对"了、着、过"的否定，都是对实现体的否定，"不"就是对未实现体的否定。

第五，从语义搭配的角度分析"不""没"与心理动词的组合规律。白荃（2000）将"不""没"与心理动词进行搭配后指出，认知心理活动并不是只能由"不"来否定。他把心理动词的否定情况分成四类：第一类，通常只能被"不"直接否定，包括"记得、认得、晓得、知道、希望、情愿"等；第二类，一般只能被"没"直接否定，包括"忘记、误会、误解、预料"等；第三类，既能被"不"直接否定，又能被"没"直接否定，包括"爱、猜、担心、当心、懂、打算、发愁、操心、惦记"等；第四类，既不能被"不"直接否定，也不能被"没"直接否定，包括"敢于、抱歉、当作、望（盼望、希望义）、看（认为义）"等。白荃还指出，"不"除了表示主观否定或主动否定之外，还可以否定自然界的某种运动本身，或表示某种自然现象到某时不再持续下去了，如："不打雷了，咱们走吧""伤口已经不流血了"。

第六，从认知功能语法的角度分析"不""没"与情态动词的组合规律。吕叔湘（1999）指出："不"可用在所有的助动词前，"没有、没"只限于用在"能、能够、要、肯、敢"等少数几个助动词前。"不会讲""不该去""不可以用""不应该问他""不愿意走"中，都不能用"没有、没"。"不"和"助动＋动"组合，有五种形式，包括"不能去""能不去""不能不去""能不能去？""能去不能？"，而"没有、没"只能有一种形式，即"没能去"。

宋永圭（2007）运用认知功能语法和语义学的概念和理论，从否定的角度对"能"的语法特征作了穷尽性的分析。宋永圭分析了"Neg＋能＋VP""不能不＋VP""不能没＋VP""能不＋VP？"等由否定词和"能"构成的构式，还讨论了与"能"组配的情态动词连用的否定问题。宋永圭认为"不"是情态否定标记，"没"是非情态否定标记，"没"可以影响命题内部谓语动词和体标记的选择。[①]

彭利贞（2007）认为，否定对情态多义会产生滤除作用或产生倾向性影响。彭利贞认为"没"具有现实的性质，只有表达动力情态的情态动词才能受"没"的外部否定，并且受"没"外部否定后，这些多义的情态动词的意义会单一化，如"能"可以表达三类情态意义，即动力情态［＋能力］、道义情态［＋许可］、

---

①宋永圭. 现代汉语情态动词否定研究［M］. 北京：中国社会科学出版社，2007：68-80.

认识情态［＋可能］，受"没"否定后只表达动力情态［＋能力］；"要"可以表达三类情态意义，即动力情态［＋意愿］、道义情态［＋必要］、认识情态［＋必然］，但是受"没"否定后只表达动力情态［＋意愿］。"会""可以"也可以表达动力情态，但却不受"没"的否定，因为"会""可以"表达的动力情态语义成分与"没"不相容。"会"表达的［＋能力］是未经限定的能力，具有恒定特征，具有无变化、连续量的特征，"能"体现的［＋能力］是经过限定的能力，在时间数量上具有变化性，"能"具有离散量的特征。"没 MVP"的语义结构是："没 MVP"否定的是事件实现主体的某种致能条件，表达的是主体对过去事件实现的动力缺失。"没 MVP"语义结构的本质是：从否定致能条件达到对现实事件的否定，"没 VP"表示的只是纯粹的对已然事件的否定，该格式生成的句子只表达对某种事实的客观陈述。①

第七，关于补语、助词否定的研究。刘月华（2001）认为，结果补语和趋向补语的否定有两种情况："没 VC"和"不 VC"。"没 VC"是对"V＋补语"整个结构进行否定，如"没进去、没写完、没想到"等；"不 VC"用在虚拟句中，表示某事发生的条件，如："你不进去，他会生气的。"句首还能加上"如果"表示假设或者条件。当强调主观态度时，也应该用"不 VC"，如："他让我写完，我偏不写完"，"偏"突出了行动主体的主观态度。刘月华指出，表示对已经发生的一般客观事实进行否定，用"没 VC"；表达主观意愿或者用于虚拟句，表示条件时，用"不 VC"。可能补语的否定形式是"V 不 C"，"不"是对补语的否定，表示行动主体不具备完成动作并达到补语所表达的效果的条件或能力，如"搬不动、睡不着、坐不下"。状态补语的否定形式是"V 得不 C"，因为状态补语具有现时描述性质，是对状态的静态否定，只能用"不"，即"V＋得＋不＋补语"，如："说得不好、洗得不干净、看得不清楚"。刘月华指出，助动词"着""了""过"的否定方式分别是："着"只能用"没"否定，如"门开着/门没开着"；"了"能与"不"共现，表示情况的变化或者出现新情况，"没"一般不能与"了"共现，但当句子中出现或暗含过去时间段时，可以与"了"共现，如"我很久没吃面条了"；"过"不能与"不"共现，"没"可与"过"共现。②

---

① 彭利贞. 现代汉语情态研究[M]. 北京：中国社会科学出版社，2007：317，337.
② 刘月华. 实用现代汉语语法[M]. 北京：商务印书馆，2001：167-178.

3. "不"与"没"语义的中和研究

首先，在语言实践中，有些情况下"不""没"的对立消失，呈现出中和的现象。学者们也对此作出了研究。吕叔湘（1985）最早指出，动词"在"的否定可以用"没"，也可以用"不"，意义基本相同，如："老张没/不在车间""小李在家吗？——没在家/不在家"。①

其次，张谊生（2006）从主观量的角度提到了"没""不"的意义对立消失的情况，他指出"没""不""好"都是近、现代汉语中的主观量标记，"没""不"是主观减量标记，如"跑了没几步就站住了""不一会儿会场就布置好了"中的"没"和"不"。"没"可以标示含有概数的表时间或量度关系的词语，"不"只能标示概约性时间词语。这些句子中，加上或去掉"没""不"之后，句子的基本意义不会发生改变，"没""不"所起的作用与逻辑否定有所不同，实际上，就是起对客观量进行减量的主观评价的作用，"没""不"已经由语义的逻辑真值否定变成了对事件时间和数量上的主观弱化评价，如"一会儿，他就修好了"与"不/没一会儿，他就修好了"，前一句，主观倾向性较弱，只是表示时间不长，后一句，主观倾向性较强，不但表示时间不长，还表示说话人认为该时间比预设的要短。"没""不"作为减量标记，出现的句子大都有说话人主观上认为出乎意料、不合常理的情况。② 但是，张谊生文中并没有区分什么数量结构前用"没"、什么数量结构前用"不"，"没"与"不"在主观减量上有什么差别。

此后，对"不""没"的中和现象的成因进行系统研究的是王灿龙和侯瑞芬、郭光。王灿龙（2011）认为，"不"和"没"的区别主要表现在体范畴和"有意"这个语用义方面。但是有些情况下，"不"与"没"可以相互替换并且基本上不改变句子的语义，如："没觉得苦/不觉得苦""没在家休息/不在家休息""没打算惊动人/不打算惊动人""不敢肯定/没敢肯定"等。这样的动词主要有三类：第一类是心理、感受动词，如"感觉、感到"等；第二类为处所、时间动词，如"在（家）、到、等"等；第三类是助动词，如"敢、肯、能"等。王灿龙指出，在所有"不""没"对立消失具有同一性的句子中，"有意"语用义的消解方式是在追忆的认知方式中，由于时间域都定位于过去，"有意"的主观义难以激活；时体语法意义的消解方式是，心理感受动词、助动词"肯、敢"、处所动词均表

①吕叔湘 . 疑问·肯定·否定[J]. 中国语文，1985（4）：241-250.
②张谊生 . 试论主观量标记"没""不""好"[J]. 中国语文，2006（2）：127-134.

示带隐含边界的状态，从内部来看是无界和匀质的，可以受"不"否定，从外部来看又是有界的和异质的，因此也可以受"没"否定。还有几类词语也同样呈现出"不"和"没"的中和：第一类是介词，介词由动词虚化而来，用法中有一些动词的句法特征，可看作是不完全动词，如"跟、经、像"等；第二类是带表达时段成分的动词短语，记为"很久 VP、几年 VP、多年 VP"等（其 VP 主要是"见、等"）；第三类是有些具有动词特征的话语标记，如"承想、料想、留神"等。[①]

侯瑞芬（2016）《再析"不""没"的对立与中和》中指出，"不"和"没"之间的主要区别是：首先，语义上二者分别是"性质否定"和"存现否定"。其次，语用上，"不"否定判断，"没"否定叙述。这种区别可进一步抽象为主观否定和客观否定的区别，横贯于名词和动词之中。"不"有时候也否定名词，如"不才、不日、不男人、不名誉"等。不管是名词、动词还是形容词，"不"都是否定性质；不管是名词、动词还是形容词，"没"都是否定存现。"不"的重点关注是事或物的性质"是不是"这样，"没"的重点关注是"有没有"这种事或物的存现。"不"和"没"之间存在一种扭曲关系，"没"只具有客观性，而"不"既具有客观性又具有主观性，且以主观性为主。这种扭曲关系是造成"不"和"没"呈现对立与中和现象的根本原因。[②]

郭光（2022）指出了现代汉语、古代汉语、汉语方言中普遍存在"不"与"没"的中和现象，其来源是"没"的功能不断扩大，对"未、不曾、未曾"等否定词进行了替换，汉语方言中否定词中和的差异来源于"否定－存在循环"发展程度的不同。[③]

4. 特定否定格式的研究

自然语言中，否定与语用推理密切相关，否定词参与构成了一些特定的格式和句式，这些格式和句式有其独特的语用价值，使用频率极高，吸引了很多学者进行研究，主要有：

第一，"宁可……也不……"格式、"非……不可"格式的研究。王灿龙（2003）对"宁可"构成的复句作了深入而精当的分析。王灿龙指出，"宁可"虽

[①] 王灿龙. 试论"不"与"没（有）"语法表现的相对同一性[J]. 中国语文，2011（4）：301–313.
[②] 侯瑞芬. 再析"不""没"的对立与中和[J]. 中国语文，2016（2）：303–315.
[③] 郭光. 从"否定—存在循环"视角看"不"和"没"的中和[J]. 中国语文，2022（3）：324–338.

然修饰的是述语的动词，但传达的却是句子主语对两种选择权衡之后表示出来的一种主观意味。如"他宁可饿三天，也不吃面包"。"饿"是负向评价，"吃面包"是正向评价。很多评价体现了说话人的着眼点或评价参照点，不带有普遍性。[①]王灿龙（2008）分析了"非……不可"格式中"不可"的隐现，并指出了这种格式中"非"的虚化原因。"非……不可"这一句法格式历经两千多年而不衰。"非N不可"表达说话人的一种主观判断和强调，即说话人要干成某事，必须依靠N才行。王灿龙指出"不可"隐去有两个因素，一是表达视角的当事人视角，二是VP的韵律特征。[②]

第二，"连"字句与否定式的研究。"连"字句在20世纪90年代受到了许多学者的关注，一些学者对"连"字句的研究涉及了对否定的研究。崔希亮（1993）从语用的角度指出，"连"字句的预设在说话人的观念里是无可争议的，并有着自然基础和社会心理基础，在说话人看来，"连Ti也/都VP"中"Ti－VP"的可能性最小，这是"连"字句的基本预设，"连"字句的预设依赖于说话人对Ti的语用分级。崔希亮指出"连"字句有许多可能的会话含义，比较是其存在的基础。"连"字句的肯定句多表事实，否定句多表事理，并且否定句越来越多，否定句比肯定句自由得多。[③]丁雪欢（1995、1998）指出"连"字句后项否定形式受到"句法框架、格式语义、表达效果"等多个因素的制约，并分析了"连"字句肯定式与否定式之间互转的条件。[④]郭锐（2006）指出，衍推关系与句子中隐含的量级成分有一定的关系，多个具有衍推关系的命题可以形成一个衍推序列，汉语中与否定有关的很多语言现象都可以从衍推关系的角度来解释。郭锐指出，"连"字句的命题内容处于衍推序列的起始项或其他非终极项，由于具有衍推关系的命题肯定式和否定式的衍推方向恰好是相反的，因此"连"字句的肯定式和否定式总是呈现出不对称，"连"字句表达的命题内容是衍推序列中最不可能、最不应该发生的选项。衍推还可以解释否定式为何常有"低于、不及"的意思、"一个人（也）没来"为何可以表达无人来的意思等。[⑤]

[①]王灿龙 ．"宁可"的语用分析及其他[J]．中国语文，2003（3）：220－231．
[②]王灿龙 ．"非VP不可"句式中"不可"的隐现——兼谈"非"的虚化[J]．中国语文，2008（2）：109－120．
[③]崔希亮 ．汉语"连"字句的语用分析[J]．中国语文，1993（2）：117－125．
[④]丁雪欢 ．语言运用中"连"字句肯定式与否定式的选择[J]．语文研究，1995（4）：32－36；丁雪欢 ．"连"字句肯定式与否定式之间的互转[J]．语文研究，1998（3）：34－38．
[⑤]郭锐 ．衍推与否定[J]．世界汉语教学，2006（2）：5－20．

第三，其他否定格式制约研究。李宇明（1998）指出了"一量＋否定"格式的句法特点，并总结出该格式的强调规律。① 胡清国（2004）的博士论文《否定形式的格式制约研究》以否定为观察视角和切入点，研究特定的否定结构或否定优先的格式，以此说明否定格式的句式义对句子内部各组成元素的管控作用，如"V不C"的强势与理据、"不V了"格式的句法语义分析、"一量（名）"否定格式及其语法化等。②

5. 汉语普通话否定的辖域和焦点研究

关于否定的辖域和焦点的研究，学者们主要有三种观点：

第一，否定有明确的辖域或范围。句子的否定范围是"不"或"没"以后的全部词语，否定的焦点一般是句末重音所在。吕叔湘（1985）认为，在一个否定句中，"不"或"没"的否定范围是"不"或"没"后的全部词语。一个词在不在否定范围之内，有时会产生巨大的意义差别。例如："我没一直生病"和"我一直没生病"两个句子中，否定范围不一样，意义也很不一样。也有的基本意思一样，只是强调的重点不同，如"你明天别来（你明天别来，我去找你）"和"你别明天来（要你来，但不要你明天来）"。

如果句子前面有对比重音，那么否定的焦点就转移到这个重音所在的成分。例如：

（22）我没问他的经历。（只谈了现在的情况）

（23）我没问他的详细经历。（只知道他在农村待过）

（24）我没问他的经历。（是他自己告诉我的）

（25）我没特地问他的经历。（是谈情况时透露的）

例（22）是一般的语调，只有句末重音，例（23）（24）（25）都有对比重音，否定的焦点向前移动在对比重音上。句子的重音不同，意思就可能不相同，例如：

（26）我没拿几个（拿了，不多）；我没拿几个（只拿了一个）

（27）他没能一口喝完（还剩下半杯）；他没能一口喝完（三口才喝完）

如果动词之后的宾语意义浮泛，跟动词形成一个整体，否定的焦点在这个整体，否则焦点则仍然在宾语。例如：

①李宇明．"一量＋否定"格式及有关强调的问题[J]．华中师范大学学报，1998（5）：68—78.
②胡清国．否定形式的格式制约研究［D］．武汉：华中师范大学，2004：40—61.

（28）小王说他不想打球。（想去游泳）

（29）小王说他不想打篮球。（想打排球）

否定的焦点也可能在"不"或"没"之前。例如：

（30）你明天别来。（你别明天来）

（31）小王不想打球。（小李想打）

（32）你早不去，晚不去，这一下可赶上了。（去得不早不晚）

也存在否定范围只限于句中的一个短语、一个小句或一个小句组合的情况。例如：

（33）遇到这种不讲道理的人真没办法。（"不"否定短语"讲道理"）

（34）气得他半天说不出话来。（"不"否定短语"出话来"）

否定的焦点还可以用"不是"来表示。例如：

（35）钢笔不是他拿的。

钱敏汝（1990）强调否定焦点的确立一般要借助对比重音和语境，钱敏汝指出"的、地、得"三个助词是汉语否定的聚焦手段。[①] 袁毓林（2000）认为，否定从句子的表层结构上来看是一种线性的语法范畴，因此否定有独立的辖域与焦点，否定词的位置有特定的语序效用，否定句并没有辖域歧义和语义模糊。[②] 此外，袁毓林（1999、2000）还对并列结构的否定、流水句的否定辖域进行了论述。

第二，否定没有明确独立的范围。沈开木（1986）认为"不"的否定范围要联系前文和后文去寻找，有时还要依靠背景知识的参与。[③] 陈平（1985）分析了汉语中常用的否定词素与其他词根的搭配关系，认为应该以新信息来确定句子的否定范围和焦点。[④] 徐杰、李英哲（1993）认为，否定是一个非线性的语法范畴，否定属于全句，因此没有独立的否定范围，否定的中心取决于句子表达的焦点，跟否定词没有必然的语序关系。[⑤]

第三，否定表达的逻辑语义认知解释研究。袁毓林（2018）用逻辑语义学的方法，分析了显性否定表达（"不/没有 VP"类构式）和隐性否定表达（"避免/

---

① 钱敏汝. 否定载体"不"的语义、语法考察[J]. 中国语文，1990（1）：30−37.

② 袁毓林. 论否定句的预设、焦点和辖域歧义[J]. 中国语文，2000（2）：99−109.

③ 沈开木. "不"字的否定范围和否定中心探索[J]. 中国语文，1984（6）：1−15.

④ 陈平. 英汉否定结构对比研究[M]. 北京：中国社会科学出版社，1985：46.

⑤ 徐杰，李英哲. 焦点和两个非线性语法范畴："否定""疑问"[J]. 中国语文，1993（2）：81−92.

否认/拒绝/怀疑/差点儿 VP"类构式）的语义结构特点，揭示这些否定表达在断言、推论、预设和焦点结构等方面的异同。该研究构建了语言使用者在理解复杂的否定信息时，可能采用的基于语用的处理策略模型。[1]

（二）汉语方言否定的研究

汉语方言否定的研究成果主要集中在四个方面。

1. 单点方言否定标记词的意义与用法的描写研究

现代汉语方言否定的研究成果集中在对某些方言点的否定标记词或否定范畴的全面描写上。如张义（2005）的硕士学位论文描写了武汉方言的否定句，徐慧子（2013）的硕士学位论文探讨了衢州话的否定标记词，王芳（2014）描写了光山方言的否定范畴，胡静（2018）的硕士学位论文描写了湖南祁东县方言的否定形式，林四香（2021）的硕士学位论文描写了湖南武冈湾头桥镇方言的否定形式等。还有些研究在论述方言副词的时候也涉及了否定词的研究，代表性专著有伍云姬（2007）主编的《湖南方言的副词研究》，书中涉及了湖南湘潭、邵东、吉首、南县、娄底、新化、武冈、桂阳等地的否定副词；代表性硕士学位论文有曾蕾（2007）的《湖南洞口县山门镇副词研究》等。还有些方言语法专题研究中也论及否定词的用法或否定范畴的描写，如项梦冰（1997）的《连城客家话语法研究》，彭兰玉（2002）的《衡阳方言语法研究》，阮桂君（2006）的博士学位论文《宁波方言语法研究》，王洪钟（2008）的博士学位论文《海门方言语法研究》，龚娜（2011）的博士学位论文《湘方言程度范畴研究》，周洪学（2012）的博士学位论文《湖南安仁方言语法研究》等。

2. 否定词的跨方言比较研究

伍云姬（2007）比较了湖南境内方言的否定词并归纳出湖南方言否定的类型。[2] 罗昕如（2010）比较了湘语与赣语的否定词及相关否定表达。[3] 陈芙（2013）的博士学位论文《汉语方言否定范畴比较研究》选取现代汉语普通话中最常用的三个否定标记词"不""没""别"为研究对象，综合比较了官话、湘、吴、粤、闽、客家、赣等方言中的否定标记的形式与意义，陈芙指出汉语方言否

---

① 袁毓林. 汉语否定表达的认知研究和逻辑分析——从认知和逻辑看语言[M]. 北京：商务印书馆，2018：98.

② 伍云姬. 湖南方言否定副词的类型［C］//伍云姬. 湖南方言的副词. 长沙：湖南师范大学出版社，2007：343-357.

③ 罗昕如. 湘语与赣语的否定词及其相关否定表达[J]. 河池学院学报，2010（1）：32-42.

定词的形式具有多样性，既有多对一，即多种形式表达一种否定意义，也有一对多，即一种形式表达多种否定意义，如"没²（否定副词）"对应的常见形式类型有：没、冇、呒没、勿曾、没得、无、唔曾、未等。[①] 施其生、张燕芬（2016）对粤语的否定词进行了比较研究，指出有些粤语区否定词的表层形式、表层语义结构和深层语义结构之间具有不对应之处，并探讨了其形成原因的多种机制，包括语义的同质兼并、语义转移、语义泛化、语音变化、多种机制共同作用。[②] 陈振宇、盛益民（2020）在《汉语方言否定范畴研究》一书中选择了西宁、成都、泰和、上高、怀集、古田等 20 个方言点，对其否定表达系统的基本面貌、语法形式、类型差异、功能分化限制等进行了详细的描写。[③]

3. 汉语方言否定词的历时来源研究

学者们主要探讨了汉语方言中"冇"的来源及读音的历史层次。覃远雄（2007）指出北方方言当"无"或"未"讲的否定语素或否定词一般写作"没（有）"，其读音与"没"的中古音声、韵相合；而南方方言的否定语素多写作"冇""无""冒"，覃远雄推测南方方言中的"冇/冒"可能是"无有"的合音。[④] 潘悟云（2002）认为有"无"的南方方言没有"没"，有"没"的北方方言没有"无"。"无"在北方方言中并没有消失，它在虚化的过程中由于语音的促化变成了"没"。[⑤] 杨正超（2011）探讨了河南唐河方言"没得"的来源及其演变方向，他认为"没得"在普通话中衍生出指代性否定副词的功能，在唐河方言中衍生出未然体副词的功能。[⑥] 从其文中来看，"没得"究竟起源于什么还是没有明确指出。

由于人口的迁徙和方言历史文献的缺乏，汉语方言否定词的历时来源研究还处于非常薄弱的状态，很多方言的否定词的来源还有待进一步的探索。

4. 汉语方言否定的地理类型学研究

汉语方言否定类型与地理区域之间的关联一直是学者们研究的重要内容之一。日本语言学家桥本万太郎（1985）在《语言地理类型学》中运用了语言地理

①陈芙. 汉语方言否定范畴的比较研究[D]. 武汉：华中师范大学，2013：31—35.

②施其生，张燕芬. 粤语肯定否定词的比较研究及成因探讨[J]. 中山大学学报，2016（4）：63—72.

③陈振宇，盛益民. 汉语方言否定范畴研究 [M]. 上海：中西书局，2020：3—4.

④覃远雄. 部分方言否定语素"冇/冒"所反映的读音层次[J]. 方言，2007（3）：204—212.

⑤潘悟云. 汉语否定词考源——兼论虚词考本字的基本方法[J]. 中国语文，2002（4）：302—310.

⑥杨正超. 汉语中"没得"的来源及其演变方向——以唐河方言为例[J]. 宁夏大学学报，2011（3）：36—42.

类型学的方法，他指出亚洲大陆语言的否定词呈现出显著的地理分布特征，呈现出明显的"纵"的变化，南方方言的否定词大多用暗鼻音［m］或［n］，北方方言大多使用闭塞音［p］，而在长江流域附近则由南方型移向北方型，成为向闭塞音过渡的摩擦音［f］。张敏（2002）的《上古、中古汉语及现代南方方言里的"否定－存在"演化圈》则从语言历时类型学方面提出解释，他指出存在否定词向普通否定词用法引申是人类语言的普遍现象，并且具有循环演化的机制，华南m型普通否定词是m型存在否定词多次引申的产物。刘丹青（2005）在《汉语否定词形态句法类型的方言比较》中指出，汉语古今南北普遍具有普通否定与有无否定（存在否定）的词项差异，普通否定和有无否定在声母上存在明显的对立，分别为p（或吴语的f）和m（或其他鼻音变体），并指出这是由上古汉语一脉相承而来的格局，刘丹青认为湘语的否定类型为北中型。

从上述学者的研究来看，汉语方言否定的地理类型学研究还仅仅是一个宏观的粗线条的勾勒，缺少更为细致深入的中观层面的研究。否定范畴是一个非常复杂的语义范畴，当前还缺少就某个地理区域与其周边区域的否定范畴进行比较的特色研究。

（三）汉语否定词的历时演变研究

否定副词在甲骨文时期就已经开始频繁使用，古代汉语的否定词可以分成五类：（1）"不"类否定词，以"不"为代表，表达单纯否定；（2）"未"类否定词，以"未"为代表，表达对过去已然的否定；（3）"莫"类否定词，以"莫"为代表，表达禁止性否定；（4）"非"类否定词，以"非"为代表，表达对判断的否定；（5）"无"类否定词，以"无"为代表，表达领有或存在的否定。与本书密切相关的否定词是其中的两类："不"类否定词和"未"类否定词。因此本书重点论述这两类否定词的历时研究。

1. "不"类否定词的历时研究

"不"在文献中，从上古沿用至今。"不"早在上古时期就已经是一个常用的表达单纯否定的副词，"不"主要否定动词和形容词性成分，此外，"弗"也可以表达单纯否定，东汉何休与清代段玉裁都认为二者的区别在否定的深浅上，"弗"的否定程度更深。丁声树（1933）认为，"不"与"弗"最初的区别是，"不"用于不及物动词和带有宾语的及物动词，"弗"用于省略宾语的及物动词，相当于

"不之";"不"可以与状语连用,"弗"字不与状语连用。① 但是,到了汉代《史记》中,"弗"所修饰的动词后就可以带宾语了。邢公畹(1948)认为"不""弗"的区别在于否定程度的差别,"弗"比"不"的否定程度要深。② 据杨荣祥(1999)考证,大约到六朝时期,汉语中表示单纯否定基本上只使用"不",但在近代汉语中,"不""弗"的区别逐渐缩小,二者用法趋同,"弗"逐渐被"不"所替代。

2. "未"类否定词的历时研究

上古汉语中,"未"主要用来表达对已然的否定。汉代出现"未曾"的用例,杨荣祥(1999)指出大约六朝时期还产生了"不曾"的用例。唐诗中"不曾"已很常见,唐代"不曾"的使用频率已大大高于"未曾"和"未尝"。15世纪以后"未"逐渐被人们淘汰,"未"被"没(副)"所代替。从文献来看,副词"没"大约产生于南宋。③

学者们对完成体副词"没"的形成过程进行了研究,认为完成体副词"没"的形成与汉语体范畴的发展相关。石毓智、李讷(2000)探讨了副词"没"的语法化过程,石毓智、李讷认为,十五世纪前后汉语发生了一些重要的句法变化,包括动补结构的成熟、体标记系统的建立、量词范畴的引入,以及时间词、动量词由宾语之后向宾语之前的变动,这些变化使得谓语动词有界化,为用于名词类的否定标记"没"向动词否定标记扩展创造了条件,使"没"由否定动词语法化为否定副词。④ 一般认为,副词"没"来自表否定领有的动词"没"。张赪(2016)对明中叶、明末、清中叶三个历史时期的六部代表性语料中的完成体否定副词作穷尽性考察后指出,从明代至清代,汉语完成体的否定一直是北方通语使用"没"类副词,而南方通语使用"不曾",否定副词内部在语法意义、与体标记结合使用等方面既有差异,也有共性,并与同期汉语体范畴的发展相关,明清时期完成体否定副词的特点与现代汉语方言中该类副词的类型及分布直接相关。⑤

---

① 丁声树. 释否定词"弗""不"[C] //国立中央研究院. 庆祝蔡元培先生六十五岁论文集. 北京:国立中央研究院,1933:967−996.
② 邢公畹.《论语》中的否定词系[J]. 国文月刊,1948(66):11−18.
③ 杨荣祥. 近代汉语否定副词及相关语法现象略论[J]. 语言研究,1999(1):20−28.
④ 石毓智,李讷. 十五世纪前后的句法变化与现代汉语否定标记系统的形成——否定标记"没(有)"产生的句法背景及其语法化过程[J]. 语言研究,2000(2):39−62.
⑤ 张赪. 明清时期完成体否定副词的历时演变和共时差异[J]. 中国语文,2016(5):554−565.

学者们对副词"没"的产生时代进行了大致的勾勒，但副词"没"由动词"没"演化而来的机制究竟是什么，还缺少让人信服的解释。

（四）否定标记的类型学研究

否定标记的类型学研究主要有两个方面。

1. 关于否定标记的类型和否定标记选用的影响因素研究

姜鸿青（2011）的硕士学位论文以中国境内124种少数民族语言为样本，指出中国境内少数民族语言否定标记有五种类型，包括词缀、词内成分、词、词和词缀并存、双标；否定标记选用的影响因素依次为时体＞人称＞言据性＞语用频率＞动词及物性。[①]

童芳华等（2022）通过对90种语言的否定情态展开跨语言对比研究，认为否定算子（否定标记）是人类语言否定情态最基本的最普遍的呈现方式。少数语言只有一个否定标记，但是大多数语言有两个或两个以上的否定标记；同一语言的多个共存的否定标记之间存在互补性，其具体互补类型因语言而异。[②]

2. 关于特定语族或特定语言的否定范畴研究

吴铮（2007）的博士学位论文是一部研究藏缅语族否定范畴的力作。该文研究了藏缅语族35种语言的否定范畴，文中指出，藏缅语为OV语序，其否定标记的共同特征是：黏着性、语序上的前置性。[③] 杨溢（2014）的硕士学位论文对土家语否定标记的形式与意义进行了研究，杨溢指出，土家语的否定标记有4个，分别表示客观事实否定、主观意愿否定、过去动作的否定、未来动作的否定。[④]

综上所述，国内学者对汉语普通话的否定范畴的研究呈现出时间跨度较长、研究成果丰硕的特点。从对否定标记词的组合搭配规律的描写到否定的逻辑语用推理分析、否定格式使用的认知解释等，不仅研究内容全面，而且分析深入细致。相比之下，对汉语方言否定的研究显得较为薄弱，方言否定的研究基本上还停留在对否定词的组合功能的静态描写上。汉语方言众多，各方言否定有其自身内在的形义分配关系，很多南方方言的否定形式具有多功能性，我们有必要从更高的理论视角出发，结合方言口语语体的动态性特征，从动态使用的角度对某一

---

①姜鸿青. 一般否定标记的类型学考察[D]. 上海：上海师范大学，2011.
②童芳华，KONDALA K，益西邓珠. 否定算子互补类型研究[J]. 当代语言学，2022（4）：563-585.
③吴铮. 藏缅语否定范畴研究[D]. 北京：中央民族大学，2007.
④杨溢. 土家语否定范畴研究[D]. 广州：暨南大学，2014.

方言点的否定范畴进行更为深入翔实的描写与解释，并与相邻方言的否定范畴进行深入比较，才能更加深刻地揭示出该方言点的否定表达规律，以此方可进一步丰富汉语否定范畴的研究。

四、本书的研究目标和研究路径

（一）研究目标

本书拟以邵阳方言的判断动词"是"的否定为切入点，深入探讨邵阳方言否定范畴的结构形式与意义表达，试图描写并归纳出邵阳方言否定判断的一般规律和类型学特征，以此深化对现代汉语否定范畴的认识。具体而言，本书的研究目标有五个：

第一，在充分搜集邵阳方言语料的基础上，对邵阳方言的否定范畴进行全面、细致的描写，从中总结出邵阳方言的否定标记词的形式与意义。

第二，通过对邵阳方言判断动词"是"的否定研究，进一步探讨邵阳方言否定表达的特征。通过与普通话的判断动词"是"的否定的对比，更加深入地揭示邵阳方言中出现否定判断"唔是""冇是"并存现象的理据。

第三，结合方言的口语语体特征，以言语行为理论为依托，分析邵阳方言特定否定构式的成因，并作出合理的解释。

第四，将邵阳方言与周边方言的否定判断进行比较，以总结出邵阳方言否定判断"唔是""冇是"并存的影响因素，并从跨方言比较的角度解释否定判断"唔是""冇是"并存现象的理据。

第五，将邵阳方言与汉藏语系少数民族语言"是""有"的否定进行对比，概括出邵阳方言"是""有"的否定与汉藏语系其他民族语言的共性，并从跨语言比较的角度解释邵阳方言否定判断"唔是""冇是"并存现象的理据。

（二）研究路径

为确保本书研究目标的顺利实现，本书初步拟定如下研究路径：

第一，运用田野调查法和问卷调查法，取得邵阳方言的第一手资料，对邵阳方言中的"唔是""冇是"并存及其相关现象进行细致的描写，归纳其语法意义。

第二，运用文献调查法，借鉴语言学界前辈学者们对否定范畴的研究成果，广泛搜集湘黔桂粤边方言点及其他汉语南方方言点的相关否定范畴文献，从而展开更为深入的调查研究。

第三，运用比较研究法，将邵阳方言的否定范畴与普通话、汉语南方方言、汉藏语系语言进行比较，分析其共性与特性，并探究语言接触对否定范畴演化的影响，进一步深化邵阳方言否定范畴的研究。

第四，运用各种统计图表，将邵阳方言与周边方言否定标记词的用法通过多个图表进行列举分析，从而可以直观、形象地看出邵阳方言与周边方言否定范畴的异同。

第五，运用语言类型学理论，概括出邵阳方言否定判断"唔是""冇是"并存的语言类型学意义。

五、邵阳市概况和邵阳市方言音系

(一) 邵阳市概况

邵阳，历史上称为"宝庆"，是中国历史文化名城。邵阳历史悠久，是一座拥有 2500 多年历史的古城，历代都对邵阳进行了有效的管辖和治理。邵阳古属荆州，春秋战国属楚地，秦代分属长沙郡及黔中郡。西汉初，始置昭陵县。吴宝鼎元年（266 年），分零陵郡北部都尉辖地置昭陵郡，治今城区，为境内建郡之始。西晋太康元年（280 年），更昭陵为邵陵，移郡治于资江北岸。唐代设邵州，与邵阳县在今城区同城而治。宋崇宁五年（1106 年），在邵州西部置武冈军。南宋理宗赵昀作太子时，曾被封为邵州防御使，南宋宝庆元年（1225 年），理宗赵昀登极，升邵州为宝庆府，宝庆之名始于此。元代设宝庆、武冈二路。明初设宝庆、武冈二府，后降武冈为州。

民国二年（1913 年），废宝庆府，设宝庆县，境内各县隶属湘江道。民国十一年（1922 年）直隶于省。民国十七年（1928 年），宝庆县复名邵阳县。民国二十六年（1937 年），在邵阳县城设置湖南省第六行政督察专员公署。

中华人民共和国成立后，于 1949 年 10 月设置湖南省邵阳区督察专员公署；同时建立邵阳市，隶邵阳县。1968 年 2 月，邵阳地区革命委员会成立，邵阳专区改称邵阳地区。1977 年 7 月，邵阳市升格为省辖市，仍由中共邵阳地委、地区革委会代管；10 月，邵阳地区东北部分置涟源地区。1980 年，邵阳市由省直隶。1986 年，国务院批准撤销邵阳地区建制，实行市领导县体制。

邵阳市也是湖南省人口最多、面积第二大的城市。邵阳市位于资江上游，湘中偏西南；东面与衡阳市为邻，南面与湖南永州市和广西壮族自治区桂林市交界，西面与湖南怀化市接壤，北面与湖南娄底市相连。邵阳市位于北纬 25°58′～27°40′之间，东经 109°49′～112°57′之间，总面积约为 20876 平方公里，占湖南省总面积的 9.8%。邵阳全市辖 3 个市辖区（大祥区、双清区、北塔区）、6 个县（新邵县、邵阳县、隆回县、洞口县、绥宁县、新宁县）、1 个自治县（城步苗族自治县）、2 个县级市（邵东市、武冈市），全市共有 18 个街道、94 个镇、81 个乡、21 个民族乡。邵阳市人民政府驻大祥区。

邵阳市地形地势的基本特点是：地形类型多样，山地、丘陵、岗地、平地、平原各类地貌兼有，并以丘陵、山地为主，山地和丘陵约占全市总面积的三分之二，大致是"七分山地两分田，一分水、路和庄园"。邵阳市东南、西南、西北三面环山，南岭山脉最西端之越城岭绵亘南境，雪峰山脉耸峙西北，中、东部为衡邵丘陵盆地，顺势向中、东部倾斜，呈向东北敞口的簸箕形。邵阳市为江南丘陵向云贵高原的过渡地带，西部的雪峰山脉是云贵高原的东缘，中、东部为衡邵丘陵盆地。市境北、西、南三面高山环绕，中、东部丘陵起伏，平原镶嵌其中，呈由西南向东北倾斜的盆地地貌。邵阳全市水利资源较丰富，5 公里长的河流有595 条，分属资江、沅水、湘江和西江四大水系。邵阳的主要河流有资江、邵水，资江干流两源逶迤，支流纵横，自西南向东北呈"Y"字形流贯全境，流域面积遍及市辖 9 县 3 区。

邵阳地处亚热带地区，属典型中亚热带湿润季风气候。邵阳四季分明，气候温润适宜，雨水充沛，年降雨量达 1200～1500 毫米，年均气温为 16.1℃～17.1℃，7 月平均温度为 28.2℃。邵阳风景秀丽，旅游资源丰富，新邵白水洞、城步南山牧场、绥宁黄桑自然保护区、武冈云山、新宁崀山等堪称人间仙境，让人流连忘返。

2022 年年底，邵阳市户籍总人口 816.89 万人，其中城镇人口 218.81 万人、乡村人口 593.44 万人；全市常住人口 641.78 万人，较上年减少 5.05 万人，其中城镇人口和乡村人口分别为 344.29 万人和 297.49 万人；城镇化水平为53.65%，比上年提高 0.61 个百分点。人口总量稳中有降。

邵阳市是一个多民族聚居的地区，是湖南省民族工作重点市之一。据最新的2020 年第七次人口普查数据，全市共有 44 个民族，总人口 656.35 万之中，少数民族人口 42.02 万，占 6.40%（苗族 31.87 万、瑶族 3.75 万、侗族 2.46 万、回族 2.39 万、土家族 0.67 万、壮族 0.33 万）。邵阳市使用人口最多的汉语方言有湘方言、赣方言、西南官话。

　　邵阳地区民风淳朴，英才辈出。被誉为近代中国"睁眼看世界"的先行者之一的清代著名启蒙思想家、政治家、文学家魏源即是邵阳人，其著作主要有《海国图志》《书古微》《诗古微》《老子本义》《默觚》《圣武记》《元史新编》等。中国近代著名的军事家、革命家、政治家、爱国将领蔡锷也是邵阳人。此外，当代著名音乐家、教育家贺绿汀，旅美著名油画家李自健等均是优秀邵阳人的代表。①

（二）邵阳市方言音系

　　邵阳市区和邵阳县、武冈市、新宁县、城步县以及隆回县南部、洞口县一小部分地区属于湘语娄邵片。邵东、新邵两个市县和绥宁县南部属湘语长益片。隆回、绥宁两个县的北部和洞口县大部分地区属赣语。邵阳市区方言属湘语娄邵片，娄邵片是湘语中保留浊音声母系统具有代表性的地区之一。

　　邵阳市区方言分新老两派，老派仍保留古浊音声母系统，新派全浊声母趋于消失。本书所记录的音系为老派音系，依照储泽祥先生（1998）年《邵阳方言研究》中的邵阳方言音系。

1. 邵阳方言的声母

邵阳方言的声母共 28 个（包括零声母在内）。现列举如下：

p 巴布波拜	pʰ 怕普派爆	b 爬步婆<u>浮</u>	m 马目慢尾	f 飞灰夫虎	v 胡父闻问
t 低独<u>鸟</u>锐	tʰ 梯兔挑讨	d 糖电徒啼	n 男篮梨陆		
ts 知资周邹	tsʰ 齿此直族	dz 池字售惭		s 诗司苏生	z 日自神受
tɕ 鸡精猪结	tɕʰ 欺枪雀<u>去</u>	dʑ 齐技祥净	ȵ 娘吟艺女	ɕ 西细乡休	ʑ 移银县完
k 高街光<u>教</u>	kʰ 敲苦溉亏	g 葵狂柜<u>跪</u>	ŋ 爱鸭恩<u>咬</u>	x 喝货海风	ɣ 鞋豪贺杏
ø 院弯衣阿五玉耳外					

邵阳话 [n] [l] 不分，二者可自由变读，在此记作 [n]。

2. 邵阳方言的韵母

邵阳方言的韵母有 36 个，包括自成音节的 [m̩] [n̩] [ŋ̍] 在内。现列举如下：

ɿ 支姿赤寺	i 笔眉吝备	u 铺都祖俗	y 朱吕注区

---

① 以上关于邵阳市的地理资料来自百度百科，人口资料来自《邵阳市 2022 年国民经济和社会发展统计公报》。

a 花茶麻<u>车</u>　　　ia 加<u>斜</u>爷夏　　　ua 抓啄瓜括　　　ya □° 丢;扔

o 母拖个脚　　　io 勺略弱岳

ɛ 北百猜耳　　　iɛ 乙借铁写　　　uɛ 国　　　　　yɛ 决血悦月

ai 排该懈怀

ei 怀辉汇每　　　　　　　　　uei 堆雷述归

au 抛少造恼　　　iau 标笑轿谬

əɯ 走收茂狗　　　iəɯ 秋油旧六

ən 门魂灯真　　　in 兵民迅井　　　uən 昆滚瓮稳　　　yn 君准顷永

　　　　　　　　　　　　　　　　　　uŋ 朋东梦统　　　yŋ 兄嗅浓容

ā 班帮王闲　　　iā 良江相样　　　uā 盘团钻床

　　　　　　　　iɛ̃ 边欠编念　　　yɛ̃ 专浅选软

m̩ ᶜ□ ~妈

n̩ 你

ŋ̩ □° 不

3. 邵阳方言的声调

邵阳方言除轻声之外，有 6 个单字调。

阴平 55	低 ti	鸡 tɕi	都 tu	猪 tɕy	巴 pa	知 tʂʅ
阳平 12	题 di	奇 dʑi	途 du	除 dʑy	爬 ba	池 dʐʅ
上声 42	底 ti	挤 tɕi	堵 tu	举 tɕy	把 pa	纸 tʂʅ
阴去 35	帝 ti	计 tɕi	妒 tu	句 tɕy	坝 pa	志 tʂʅ
阳去 24	弟 di	忌 dʑi	度 du	巨 dʑy	罢 ba	字 dʐʅ
入声 33	敌 ti	急 tɕi	独 tu	菊 tɕy	八 pa	侄 tʂʅ

六、本书的语料来源及相关说明

（一）语料来源

本书的语料来源主要有两个方面。

1. 亲自调查获取语料

　　汉语南方方言的否定范畴错综复杂，本书集中讨论邵阳方言中的否定判断"唔是"与"冇是"并存的现象，因此，本书的方言田野调查区域主要是邵阳市，调查对象主要有两类：第一，邵阳市的中老年发音合作人，即以邵阳市中老年发音合作人为调查对象，本人于 2016 年 6 月至 2019 年 12 月间，先后 6 次到邵阳市进行实地调查，收集方言原始语料，这些语料是本书最主要的邵阳方言语料；第二，邵阳市下辖县的大学生发音合作人，即以邵阳市下辖的武冈、绥宁、城步、邵东、洞口、隆回南部、新宁等在内的 7 个县、市为调查点，以大学生发音合作人为调查对象，获得语言材料，以了解邵阳市周边否定词系统的基本概况。此外，本书作者还当面向湖南籍的方言学者请教其否定表达的使用情况，如邵阳籍的方言学者吕俭平博士、新化籍的方言专家罗昕如教授等。

发音合作人的基本情况如下：

苏真雄，男，1951 年生，初中文化，邵阳市双清区人，邵阳市金笔厂退休工人。

刘美容，女，1964 年生，初中文化，邵阳市大祥区人，家庭妇女。

赵妍娇，女，1973 年生，初中文化，邵阳市大祥区人，邵阳市大祥区白洲社区妇女主任。

曾智和，男，1953 年生，初中文化，邵阳市大祥区人，社区干部。

曾学铭，男，1938 年生，小学文化，邵阳市大祥区人，农民。

彭永明，男，1939 年生，小学文化，湖南茶陵县秩堂镇人，农民。

刘初元，女，1937 年生，文盲，湖南茶陵县秩堂镇人，农民。

彭正德，男，1976 年生，湖南茶陵县秩堂镇人，湖南师范大学教师。

杨稀钰，女，1996 年生，邵阳市北塔区人，湖南师范大学公共管理学院 2013 级学生。

罗荣，女，1995 年生，邵阳市北塔区人，湖南大学外国语学院 2013 级学生。

姚瑶，女，1997 年生，邵阳市双清区人，长沙学院影传院 2014 级学生。

曾文逸，男，1989 年生，邵阳市大祥区人，中国移动通信公司职员。

曾贤杰，男，1989 年生，邵阳市邵东市人，长沙学院党政办公室职员。

沈跃元，男，1987 年生，邵阳市武冈市人，湖南师范大学公共管理学院 2015 级学生。

马艳华，女，1997 年生，邵阳市武冈市人，湖南师范大学公共管理学院 2015 级学生。

杨晓慧，女，1995 年生，邵阳市绥宁县人，湖南师范大学公共管理学院

2015 级学生。

尹雪蔓，女，1993 年生，邵阳市洞口县人，湖南师范大学公共管理学院 2015 级学生。

肖波兰，女，1997 年生，邵阳市城步县人，湖南师范大学公共管理学院 2015 级学生。

钱柔冰，女，1994 年生，邵阳市隆回县人，湖南师范大学公共管理学院 2015 级学生。

2. 查阅文献获取语料

除了自己调查获取的方言语料之外，在论述方言的否定范畴时，本人还参考了大量湘方言、赣方言、闽方言、客家方言、南宁平话等方言区的与否定相关的语言材料和研究文献，主要包括以下几类：

（1）单点方言研究论著或方言语法研究论著，主要包括：

鲍厚星．东安土话研究［M］．长沙：湖南教育出版社，1998.

储泽祥．邵阳方言研究［M］．长沙：湖南教育出版社，1998.

罗昕如．新化方言研究［M］．长沙：湖南教育出版社，1998.

张晓勤．宁远平话研究［M］．长沙：湖南教育出版社，1999.

刘丽华．娄底方言研究［M］．长沙：中南大学出版社，2001.

徐慧．益阳方言语法研究［M］．长沙：湖南教育出版社，2001.

李启群．吉首方言研究［M］．北京：民族出版社，2002.

孙叶林．邵东方言语法研究［M］．广州：花城出版社，2009.

鲍厚星．湖南江永桃川土话研究［M］．长沙：湖南师范大学出版社，2016.

陈晖．湖南泸溪梁家潭乡话研究［M］．长沙：湖南师范大学出版社，2016.

李星辉．湖南永州岚角山土话研究［M］．长沙：湖南师范大学出版社，2016.

谢奇勇．湖南道县祥霖铺土话研究［M］．长沙：湖南师范大学出版社，2016.

郑焱霞，等．湖南城步巡头乡话研究［M］．长沙：湖南师范大学出版社，2016.

（2）《现代汉语方言大词典》分卷本中的方言词典，主要包括：

鲍厚星，等．长沙方言词典［M］．南京：江苏教育出版社，1998.

颜清徽，等．娄底方言词典［M］．南京：江苏教育出版社，1998.

覃远雄，等．南宁平话词典［M］．南京：江苏教育出版社，1998.

陈洪迈 . 海口方言词典［M］. 南京：江苏教育出版社，1996.

白宛如 . 广州方言词典［M］. 南京：江苏教育出版社，1998.

黄雪贞 . 梅县方言词典［M］. 南京：江苏教育出版社，1995.

熊正辉 . 南昌方言词典［M］. 南京：江苏教育出版社，1995.

（二）标音及符号体例说明

1. 标音说明

由于本书的主要研究内容是方言语法现象，为了节约篇幅，例句一般不标音，只有在语音变化引起句法、语义功能改变时才标音。在必须标音的地方，本书采用国际音标标音，调值在音节右上角用数字表示，轻声在音节前用［·］表示。本书标音时，邵阳市方言采用"湖南方言研究丛书"中储泽祥先生《邵阳方言研究》一书中的邵阳方言音系。

2. 符号体例说明

本书常用的符号有：

（　）　　表示方言词语、例句的普通话释义。

×××　　表示例句中被重点论述的部分。

×　　　　表示该字是用同音字记录的。

／　　　　表示该字前后两者可以互换。

＊　　　　表示该说法不成立。

？　　　　表示该说法只是勉强可以说，但不太自然。

（1）　　表示例句的序码。本书例句每节单独编号，序码每节一排到底。

本书例句常用字注释如下：

唔［η^{35}］　　　否定副词，大致相当于普通话中的"不"。

冇［mo^{35}］　　　否定副词，大致相当于普通话中的"没（有）""别"，有时也可以担负普通话中的"不"的功能；否定动词，相当于普通话中的"没（有）"。

莫［mo^{35}］　　　否定副词，大致相当于普通话中的"别"。

咯［ko^{42}］　　　近指代词，相当于普通话的"这"。

底［·ti］　　　相当于普通话中的"的"，常常充当结构助词、语气助词。

嘎 [·ka]　充当词尾，与"何"组合成疑问代词"何嘎"，相当于普通话的"为什么"；与"咯""那"组成指示代词"咯嘎""那嘎"，相当于普通话的"这样、那样"。

咖 [·ka]　充当完成体标记，相当于普通话的"了₁"。

哩 [·niɛ]　语气助词，表陈述语气，相当于普通话的"了₂"。

者 [·tsɛ]　语气助词，表陈述、请求、商量语气，常常与"滴"连用或配合使用。

么 [·mə]　语气助词，表疑问语气，相当于普通话中的"吗"。

嘛 [·ma]　语气助词，表比较确定的陈述语气，相当于普通话中的"吧"。

只 [tsa³³]　量词，在邵阳方言中可以充当通用量词，相当于普通话中的"个"。

下 [ɣa²⁴]　总括副词，相当于普通话的"都"。"一屋人下来哩"即"一家人都来了"。

劳 [lau¹²]　语气副词，用于否定句中，相当于普通话的"根本"。"劳唔好吃"即"根本就不好吃"。

连 [liɛ̃¹²]　语气副词，用于否定句中，相当于普通话的"根本"。"连唔要怕"即"根本就不用怕"。

哈 [xa⁴²]　形容词，意思为"蠢"，名词为"哈醒"，即"傻瓜、笨蛋"。

大势 [ta²⁴sᴣ³⁵]　代词，意思为"大家"。

前夹 [dʑiɛ̃²⁴ka⁴²]　名词，即"时候"。"咯前夹"即"这时候"。

以上常用字在引用他人著作时，一般不作变动，一律按他人原文实录。

（三）调查问卷制定依据说明

1. 调查布点情况

本研究主要针对湘方言娄邵片中的邵阳市方言的否定现象。之所以选择邵阳方言作为研究重点，是因为邵阳方言在湘方言中有着独特的地位。鲍厚星、陈晖（2005）将湖南境内的湘方言分为五个片区，分别是长益片、娄邵片、衡州片、辰溆片和永州片。① 此后，鲍厚星（2006）又在此基础上略作调整，将紧邻永州的广西北部部分地区的湘方言区如全州、资源等地，划归湘方言的永全片。② 在湘语的五个片区中，邵阳方言地处湘语的娄邵片，在地理位置上处于与广西、贵州和粤北的交界地带，且邵阳南部的绥宁、武冈、城步、临武等地多高山峻岭，由于地理阻隔，其语言演变相对较小。根据曹志耘《汉语方言地图集》，邵阳地区方言内部的否定标志词较为复杂，呈现出"一分"或"二分""三分"等多种情况，具有明显的过渡地带的特征。③ 从其他现有文献资料来看，湘语长益片、衡州片的否定表达方式与普通话较为接近，娄邵片、辰溆片的否定表达方式与普通话的差异较为明显，永全片的研究资料相对较少。限于时间精力，本书选择的重点调查区域是邵阳市区，其次辅之以邵阳市辖的邵东、洞口、隆回、新宁、绥宁、武冈等县市，这些调查点正好是老湘语的核心区域，具有代表性，对它们的研究可以更好地反映老湘语否定范畴的基本面貌和主要特色。

2. 调查问卷的制定依据

方言调查问卷的制定直接关系到调查材料的全面性和课题论证结论的可靠性。本课题的调查问卷主要涉及两部分：一是词汇部分，重点调查方言点的常见动词和性质形容词的否定情况；二是语法部分，重点调查方言点中与否定相关的语法例句。

本书调查问卷词汇部分所选取的动词和性质形容词主要参考了史皓元等的《汉语方言词汇调查手册》④、教育部语言文字信息管理司中国语言资源保护研究中心编辑的《中国语言资源调查手册·汉语方言》中词汇部分的动词、形容词部分。⑤ 语法部分参考了刘丹青的《语法调查研究手册》中的关于否定的部分⑥、《中国语言资源调查手册·汉语方言》中的语法部分。⑦

---

① 鲍厚星，陈晖. 湘语的分区（稿）[J]. 方言，2005（3）：261—270.
② 鲍厚星. 湘方言概要[M]. 长沙：湖南师范大学出版社，2006：5—6，9—38.
③ 曹志耘. 汉语方言地图集·语法卷[M]. 北京：商务印书馆，2008：28，32，33.
④ 史皓元，顾黔，石汝杰. 汉语方言词汇调查手册[M]. 北京：中华书局，2006：15—140.
⑤ 教育部语言文字信息管理司中国语言资源保护研究中心. 中国语言资源调查手册·汉语方言 [M]. 北京：商务印书馆，2015：138—152.
⑥ 刘丹青. 语法调查研究手册 [M]. 上海：上海教育出版社，2011：140—148.
⑦ 教育部语言文字信息管理司中国语言资源保护研究中心. 中国语言资源调查手册·汉语方言 [M]. 北京：商务印书馆，2015：160—168.

第一章　邵阳方言中"唔是""冇是"
并存及相关现象

　　邵阳方言中，"唔是"由否定副词"唔"与判断动词"是"组合而成，"冇是"由否定副词"冇"与判断动词"是"组合而成，意义都可对译成普通话中的"不是"，为什么邵阳方言中会出现"唔是"与"冇是"并存的现象？"唔是"与"冇是"的语法特征与语用功能是什么？二者有无区别？如果有区别，区别究竟在哪里？这些问题是本章将要重点阐述的内容。

第一节　普通话中的"是"与"不是""没是"

　　要全面准确地把握邵阳方言否定判断"唔是"与"冇是"的语法特征和语用功能，我们首先以普通话中的"是"与"是"的否定形式"不是""没是"的意义和功能为参照。

一、普通话中的"是"

　　"是"在汉语中使用频率很高，关于"是"的历时和共时研究一直是语言学界的热点问题之一，限于篇幅，本书对"是"的研究仅做简要介绍。

　　关于"是"的性质和功能，语言学界一致认为，上古汉语中"是"主要有代词、形容词、副词的用法，作系词是后来发展出的功能。王力（1980）认为"是"是系词，"是"的系词功能由代词发展而来。系词是在判断句中把名词谓语联系于主语的词。在现代汉语里，判断句以用系词为常，在上古汉语里，正好相反，名词不需要系词的帮助就可以构成判断，如"百里奚，虞人也"（《孟子·万章上》），在名词性谓语成分"虞人"后，加上语气词"也"，并依靠"也"来煞句，这种不需要系词就可以构成名词性判断句的成句方式在上古汉语中十分常见。系词"是"是由上古汉语的指示代词"是"发展而来，其发展的过程是：在先秦时代，主语后面往往用代词"是"复指，然后加上判断语，如"富与贵，是人之所欲也"。"是"经常在主语和谓语的中间，这样就逐渐产生出系词的性质来。① 高名凯（1986）也认为，"是"是个系词，应纳入虚词的行列。"这是书"一类句子的主要作用是解释说明"这"是"什么东西"，本质上是名句，并不是叙述一件事情的动句，因此"是"不是动词。② 赵元任（2001）认为，"是"是一个较为特殊的动词，并将"是"单独列出来进行解说，同时"是"也是系词，表示主语跟宾语相等或主语属于宾语的某一类。③ 此外，有的学者认为，系词"是"是由具有肯定或确认意义的副词或形容词演变而来。如郭锡良（1990）认为从词汇意义上来说，由于表复指的指示代词受到表肯定的形容词的影响而发生语义演变，"是"从而由指示代词演变为系词；④ 肖娅曼（2003）认为上古汉语中只有一个"是"，它本身就含有指代性和判断性，系词的确认义由上古肯定判断代词的肯定判断义素发展而来，系词"是"的产生来自语义系统内部的发展。⑤

关于系词"是"产生、成熟的时间，学者们也进行了研究。王力（1980）认为"是"真正成为系词大约在西汉末年或东汉初叶。裘锡圭（1979）⑥、唐钰明（1991）⑦ 等认为战国后期已经出现了用系词"是"的判断句。汪维辉等（2013）通过对唐代典型语料的考察，得出结论，他认为至晚到中唐时期，"不是"已经在口语中取代了"非"，系词"是"已经发展成熟。⑧

现代汉语中，一般将"是"看作动词，但是是一个用法比较特殊的动词。朱德熙（1982）将"是"归入动词，并认为"是"在语法功能上受到诸多限制，

---

① 王力. 汉语史稿[M]. 北京：中华书局，1980：345—352.
② 高名凯. 汉语语法论[M]. 北京：商务印书馆，1986：385.
③ 赵元任. 汉语口语语法[M]. 北京：商务印书馆，2001：317.
④ 郭锡良. 关于系词"是"产生时代和来源论争的几点认识 [C] //王力先生纪念论文集. 北京：商务印书馆，1990：222—239.
⑤ 肖娅曼. 汉语系词"是"的来源与成因研究[D]. 成都：四川大学，2003：44.
⑥ 裘锡圭. 谈谈古文字资料对古汉语的重要性[J]. 中国语文，1979（6）：437—442.
⑦ 唐钰明. 上古判断句的变换考察[J]. 中国语文，1991（5）：388—389.
⑧ 汪维辉，胡波. 汉语史研究中的语料使用问题——兼论系词"是"发展成熟的年代[J]. 中国语文，2013（4）：359—371.

"是"不能加后缀"着""了",不能重叠等。① 马庆株(1988)认为"是"是动词中的非自主属性动词,其语法功能与自主动词有较大的差别。② 邢福义(1998)认为"是"属于是非类断事动词,其特点是带名词宾语,动宾之间只有断事关系,没有施事、受事、用事等关系。③ 吕叔湘(2010)指出,"'是'是个特殊的动词,形式上它是谓语的一部分,但实质上它不是谓语的主要部分"。在判断句中,谓语的主要部分通常是名词,其次是"的"字短语,也可以是动词(单词或者短语)及其他形式。"是"的基本作用是表示肯定,名词谓语句里经常用"是"字,因而肯定的意思有所冲淡,似乎只有联系的作用;名词谓语句以外的句子,因为一般不需要用"是"字联系主语和谓语,用了"是"字后就突出了它在句中的肯定作用,也就加强了句子的语气。联系、判断、强调,都无非是肯定,只不过有的轻点儿,有的重点儿罢了。④ 《现代汉语词典》中将动词"是"的基本义界定为"联系两种事物,表明两者同一或后者说明前者的种类、属性",此外,"是"还含有"的确、实在"的意思,必须重读,表示坚决肯定的语气。⑤

从"是"构成的句型来看,"是"可以构成多种句型。吕叔湘(2010)总结了五种类型的"是"字句:⑥

a. 是+名。表示等同和归类关系。例如:

(1)李老师是我们的数学老师。(等同)

(2)槐树是豆科植物。(归类)

b. 是+的。表示肯定的语气。例如:

(3)这个教训我是永远不会忘记的。

c. 是+动(形)。语气稍重,有时候带有申辩的意味。例如:

(4)最近我是很忙。

d. 是+介+名。突出"是"字后面的成分。例如:

(5)我第一次看到他是在一个座谈会上。

e. 是+句子。整个句子作谓语,"是"字前边没有主语。这种句式的作用在

①朱德熙. 语法讲义[M]. 北京:商务印书馆,1982:57.
②马庆株. 汉语的动词和动词性结构[M]. 北京:北京大学出版社,1988:163.
③邢福义. 汉语语法学[M]. 长春:东北师范大学出版社,1998:170.
④吕叔湘. 现代汉语八百词[M]. 北京:商务印书馆,2010:25—27.
⑤中国社会科学院语言研究所词典编辑室. 现代汉语词典 [M]. 7版. 北京:商务印书馆,2016:1197.
⑥同④。

于强调肯定，常常是一正一反两个小句并列。例如：

（6）是谁干的？

（7）是有人来过了，地下有脚印儿。

张和友（2012）从语义语用的角度总结出"是"字联结的结构有四种：①一般"是"字句，如"张三考上的是湖南大学"；②语义特异的"是"字句，如"我是馒头，他是包子"；③聚焦式的"是……的"字句，如"张三是昨天进的城"；④语气断定型"是"字句，包括用于主语与谓语之间的结构，如"他是进了城了"；"是 S"结构，如"是他把张三打伤了"；"是"跟联结词连用的结构如"如果是""恐怕是""不论是"之类。[①] 张和友主要讨论了陈述句中的"是"字句，但没有涉及"是"字句的否定形式和疑问形式。

综上所述，我们可以认为，"是"是现代汉语中的判断动词，其基本功能是表达判断，其他诸如强调肯定语气、焦点标记等功能都是从判断的基本功能引申而来。"判断"是指对两个事物之间的断定，是人类认识世界的初始概念。根据孙文访（2013）对"是"进行跨语言研究后的归纳，世界语言中普遍存在的两个连接项之间的关系有五种基本类型：等同关系、类属关系、性质/属性判断、领属关系、存在关系，因此，孙文访指出，现代汉语普通话中的"是"表判断的基本功能也有五种类型，[②] 具体内容如下：

（8）湖南的省会是长沙。（等同关系）

（9）我是教师。（类属关系）

（10）那个杯子是红色的。（性质判断）

（11）那本书是我的。（领属关系）

（12）我家门前是一条小河。（存在关系）

"是"字句是一种具有断定功能的句式，"是"字句的基本功能是用于表示两事物之间的静态的"等同""类属"关系，这里的事物可以是实物，也可以是属性或事件，如上例（8）（9）。例（10）是对性质进行断定，（11）是对领有表达断定，（12）既表达存在，也表达判断，并且是一种排他性的判断，说明"我家门前只有一条小河"，而"我家门前有一条小河"也表存在，表达的是"我家门前除了一条小河之外，可能还有别的存在物"，二者在意义上有差别，当用了

---

①张和友."是"字结构的句法语义研究[M].北京：北京大学出版社，2012：3.
②孙文访."有、是、在"的跨语言研究[D].北京：北京大学，2013：17-18.

"是"后虽表存在，但还是带有断定的意味。

典型的肯定性的"是"字句的功能是肯定判断两事物之间的"等同""类属"关系。"是"的这种判断功能使之衍生出其他功能，如"是"在动词、形容词前则成为小句焦点标记，如"我是去过北京""玫瑰是很漂亮"，因此，"是"与语气也产生了密切关系，"是"可以传递"确认、强调"的语气。

二、普通话中的"不是"

对于"是"的否定形式，学者们一般认为，现代汉语普通话中"是"的否定形式为在"是"前加"不"构成"不是"，尽管有时用"非"来做否定判断，但"非"带有文言色彩。马庆株（1988）、邢福义（1998）、石毓智（2001）、沈家煊（2010）等语法学家都认为现代汉语中"是"的否定形式只有一种，即"不是"。此外，学者们普遍认为"是"字判断句一般用"不"来否定，形成相应的否定判断形式"不是"，表达对某个命题的否定和说话人的否认判断情态。

对于现代汉语普通话中"不是"的功能，一些学者如吕叔湘、郭继懋、史金生、刘丽艳、胡德明等对此进行了深入细致的研究，其基本观点如下：

吕叔湘（1985）指出，"是""是……的"或"……的是"在肯定句和疑问句里都可以用来指示语意的焦点。"不＋是"可以表示申辩或解释的语气，特别是"不是"和"是"一前一后合用的句子。"不是"在疑问句中的作用往往不是询问而是提醒。[1] 例如：

（13）他不是偷懒，是真的生病了。（申辩或解释）

（14）他不是已经到上海去了吗？（提醒）

郭继懋（1987）认为，汉语普通话中的"不是"根据意义和功能可以区分成"不是甲"与"不是乙"。[2] "不是甲"主要出现在反问句中，表提醒作用，这种"不是"是反问副词，表示反问语气，其否定作用是次要的，例如：

（15）对面山上不是有一群羊吗？（提醒）

"不是甲"里面不能插入任何词语，前面基本上不能出现副词。例如：

（16）＊他已经不是走了吗？

（17）＊他也不是要考大学吗？

①吕叔湘. 疑问·肯定·否定[J]. 中国语文，1985（4）：241—250.
②郭继懋. 谈表提醒的"不是"[J]. 中国语文，1987（2）：110—113.

"不是$_乙$"是表示否定判断的否定副词"不"加动词"是",可以出现在陈述句和反问句中。例如:

(18) 我们为什么不能在这儿住,我们不是人?(否定判断)

"不是$_乙$"中间可以加进某些词语,如"不完全是"。"不是$_甲$"的发音比较含糊,往往说成"不儿","不是$_乙$"的发音相对要清楚一些。例如:

(19) 他不是已经不是你们的班主任了吗?

上例中第一个"不是"是"不是$_甲$",第二个"不是"是"不是$_乙$"。郭继懋还认为,"不是$_甲$"可以用在句末,例如:

(20) 昨天夜里下雨了不是?

史金生(1997)认为,除了"副+动"的"不是"外,还有两个只能出现在反问句中的"不是",分别表示提醒(不是^1)和确认(不是^2)。"不是^1"经常出现在句首或句中,可脱落"是",与语气词"吗"共现,其基本语用功能是表示提醒,在不同的语境中,还有强调、疑惑、辩解、证实等附加功能;"不是^2"经常出现在句末,与语气词"吧"共现,不能脱落"是",但可用"是不是""是不"来替换,其基本语用功能是表示确认,即说话人已知某一情况已经发生或必然发生,用带有"不是^2"的反问句来确认这一事实,"不是^2"还有不出所料和理所当然等附加功能,可带有"自得""责怪"等语气。造成"不是^1"与"不是^2"的形式、功能差异的原因是其来源不同,"不是^1"所在的反问句由一般的是非问句形式构成,其中的"不是"由一般的否定词演化而来;"不是^2"是由"是……不是"正反相叠形式演化而来。[1]

刘丽艳(2005)指出,汉语普通话中,根据意义与功能的不同,可以有 4 个"不是"。"不是^1"是"是"的否定形式,即否定副词"不"+判断动词"是";"不是^2",名词,意义为"过失"或"过错";"不是^3",反问语气副词,表提醒或确认;此外,汉语北方方言中,还有一个作话语标记的"不是^4","不是^4"常常出现在句首,没有明确的句法意义,不参与语句句法成分的构建,发音通常比较含糊,往往说成"不儿",其功能是标志说话人当前所接收的信息与原有认知的有所不同。前三个"不是"在句法语义层面发挥作用,在语句中不可缺少,"不是^4"则在认知语用层面发挥某种标记作用,在会话活动中,"不是^4"主要出

---

①史金生. 表反问的"不是"[J]. 中国语文,1997(2):25—28.

现在话轮的开端和中间，具有两种功能——主动的引发功能、被动的反应功能，其中，反应功能更为广泛。"不是⁴"的核心意义是"标异"。①

殷树林（2011）也指出"不是"可以作话语标记，其语用价值是标志出说话人所接收的信息与其认知状态有偏差，"不是"体现了说话人的自我中心，对冲突有一种提示作用，话语标记"不是"可能来源于反问语气副词"不是"。②

郑贵友（2014）认为，句式"不是 X 吗?"的含义是对 X 所表达内容的强调肯定，并且可以承载"提醒""表疑""断言""宣泄""反驳""劝解""申辩"等七种表达功能。③

胡德明（2010）的看法与上述研究者的观点不同，他认为"不是"既可以出现在陈述句中，也可以出现在反问句中，陈述句中的"不是"与反问句中的"不是"具有同一性，胡德明认为汉语中不存在一个专门的表提醒的反问语气副词"不是"。例如：

（21）"这不是你的钥匙吗?"

例（21）中的这类"不是"轻读的反问句表提醒，但"提醒"是整个反问句的功能，而不是"不是"的词义，此处的"不是"并非语气副词。胡德明进一步指出，在"不是……吗?"反问句中，无论"不是"后接谓词性成分还是体词性成分，"是"都是表示判断的判断动词。反问句中的"不是"是引述性否定标记，是语用否定。否定词"不""没"主要用来否定真值条件，"不是"除了用来否定真值条件外，还经常用来否定适宜条件。"不是……吗?"反问句的意思是"正是……"，其语用含义是说话人认为某个行为不合情理，因此附带表达了"不该"实施该行为的含义，这类反问句有的有提醒功能，有的没有提醒功能。是否具有提醒功能取决于说话人是否在主观上认定"SVP""S 是 NP"所表达的内容是不是毫无疑问的事实。④

学者们对于"不是"的属性和功能的研究可以归纳如下表：

---

①刘丽艳. 作为话语标记的"不是"[J]. 语言教学与研究，2005（6）：23—32.

②殷树林. 说话语标记"不是"[J]. 汉语学习，2011（1）：36—45.

③郑贵友. "不是 X 吗"句的语义特征和表达功能[J]. 汉语学报，2014（4）：14—22.

④胡德明. 现代汉语反问句研究[M]. 合肥：安徽人民出版社，2010：348，355.

表1-1　普通话"不是"语法、语用特点一览表

代表人物	语法属性	语用功能	句法分布	句法特点
吕叔湘	—	申辩或解释语气	陈述句	—
		提醒	疑问句	—
郭继懋	不是乙： 否定副词＋是	判断	不是＋名词性成分	充当句内成分， "是"不能省略
	不是甲： 反问副词	提醒	不是＋动词性成分 或形容词性成分	不充当句内成分， "是"读音弱化或省略
史金生	不是： 否定副词＋是	判断	不是＋名	不能省略
	不是[1]： 反问副词	提醒	不是＋动词性成分 或形容词性成分	"是"读音弱化或省略
	不是[2]： 反问副词	确认	出现在句末	可变换成"是不是" 或"是不"
刘丽艳	不是[1]： 否定副词＋是	判断	不是＋名词性成分	"是"不能省略
	不是[2]：名词	过失、过错	作宾语	"是"不能省略
	不是[3]： 反问语气副词	提醒、确认	不是＋动词性成分 或形容词性成分	"是"读音弱化
	不是[4]： 话语标记	标异	出现在句首	常说成"不儿"
胡德明	否定副词＋是	判断	不是＋名词性成分	否定真值条件
			不是＋动、形性成分	否定适宜条件

　　上述观点可以看出，学者们对陈述句中"不＋是"表判断的功能是没有争议的，但对于疑问句中"不是"的性质，学者们的看法有所不同。关键在于对词的固有词汇意义与句子所在的语境义如何区分，也即是"不是"本身负载了"提醒"或"确认"意义？还是反问语气或当时的认知情境产生了"提醒"或"确认"功能？由于肯定形式的"是"的基本功能是判断，同时也负载了确认语气。所以本书同意史金生的观点，即"不是"的基本功能是"否定判断"，在疑问句中除了表"否定判断"之外，"不是"还可以表达反问语气，有"提醒""确认"

等作用,"不是"的否定判断意义与反问句高度兼容,对反问语气有助推作用。

综合学者们的研究,我们可以将普通话中"不是"的功能与特点进行如下的概括。

第一,"不是"的基本功能是表达否定判断。"不是"与"是"处于对立状态,"是"的基本功能是"判断",是一种肯定,但还衍生出了"强调"的语用意义和"确认"语气;"不是"的基本功能是"对判断的否定","不是"有时也可以负载一定的表达反问的语气功能,"不是"在疑问句中与反问语气兼容。反问是一种否定的方式,具有否定的作用,当"不是"表达反问语气时,还有表明说话人认为某个行为或事实不合情理的语用含义。

第二,"不是"具有"有标记性"。在人们的语言实践中,与肯定句相比,否定句是一种有标记句子,其表达要受到诸多条件的限制,因而否定句的数量要大大少于肯定句。沈家煊(2015)明确指出,作为一种言语行为,否定的作用不是提供新信息,而是否认或反驳听者或读者可能持有的信念。[①] 在普通话中,"不是"是"是"的否定形式,"不是"的使用要比"是"受到更多的制约,"是"字句中的语义特异型"是"字句、语气断定型"是"字句大都没有相应的否定式,如"时间就是生命"可以说,但"时间不是生命"就很别扭,"他是进了城了",就不能说成相应的否定句"他不是进了城了"。"不是"在疑问句中除了表达否定判断的功能之外,还表现出一定的态度倾向性,从而担负了反问的语气功能,刘娅琼、陶红印(2011)也指出,否定反问句往往通过已知的或常识性的知识来表达说话人对听话人持有不同程度的负面事理立场,这种事理立场具体表现为提醒、意外、反对和斥责四个层级,其中以提醒最为常见。[②] 因此,"不是"在陈述句和疑问句中都具有"有标记性"的特征,其使用常常附带了特定的语用目的。

三、普通话中的"没是"

一般情况下,"是"的否定形式是"不是",但是赵元任(2001)曾指出,在极少数情况下,"是"可以受"没"的否定。[③] 例如:

---

①沈家煊. 不对称和标记论[M]. 北京:商务印书馆,2015:54.
②刘娅琼,陶红印. 汉语谈话中否定反问句的事理立场功能及类型[J]. 中国语文,2011(2):110-121.
③赵元任. 汉语口语语法[M]. 北京:商务印书馆,2001:316.

（22）我从来没是过谁的人。（赵元任，P316）

例（22）的"是"要重读，意思是有人说我是谁的人，我对此进行反驳。

朴汀远（2010）认为"没是"是一种"非典型搭配"。一般而言，"不"跟无内在终点的无界动词搭配，"没"跟有内在终点的有界动词搭配，这是否定词与动词最典型的搭配组合。"是""属于""姓"是汉语中静态性最强的无内在终点的动词，因此，这些动词与"不"搭配最为自然。但这些词有时也可以与"没"搭配，[①] 例如：

（23）我呆呆看着那些在火海中依次亮起的小小火光，它们不属于我，从来就没属于过。（法制晚报，2008.12.10）

（24）启功：我从来没姓过爱新觉罗。我既然叫启功，当然就是姓启名功。（国际在线，2005.06.30）

例（23）（24）是朴汀远文中的例子。朴汀远认为"是""属于""姓"这些无内在终点的静态动词受"没"的否定是人们根据"没（有）＋动词＋过"仿拟出来的句式。"没（有）＋是＋过"由此表达出"否定经历"的意义，这种句式可以更有效地实现说话者的说话目的——即否定对方的预先假设，如甲说"你是老板的人"，而乙要对此进行反驳，有下列四种可能的回答方式：

a. 我不是老板的人。

b. 我不是谁的人。

c. ＊我没是谁的人。

d. 我没是过谁的人。

四种回答方式中，a、b、d 都成立，c 不成立，不符合"是"的否定用"不"的语法规则。但从修辞的效果来看，a<b<d，a 是一般性的否认，b 是周遍性的否定，d 是预设性的否定，d 否定的范围最大，因而最有效地表达了否定。

不过，"没（有）"否定"是"受到很大的限制，因为"是"没有内在的时间终点，所以，"没（有）"否定"是"时要带上"过"来突显其时间的有界性，这也是 c 中不带"过"就不合语法的原因。"没是＋过"这种说法的使用频率并不高。在 CCL 语料库、在线语料库中均检索不到"没（有）是过"的例句。在 BCC 语料库中检索，仅微博中出现了 1 个合法例句：

---

①朴汀远. 论"非典型搭配"的修辞价值[J]. 兰州学刊，2010（1）：104—106.

（25）我想我们都不再是高中的时候躲在被窝里唧唧喳喳的小女生了，也可能我们从来都没是过。

检索各大语料库，"没姓过"的出现频率也很低，几乎没有。相比之下，"没属于过"的频率稍高，原因可能是，"属于"的时间有界性要强于"是、姓"，"属于谁"随时间的变化发生变化的可能性更大。在 BCC 语料库中有 7 例"没属于过"，例如：

（26）在那一个圈子我已经不属于里面的了，无所谓，反正也没属于过。

（27）她的确没有移情，事实上她从来就没属于过你，傻瓜！

（28）有那么一刻，也会失落，也会失望，只因为这一种感觉将不再属于我。而不是因为它，因为它从来都没属于过我。

上述三例"没属于过"小句前还有一个否定句，"没属于过"小句追加在后，否定经历，进一步从预设上加大否定范围，从而也加大了否定的力度。

因此，总的说来，"没是"出现的频率不高，但也有存在的可能性，其存在形式受到一定的限制，"没是"后要加上时态助词"过"，通过"过"来激活"是"的时间性，其功能是"否定经历"，从而否定预设，达到更强的否定效果。

第二节　邵阳方言中的"唔是"与"冇是"

邵阳方言中，判断动词"是"的否定有两种形式，即"唔是"和"冇是"，两者的分布既有对立，又有中和。下面我们分别对二者的句法分布与意义进行分析。

一、"唔是"的句法分布与意义

邵阳方言中，否定副词"唔 $[\eta^{35}]$"可与判断动词"是"组合成"唔是"，表达否定判断，对译成普通话，就是"不是"的意思。由于"唔是"的分布受语气、语境的影响较大，本书主要根据句子的语气与结构类型、"唔是"与其他成分的组合情况来进行论述，具体来说，句子的语气与结构类型包括陈述性回答句、疑问句、反事实条件句、选择复句、并列复句。"唔是"与其他成分的组合情况包括"唔是""唔是底""还唔是""唔就是""是唔是""要唔是""唔是……就是……"等七种情况。

（一）"唔是"在问句答语中

"唔是"在陈述句中受到很大的限制，在本人的实地调查和其他口语材料中，陈述句中用"唔是"的情况很少，一般都用"冇是"，但在正反问句或是非问句的答语中，可以后加表陈述的语气词"底"，构成"唔是底"。例如：

（1）甲：你是邵阳人么？乙：唔是底。（甲：你是邵阳人吗？乙：不是的。）

（2）甲：她是唔是你姐姐？乙：唔是底。（甲：她是不是你的姐姐？乙：不是的。）

（3）甲：咯手机是你底么？乙：唔是底。（甲：这个手机是你的吗？乙：不是的。）

回答正反问句和是非问句时，否定性的答语"唔是"后一般都带上表陈述语气的助词"底"，才显得自然顺口。

如果"是"后有其他名词性成分或动词性成分，则一般不用"唔是"，而要用"冇是"。例如：

（4）甲：他是唔是邵阳人？你晓得么？（他是不是邵阳人？你知道吗？）

乙：他冇是，他冇是邵阳人，冇是。（他不是，他不是邵阳人，不是。）

（5）甲：咯衣服是买把哪个底？（这件衣服是买给谁的？）

乙：咯件衣服冇是买把你底，你就莫试哩。（这件衣服不是买给你的，你就别试了。）

（二）"唔是"在疑问句中

"唔是"出现在疑问句中，由于"唔是"本身就带有否定词，这样的否定疑问句带有一定的倾向性，并带有一定程度的反问语气。① 其组合方式有："唔是""还唔是""唔就是""是唔是"。

1. 唔是

"唔是"的句法位置一般位于主语之后，其后接动词或名词性成分。例如：

（6）他唔是讲今日唔来着嘞？何嘎又来哩？（他不是说今天不来吗？怎么又

---

① 邵阳方言中，还有一种常见的反问方式，句中不用"唔是"或"冇是"，而是在主语和谓语之间使用语气副词□[tau⁵⁵]，形式上比"唔是"或"冇是"更简短，反问语气也更强烈。如："他□[tau⁵⁵]已经答应你哩，你还紧倒讲什么子？"（抱怨语气）（他都已经答应你了，你还老是说些什么？）；"你屋□[tau⁵⁵]有蛮多钱，还找别个借钱？"（你家里都有那么多钱了，还找别个借钱？）□[tau⁵⁵]类似于普通话中的"都"，本书译作"都"，但邵阳方言中的总括副词并不用"□[tau⁵⁵]"，而是用"下"，音[ɣa²⁴]。如："大势心里下晓得。"（大势：大家。大家心里都明白。）"吃烟吃酒下要唔得。"（抽烟喝酒都不好。）

来了?)

（7）他唔是买咖车哩？何嘎还行路？（他不是买了车吗？怎么还走路？）

例（6）中，说话人已知"他不会来"，但当前事实是"他来了"；例（7）中，说话人已知"他买了车"，对"他走路步行"感到惊讶，又感到疑问，因此说话人用"唔是……？"提问提起过去事实，并用"何嘎……？"特指疑问句提出追问。在这种句子中，疑大于信，说话者原来认定了某个事实，已经形成了自己的主观认识或判断，所以用"唔是"来对事实进行反问，表达自己的不解。当这种认识带有一定的道义色彩时，这种疑问就带有特定的感情色彩了，其疑问也就蕴涵着质问或指责的意味。例如：

（8）你现在何嘎唔是跟他讲话哩？他唔是你朋友么？（你现在怎么不跟他说话了呢？他不是你朋友吗？）

（9）你崽唔是回来哩么？何嘎唔喊他做事？（你儿子不是回家了吗？怎么不叫他干活？）

（10）他上次唔是借把你一万块钱么？你还在讲他小气！（他上次不是借给你一万块钱吗？你还在讲他小气！）

例（8）中，说话人已经认定"他"是听话人朋友，但是二者之间"不说话"的事实让说话人感到惊讶不解，但同时，说话者认为"朋友之间应该要说话"，因此整个句子暗含了"你不跟他说话是不对的"言外之意；例（9）中，说话人知道听话人的儿子回来了，但是却没看到他干活，因此感到不解，其中也蕴涵了"你应该要喊崽做事"的言外之意；例（10）中提醒对方，既然"他上次借钱给你了"，那么"你就不应当说他小气"。

有些时候，发问者心中早就有数，不需要对方回答。例如：

（11）你何嘎还问我，我唔是告诉你几道哩?①（你怎么还问我，我不是告诉你几遍了吗？）

（12）你要他当领导啊？他只有咯狠子，你咯唔是害他？（你要他当领导，他只有这个能力，你这不是害他吗？）

此时，"唔是"的反诘语气较为强烈，例（11）（12）都不需要听者做出回答，这样的句子只是说话人不满情绪的一种宣泄，相当于说"你别再问我了!"

---

①例（11）中新派与老派表达有所不同，新派觉得用"冇是"也可以。

"你这是在害他！"①

2. 还唔是

"还唔是"主要出现在反问句中，"还唔是"与普通话的"还不是"功能类似。"还不是"由"不是"前面加上"还"构成。据吕叔湘（2010），普通话中，"还"的基本意思是表示动作或状态持续不变，"还"还可以表达反问语气。② 邵敬敏（1996）指出："副词'还'用在疑问句中，往往加强反问语气……如果'还'跟否定形式合用，反问语气更强烈。"③ 柴森（1999）认为"还"的状态持续或范围扩大、程度加深的可能性与前提条件发生冲突时，形成了反问，"还"也就承担了反问语气的作用。④ 邵阳方言中的"还"与普通话的"还"功能相近，"还"与"唔是"一起形成反问语气。"还唔是"一般出现在主语后。例如：

（13）他还唔是也收咖别个蛮多好处？他还讲我！（他还不是也收了别人很多好处？他还说我！）

（14）你刚刚上幼儿园底时候，你还唔是又哭又叫底？（你刚开始上幼儿园的时候，你还不是又哭又闹的？）

上述两例中，"唔是"本身就构成了反问语气，加上表反问语气的"还"之后，更加强了反问语气。例（13）（14）中"还唔是"出现在主语之后，说明主语与他人在某种行为上具有同一性的功能，当反问句转换成陈述句时，可以换成"也"。例（13）（14）也可以变换成陈述句"他也收咖别个蛮多好处""你也是又哭又叫底"，但变换以后，语气减轻，语势有所减弱。

"还唔是"也可以出现在整个小句之前，例如：

（15）还唔是因为等你，害起我来晏哩二十分钟。（还不是因为等你，害得我

---

① 反问句是一种主观性很强的句子。邵敬敏（1996）、胡德明（2010）、李宇凤（2010）均指出，反问句有特定的交际目的，反问句主要不是告诉别人事情，而是和别人讲理，与陈述句相比，反问句是一种间接地告诉别人他的行为不合情理的方式。与相应的陈述句式相比，都表达了说话人的不满，但主观性更强，因此人们在交际过程中会根据交际对象与话语目的来选择是用陈述句还是反问句。例如：

甲：你快滴子啰！（你快点！）

乙1：我在作力做啦。（我在努力做嘛。）

乙2：我唔是在作力做么？（我不是在努力做吗？）

乙1的回答直接简短，乙2回答倾向于主观上不满，带有不满、责怪语气。方言作为口语语体，表达追求简洁有力，有时人们不一定非得选择"唔是"来反问别人。如普通话中的句子"你不是有点蠢吧！"，发音人说这样的句子一般会直接说："你有点哈嘞！（你有点蠢吧！）"本书所举的反问句一般都有相应的陈述句表达，只是这不是本书要讨论的主要内容，因此就没有一一列举。

② 吕叔湘. 现代汉语八百词[M]. 北京：商务印书馆，2010：252-254.

③ 邵敬敏. 现代汉语疑问句研究[M]. 上海：华东师范大学出版社，1996：171.

④ 柴森. 谈强调反问的"又"和"还"[J]. 世界汉语教学，1999（3）：65-69.

迟到了二十分钟。)

例（15）中的"还唔是"出现在小句句首，相当于反问句中的"不就是"或陈述句中的"就是"。

3. 唔就是

"唔就是"也出现在反问句中，这种说法实际上是"唔＋就是"形成。[①]例如：

（16）唔就是花滴钱子么？有么子了唔起底！（不就是花点钱嘛，有什么大不了的！）

（17）咯有么子？唔就是只队长么？唔当也冇紧。（这有什么？不就是个队长吗？不当也没关系。）

"唔就是"类似于普通话中的"不就是"。据吕叔湘（2010）所述，"就是"有多种意义与功能，其中，作副词时，可以确定范围，排除其他，[②] 如"我们家就是这两间屋子"。"唔就是"在上述这两个例句中起到的都是确定范围的作用，并且说明所确定的范围不大，具有小量的量性特征，并带有不屑或轻蔑的语气。

"唔就是"与陈述语气的"只是"或"不过""只唔过"有替换关系，这种陈述语气也带有一定的感情色彩，例（16）（17）用陈述语气表达就是：

（16）′只是（唔过、只唔₁⁺）花滴钱而已。

（17）′只是（唔过）队长而已。

上述两例变换后，相较于变换前的反问语气，语气有所缓和。这种断定性的否定性的反诘语气在语调上变成降调，感情加重，带上语气词"嘛"，很容易变换成感叹句，例如：

（18）你唔就是一只戏子嘛！（你不就是一个戏子嘛！）

例（18）已经是一个感叹句了，"唔就是"的意思就是"仅仅是"，用否定感叹句表达出来，语势更强，情感更浓，其句子的作用既不是传信，也不是传疑，而是传情，传递强烈的不屑之意。

[①]吕叔湘在《疑问·否定·肯定》（《中国语文》1985年第4期）中指出，"不"用在问句里，等于"不是"，如"字典不就在你桌子上吗？""你不已经参观过了吗？""我不早就跟你说过了吗？"吕文中的三例都恰好是反问句。疑问句中的"不"很容易让人将句子理解成反问语气，在这样的否定疑问句中，整个句子用否定来表达肯定的意思。

[②]吕叔湘.现代汉语八百词[M].北京：商务印书馆，2010：319.

4. 是唔是

"是唔是"可以构成正反问句。"是"与"唔是"正反交替，构成正反问句。①"是唔是"即普通话中的"是不是"。"是唔是"出现在正反问句中，从正和反两个方面，要求被询问者在肯定项和否定项之间进行选择。在邵阳方言的正反问句中，"是"与"唔是"先后出现，一正一反进行提问，其功能是在未知情况下表示对某个问题或结论从正反两个方面进行询问。"是唔是"在句子中作谓语，后面既可以接名词性成分，也可以接动词性成分。下面是"是唔是"在正反问句中的四种句法组合方式。

第一，NP1是唔是NP2？

（19）你是唔是他妹妹？（你是不是他的妹妹？）

上例中，问话人并不知道对方的真实身份，因此询问的成分居多。

第二，NP是唔是VP？

（20）你对他是唔是唔放心？（你对他是不是不放心？）

（21）你到底是唔是真心想买？（你到底是不是真心想买？）

（22）他屋是唔是蛮有钱？何嘎花钱咯嘎大方？（他家里是不是很有钱？怎么花钱这么大方？）

（23）他咯嘎时候还有来，是唔是唔想来哩？（他这个时候还没来，是不是不想来了？）

（24）你们昨天是唔是来晏哩？张老师都发咖脾气哩。（你们昨天是不是迟到了？张老师都发脾气了。）

上述五例中，例（20）"是唔是"后接"唔放心"，这个正反问表明说话人在向听话人询问；例（21）没有上下文语境，无法知道说话人是否更倾向于肯定，售货员可以是很真诚地想知道对方究竟是"想买"还是"不想买"，那么这时候说话人就是中性倾向，但售货员也可以是很不耐烦，认为顾客没有诚意，"不是真心想买"，所以气恼地问"你到底是不是真心想买"，那么这时候句子就是否定性倾向。但例（22）（23）（24）中，因为有上下文语境，可以看出说话人有一定

---

① 在邵阳方言中，"是唔是"一般较少用于句末形成附加问，而是在句末用"是啊"，伴随语调上扬，表达质问，语气较重，这种句子常常具有强烈的感情，例如："你想害我是啊！"（你想害我是不是？）；"你怕咖哩是啊！"（你害怕了是不是？）当征求对方意见时，句末加上"你讲么着？"，语气较为舒缓，例如："隔壁邻居要大□tɕi⁵⁵帮忙，你讲么着？"（隔壁邻居要相互帮忙，你说是不是？）另外，邵阳方言的正反问还有一种常用的表达方式，即"是……么？"比如，"你是邵阳人么？"（你是不是邵阳人？）

的倾向性。据邵敬敏等（2002）指出，"是不是 VP"问句属于"咨询型问句"，"是不是 VP"问句有明显的肯定性语义倾向。[①] 本书认为，"是不是 VP"的语义倾向也要根据具体语境来判断。

第三，NP2 是唔是 NP1＋VP？

（25）窗子玻璃是唔是你打破哩？（窗户玻璃是不是你打破的？）

（26）箱子里底钱是唔是你拿咖哩？（箱子里的钱是不是你拿了？）

上述两例中，主语 NP2 是受事，句子也可以变换成"是唔是 NP1＋VP＋NP2"。这两个句子中，说话人并不知道 NP1 是不是真正的动作实施者，其倾向性较弱。

第四，是唔是 NP＋VP？

（27）是唔是老张要你来底？（是不是老张要你来的？）

（28）屋里咯嘎闹热，是唔是他屋崽今日回来哩？（屋里这么热闹，是不是他的儿子今天回来了？）

上述两例中，"是唔是"对整句陈述进行肯定或否定的确认，（27）没有具体上下文，无法判定其倾向性，（28）有上下文语境，说话人倾向于肯定"是唔是"引导的内容，但也是不完全肯定。

"是唔是"构成的正反问句还可以作陈述句的句内成分，在陈述句中作整个句子的宾语或主语。例如：

（29）我唔晓得是唔是他先动手。（我不知道是不是他先动的手。）

（30）唔管你是唔是咯里底人，你都要守咯里底规矩。（不管你是不是这里的人，你都要遵守这里的规矩。）

（31）他是唔是村长我唔晓得，你去问别个。（他是不是村长我搞不清，你去问别人。）

（32）他是唔是肯帮咯只忙，我还要去打听下子。（他是不是愿意帮这个忙，我还要去问一下。）

上述四例中，"是唔是……"本身是正反问句，例（29）前加"我唔晓得"，例（30）前加"唔管"，例（31）（32）在后面加上"唔晓得"或其他成分，整个句子的疑问语气消失，变成了陈述句，"是唔是"不表现出偏向性。

---

①邵敬敏，朱彦."是不是 VP"问句的肯定性倾向及其类型学意义[J].世界汉语教学，2002（3）：23－38.

(三)"唔是"在反事实条件句中

"唔是"前加"要",组成"要唔是"。"要唔是"出现在反事实条件句中,相当于普通话中的"要不是","要唔是"是邵阳方言反事实表达的标志词之一。在这种反事实条件句中,"要唔是"引导反事实的从句 p,并且主句 q 与实际结果相反,其句法形式可以是肯定形式,也可以是否定形式,还可以是反问句式。①

(33)咯只事你实在冇做像,要唔是你是我姐姐,我早就发脾气哩。(这件事你实在没做好,要不是你是我姐姐,我早就发脾气了。)

(34)要唔是他喊我来,我是唔得来。(要不是他叫我来,我根本不会来。)

(35)要唔是他以前帮咖你,你现在有咯嘎好过?(要不是他以前帮了你,你现在的日子有这样好过?)

例(33)的主句 q 是肯定形式,例(34)的主句 q 是否定形式,例(35)的主句 q 是反问句。从语用价值看,"要唔是"句式强调原因的重要性,邢福义(2001)指出,"要不是 p,(否则)q"句式的一个明显的作用是:反主释因,用反证的办法来说明事物之间的因果联系,加强句子的容量和论证性。② "要唔是"句式的功能也是如此,在表达事物间的因果联系上,"要唔是"句式还强调突出事情结果的特异性,如例(33)可以推理出"正因为你是我姐姐,所以我才没发脾气",例(34)可以推理出"正因为他喊我来,我才来",例(35)可以推理出"正因为他以前帮了你,你现在日子才好过",也意味着排除了这些前因,那么就不可能出现后面的结果,这些结果对说话人来说影响很大,并且这些结果强烈地依赖"要唔是"所引导的"条件"。

(四)"唔是"在选择复句中

邵阳方言中,"唔是……"与"就是……"一起构成选择复句,③ 其功能相当于普通话中的"不是……就是……"。邢福义(2001)指出,"不是……就是……"表示情况的选择或交替,强调非此即彼,二者必居其一,这种句式主要表达说话人对事实进行陈述,或是根据现实情况进行推测,两个选择项可以是已然

---

① 老派发音人认为,在反事实条件句中,"要唔是"用得多些,但新派发音人认为,"要冇是"用得多些。本人曾向祖籍邵阳县的吕俭平博士请教,吕俭平博士也说在邵阳县方言中反事实条件句主要用"要唔是"。因此本书采用了老派发音人与吕俭平博士的说法,认为在反事实条件句中主要使用"要唔是"。
② 邢福义. 汉语复句研究[M]. 北京:商务印书馆,2001:122.
③ 老派发音人认为只说"唔是……就是……",但新派发音人中,有的也说"冇是……就是……"。关于"不是……就是……",吕俭平博士也说在邵阳县方言中,也是说"唔是……就是……",其说法与老派发音人一致。

的事实，也可以是未然的事，也可以是惯常发生的事实。①

（36）咯滴苹果，唔是姐姐买底，就是哥哥买底，冇得别个。（这些苹果，不是姐姐买的，就是哥哥买的，不可能是别人。）

（37）他晚上唔是看电视，就是耍游戏。（他晚上不是看电视，就是玩游戏。）

（38）他脾气唔好，天数天唔是跟别个骂架，就是跟别个打架。（他脾气不好，一天到晚不是跟别人吵架，就是跟别人打架。）

"唔是……就是……"复句由两个分句构成，前一分句是否定句，后一分句是肯定句，表明两个选项中非此即彼的关系，两个选项具有同等地位，并没有多少倾向性，相反二者具有亲和性，两个选项在句法上往往是对称的，在意义的价值属性上常常也是相近的。例（36）是对过去发生的事实进行猜测，断定"苹果"只可能是"哥哥"或"姐姐"买的，不可能是其他人。例（37）（38）是对"他"的行为进行陈述，两种行为交替出现，成为一种惯常。

二、"冇是"的句法分布与意义

（一）"冇是"在陈述句中

"冇是"在邵阳方言的陈述句中分布十分广泛，使用频率非常高。"冇是"表达否定判断时，构成如下三种句式：

1. NP1 冇是 NP2

（39）昨日我怪□tsau³⁵你哩，咯只事也冇是你底□tsau³⁵。（昨天我错怪你了，这件事也不是你的错。□tsau³⁵：错。）

（40）他冇是咯样范底人。（他不是那样的人。）

（41）他唔得咯嘎做，他唔得咯嘎讲，他冇是咯种人。（他不会这么做，他不会这么讲，他不是这种人。）

（42）你莫操心他哩，他又冇是哈醒。（你别担心他了，他又不是傻瓜。哈醒：傻瓜。）

上述 4 例是典型的"是"字判断句的否定形式，张和友（2012）指出，"是"的核心语义是对"名物 1 等同或归属于名物 2"进行断定。②"NP1 冇是 NP2"则是"是"字句的核心句式的否定，即断定 NP1 不具备"等同或归属"于 NP2 的

---

①邢福义．汉语复句研究［M］．北京：商务印书馆，2001：247．
②张和友．"是"字结构的句法语义研究［M］．北京：北京大学出版社，2012：22．

关系，例（40）（41）断定"他"不是说话人心目中的"那种人"或"这样的人"，例（42）断定"他"不是"傻瓜"。

2. NP 冇是 VP/AP

（43）我冇是蛮喜欢他，但是他也唔带厌。（我不是很喜欢他，可他也不讨厌。）

（44）他屋里又冇是冇得，还要吃政府钱。（他家里又不穷，还要吃低保。）

这种句子中，"冇是"居于主语与谓语之间，"冇是"后的谓语成分可以是动词性的，也可以是形容词性的，例（43）中"冇是"后接动词性成分"喜欢他"，例（44）中"冇是"后接形容词性成分"冇得（穷）"，"冇是"在"冇得"前，表达出一种断定的语气。

"冇是"还可以提到主语的前面，对小句进行否定。例如：

（45）冇是他唔肯帮忙，他硬是冇得办法哩。（不是他不肯帮忙，他实在是没有办法。）

3. NP 冇是……底

（46）昨天你掉咖那滴袋子冇是我提走底，是别个提底。（昨天你忘记的那些袋子不是我提走的，是别人提走的。）

（47）咯滴柴冇是我绚底，唔晓得是哪个绚底。（这些柴不是我捆的，不知道是谁捆的。绚：捆。）

（48）门冇是我锁底，是别个锁底，你莫紧倒问我要钥匙。（门不是我锁的，是别人锁的，你别老是找我要钥匙。）

肯定句"是……底"是一种强调句型，说话者运用焦点标记"是……底"对某一成分进行聚焦，其实质是一种强调性的断定，相应地，否定句"冇是……底"则是对某一焦点成分进行否定断定。例（46）（47）（48）中"冇是"后的"我"则是被强调成分，强调那些行为不是"我"实施的。

"冇是……底"句子在时态上一般为过去时或现在时，在人们的逻辑思维中，最自然的是对已经发生或当前正在发生的事件进行断定。将来的事情是难以进行明确断定的，当对将来的事情进行否定断定时，一般都转化成对可能的否定，邵阳方言中用"唔得"，"得"表可能，"唔得"即"不可能"，而不用"冇是"，这种否定常常带有猜测性。例如：

（49）他还冇来？他唔得唔来哩嘛？（他还没来？他不会不来了吧？）

例（49）对"他不会来"进行猜测，用否定式"唔得（不会）"提问，说明这个结果是说话人不希望的。

（二）"冇是"在疑问句中

"冇是"在疑问句中出现，有"冇是"和"是冇是"两种形式。

1. 冇是

"冇是"在疑问句中一般没有特别强烈的反诘语气。否定疑问句本身带有预设性，即说话人心目中已经认定某个事实，但当现实中出现了一些与既往事实不符或有一定反差的新情况，说话人还不能完全断定事实是否真的如此，"冇是"句的询问功能较弱。例如：

（50）他冇是讲唔来着嘞？（他不是说不来吗？）

（51）他何嘎当起警察底？冇是讲要有大学文凭么？（他怎么当上警察的？不是要大学本科文凭才能考警察吗？）

（52）他冇是你底对象？真底冇是啊？（他不是你的对象？当真不是的？）

例（50）（51）中，主要是强调事实，说话人本身没有多少疑问，这种句子中询问的成分并不多，只是想确认事实。例（52）中，说话人已经认定"他"是对方的对象，只是通过问句较为客观地确认，没有不满情绪。

2. 是冇是

"是冇是"由"是"与"冇是"组成，一般不出现在陈述句中，只出现在正反问句中，正反问句中的"是冇是"对事实基本上是已知的，询问的成分较少。例如：

（53）见死唔救，你还是冇是共产党员欧？（见死不救，你还是不是个共产党员？）

（54）你们还是冇是中国人欧？（你们还是不是中国人？）

（55）你是冇是邵阳人？连魏源都唔晓得。（你是不是邵阳人？连魏源都不知道！）

"是冇是"出现在正反问句时，在主语和名词性成分之间，其后的名词性成分一般是对主语的类别或属性进行断定，并且说话人已经明确地有了肯定性的答案，但是主语的行为与名称或常识不相符合，因此说话人用"是冇是"提问。例（53）中，说话人已知对方是"共产党员"，但其"见死不救"的行为不符合共产党员的行为规范，因此说话人故意用"是冇是"提问，其言外之意是"你是共产党，但你的行为不像个共产党员"；例（54）中，也是已知对方是中国人，但因为对方的言行不当，不符合人们对中国人的行为期待，因此句子的言外之意是，"你们的行为不是真正的中国人的行为"；例（55）的言外之意是"你简直算不上是真正的邵阳人，邵阳人一般都知道魏源"。

（三）"冇是"在假设句中

"冇是"前加表假设关系的"要"组成"要冇是"出现在假设句中，引导假设句的条件分句，这种情况很少，一般都用"要唔是"。"要冇是"也相当于"要不是"，在"冇是"前加"要"，"要"相当于"如果"，即"如果不是"。"要冇是"凝固成表假设关系的关联词，与"要唔是"一样，这种假设句的语义特点是强调条件的重要性。例如：

（56）要冇是过去底人吃苦，我们现在会有咯嘎好？（要不是前辈们吃苦，我们现在的生活能有这么好吗？）

（57）要冇是解放军帮忙，咯只伢伢肯定会冻死哩。（要不是解放军的帮助，这孩子恐怕早就冻死了。）

第三节　"唔是"与"冇是"用法的异同

一、"唔是"与"冇是"用法的区别

从邵阳方言的语言事实来看，"唔是"与"冇是"用法有着明显的区别，这些区别主要表现在以下四点。

第一，陈述句中，表达否定判断的功能，一般用"冇是"，不用"唔是"。例如：

（1）他又冇是三岁伢伢，咯滴者事都唔晓得做嘞？（他又不是三岁小孩，这点事也不会做吗？）

（2）冇是我讲你，你也太唔懂事哩，咯大底人□·tau过得糊□tɕia³³□tɕia³³。（不是我说你，你也太不懂事了，这么大的人还把日子过得一塌糊涂。）

（3）咯手机是我底，又冇是你底，我想要就要，冇关你只事。（这手机是我的，又不是你的，我想玩就玩，不关你的事！）

（4）他又冇是冇得钱，何嘎咯嘎小气？（他又不是没有钱，怎么这么小气？）

上例中的"冇是"表达否定判断，相当于普通话中的"不是"，在陈述句中表达对判断的否定，一般都用"冇是"。

第二，是非问句中，"冇是"重在确认事实，"唔是"重在表达情绪。例如：

（5）他冇是发财哩欧？咯大方。（他不是发财了吧？这么大方。）

（6）他冇是你弟弟么？你何唔让他滴者。（他不是你弟弟吗？他怎么不让着他点？）

（7）甲：你昨天哪里去底？（你昨天去哪里了？）

乙：昨天冇是休息么？我在屋休息，冇来上班。（昨天不是休息吗？我在家休息，没来上班。）

上述三例中，例（5）说话人认为"他很大方，可能已经发了财"，并且对"他发财"的事实认定程度较高，例（6）中，说话人已经知道"他"是对方的弟弟的事实，例（7）中的乙方也是知道"昨天休息"的事实，这些例句中的"冇是"都是对事实的确认，或是提醒对方注意事实，询问的强度不高，也没有多少负面情绪。当带有强烈的不满情绪时，尤其是带上反问标记"还"后，就只能用"唔是"，不能用"冇是"了。例如：

（8）路太溜哩，他还唔是刚刚跌咖一跤，莫让小伢伢再跌倒哩。（路太滑了，他不也是刚刚摔了一跤？别让小孩儿再摔倒了。）

（9）你还唔是9点才到？还讲我们来晏哩。（你不也是9点钟才到？还说我们迟到了。）

（10）咯条路修唔修，还唔是你讲咖算？（这条路修不修，还不是你说了算？）

上述三例中的"还唔是"后的内容不一定完全是客观事实，而是说话人的一种主观认定，反诘语气较为明显，没有询问功能，例（8）（9）反诘中有指责意味，例（10）反诘中有无奈意味，三者都带有明显的不满情绪在其中。再例如：

（11）唔就是他一个人么？有么子好怕底？（不就是他一个人吗？有什么好怕的？）

（12）你唔就是只队长么？有么子了唔起底？（你不就是个队长吗？有什么了不起的？）

（13）他唔就是犯咖滴者错者，要咯嘎骂他？（他不就是犯了点小错误，要这么批评吗？）

（14）做要唔得底事，他们唔就是咯嘎发财底？（做要不得的事，他们不就是这样发财的？）

59

上述四例含有"唔就是"的句子都带有强烈的反诘语气，主观上认为"唔就是"后的事实价值不大，表达的不满情绪非常强烈，去掉句末的语气词就可以直接成为感叹句，如例（12）可以变成"你唔就是只队长!"，这时就是强烈的不满情绪的宣泄。

第三，正反问句中，"是唔是"重在询问，"是冇是"重在确认事实。例如：

（15）商店打折是唔是哄人底啊?（商店打折到底是不是骗人的呢?）

（16）他是唔是昨天来过?（他是不是昨天来过?）

（17）你是唔是买滴水果去看下他者?（你是不是买点水果去看看他?）

（18）我是唔是老咖哩?（我是不是老了?）

上述由"是唔是"组成的四例正反问句中，表达较强的询问功能，说话人对"是唔是"后的内容并不知情，例（15）（16）都是有疑而问，例（17）还有斟酌建议的意味，也是不能完全肯定，例（18）带有一定的疑问，觉得自己有点老了，但应该还不是特别老。有的正反问没有询问功能，主要传递责备、确认的语用功能，这时，主要使用"是冇是"。例如：

（19）咯嘎胆小，你还是冇是只男人?（这么胆小怕事，你还是不是个男人?）（责备，嘲弄）

（20）你是冇是算错哩欧?（你是不是算错了?）（肯定）

上述两例由"是冇是"组成的正反问中，几乎没有询问功能，都是在明知事实的情况下的发问，例（19）中是明知对方是男人的情况下说的，例（20）也是明知对方是算错了。在这种没有询问功能的正反问句中，发音人习惯上使用"是冇是"。

第四，选择复句和假设复句中，一般用"唔是"，此外，"唔是"具有推理性，"冇是"不具有推理性。例如：

（21）你咯唔是执要让我出丑?（你这样做不是故意让我出丑吗?）

（22）我冇做主，你问我"可唔可以"，你咯唔是为难我么?（我又做不了主，你问我行不行，你这不是为难我吗?）

（23）你一个人好，那唔是空底? 要大势好才好啦。（你一个人好，那有什么用? 要大家都好才是真正的好。）

上述三例中的"唔是"前有指示代词"咯""那"，组成"咯唔是"或"那唔是"，相当于普通话中的"这不是""那不是"，"这""那"有衔接作用，指代前文所述的内容，并引出下文的结论。"咯唔是""那唔是"引导的是一个推导性的反问句，也就是引导一个否定性结论，这种带有推理性反问语气的"咯唔是""那唔是"都不能换成"咯冇是""那冇是"。

"唔是……就是……"构成的选择复句带有推理性，即在二者之间进行推理再得出结论，这样的选择复句中常常使用"唔是"，不用"冇是"。例如：

（24）咯段时间，他唔是出去跑车，就是出去有事，蛮少在屋里耍。（这段时间，他不是出车，就是出去做事，很少在家休息。）

例（24）中在两个选项"唔是出去跑车""就是出去有事"之间进行推理选择，其中的"唔是"也不能换成"冇是"。

二、"唔是"与"冇是"用法的同一性

从邵阳方言的口语表达例句中，我们可以归纳出"唔是"与"冇是"的用法存在着明显区别，但同时不能否认的是，在某些特定的语境中，二者的对立消失，只体现出倾向性的差别，或者二者差别很小，呈现出语义中和的现象。"唔是"与"冇是"的用法中和现象主要体现在下面两种情况：

第一，在形式简单的否定性答语中，二者几乎没有差别。当回答正反问句"是唔是"时，既可以用"唔是底"，也可以用"冇是"或"冇是底"，二者几乎没有区别。例如：

（25）甲：明天你是唔是唔得来？（明天你是不是不会来？）

乙：冇是底，我得来。（不是的，我会来。）

唔是底，我得来。（不是的，我会来。）

例（25）中，"冇是底""唔是底"两种说法都可以成立，但是年龄较大的人倾向于使用"唔是底"。不过，当回答的形式较为复杂时，即"是"后带有宾语时，则必须用"冇是"，不能用"唔是"。例如：

（26）甲：咯本书是你底么？（这本书是你的吗？）

乙：冇是，咯冇是我底书。（不是，这不是我的书。）

例（26）中，当"是"后带有宾语"我底书"时，必须用"冇是"，不用"唔是"。

第二，在引导反事实条件句的情况下，二者差别很小。在反事实条件句中，"唔是"与"冇是"也存在一定程度的同一性，"唔是"与"冇是"都可以与"要"组合，二者的差别很小，仅在语气上有细微的不同，但人们在总体倾向上

一般都使用"要唔是"。

"要冇是"的推理作用与"要唔是"接近，二者都是邵阳方言中的反事实条件句的标志词，都表达虚拟语气，其推理过程是：如果不是事实那样的话，将会出现另外的后果。但是在表达情感、语气上，二者略有差别，"要唔是"更为随意，"要冇是"显得严肃。一般情况下，人们更多地倾向于使用"要唔是"，"要唔是"的使用频率更高。例如：

（27）要唔是你跟到我来，你□tau⁵⁵唔得中奖。（要不是你跟着我来，你就不会中奖。语气较为随意。□tau⁵⁵：语气副词，加强肯定语气，相当于普通话的"都"。）

（28）要冇是你跟到我来，我就唔得出咯只事。（要不是你跟着我来，我就不会出这样的事。语气特别肯定。）①

据老派发音人自己的语感描述，老派发音人认为"要冇是"语气更重，更正式，陈述的事实更重要。

综合上文，我们可以将"唔是"与"冇是"的组合与分布用表格表示如下：

表1-2 "唔是"与"冇是"的组合与分布对比表

组合形式	句类	唔是（示例）	冇是（示例）
～	陈述	咯手机是你底么？——唔是底。（这个手机是你的吗？不是的。）（不带宾语）	咯手机是你底么？——冇是底。（这个手机是你的吗？不是的。）（不带宾语）
		—	老张冇是咯只村底村长，老王才是。（老张不是这个村的村长，老王才是村长。）（带宾语）
	疑问	今天要是中奖底话，唔是发财哩？（今天真要是中了奖，不是就发财了吗？）（猜测未来）	他冇是发咖财底？还咯嘎小气？（他不是发了财吗？怎么这么小气？）（猜测过去）
		你把路□tau⁵⁵搞烂哩，那唔是缺德呃？（你把路搞烂了，那不是缺德吗？）（评价事实）	—

① 老派发音人认为此处"要冇是"也可以说，但新派发音人认为一般都说"要唔是"，不说"要冇是"。本书采用老派发音人的说法。

（续表）

组合形式	句类	唔是（示例）	冇是（示例）
还~	陈述	甲：咯几天你妈妈对他底看法改咖滴子么？ 乙：还唔是现样子。（甲：这几天你妈妈对他的看法有改变吗？乙：还不是老样子。）（无奈）	—
	疑问	还唔是因为等你？我来晏哩二十分钟。（还不是因为等你？我迟到了二十分钟。）（反问）	
唔就是	疑问	唔就是要钱么？把你钱就是底。（不就是为了钱吗？我给你钱就是的。）（反问）	—
	感叹	你唔就是一只戏子嘛！（你不就是一个戏子嘛！）（不满）	
是+~	陈述	我是唔是骗子大势心里下晓得。（我是不是骗子大家都心中有数。）（陈述）	—
	疑问	那前夹那只事到底是唔是他做底啊？（前夹：时候。那件事当年到底是不是他做的？）（询问）	你是冇是算错哩欧？（你是不是算错了？）（肯定）
要+~	陈述（假设）	要唔是两只农民把他送回去，他早就冻死哩。（要不是两个农民把他送回家，他早就冻死了。）（陈述）	要冇是你背倒撮祸，他两个早就结婚哩。（要不是你背后使坏，他们两个早就结婚了。）（陈述）
~……就是……	陈述（选择）	他晚上唔是看电视，就是耍游戏。（晚上他不是看电视，就是玩游戏。）（陈述）	—

（注："~"代表"唔是"或"冇是"）

第四节　"唔是"与"冇是"功能区分的理据分析

邵阳方言中"唔是"与"冇是"在实际使用中，大多数时候明显对立，各有分工，不能互换，只有少数时候对立不明显，互换后意义区别很小。究其原因，主要是因为否定判断的呈现方式具有多样性。一方面，从语义层面上来说，否定判断可以分为主观否定判断和客观否定判断，这种区分反映了说话人断定的主客观程度；另一方面，从语用层面上来说，否定判断进入不同语气的句子，或不同现实程度的句子时，表达的侧重点会有所不同，因而造成了不同功能区分的需要。因此，邵阳方言中，当人们进行否定判断时，说话人视角、说话人背景知识与句子所传递的语气、情绪交织在一起，形成了比普通话更为复杂的否定判断表达方式。

邵阳方言中的"唔是"与"冇是"代表了否定判断的情绪主导与事实主导的功能区分，其本质上是否定判断在表达上的主客观区分。否定判断的这种主客观差异在邵阳方言中，体现为人们根据立场、态度、情绪的不同来选用"唔是"与"冇是"。"唔是"侧重表达主观否定判断，"冇是"侧重表达客观否定判断。当说话人表达的主观情绪性成分居多时，人们更多地使用"唔是"；当说话人表达的客观事实性成分居多时，人们更多地使用"冇是"。

"唔是"与"冇是"在邵阳方言中存在功能上的对立与中和，其对立的原因在于否定既具有主观性，又具有客观性；其中和的原因在于，在特定的非强调语境和虚拟语境中，主客观的对立消失。

一、否定判断存在主客观的差异性

从邵阳方言表达的语言事实来看，否定判断存在主客观差异性。一方面来看，否定判断具有主观性。沈家煊（2001）指出，"主观性"（subjectivity）是指语言的这样一种特性，即在话语中多多少少总是包含说话人"自我"的表现成分。也就是说，说话人在说出一段话的同时表明自己对这段话的立场、态度和感情，从而在话语中留下自我的印记。[①] 语言所具有的主观性与情态息息相关，情态是语言主观性的体现，情态是一个跨语言的语义范畴，主要表达说话人对命题

———————

[①] 沈家煊. 语言的"主观性"和"主观化"[J]. 外语教学与研究，2001（4）：268-276.

或事件的态度和看法，情态主要由情态动词来表达。

作为一种主体认知行为，否定判断不可避免地带上了说话人的情感与态度。当人们在否认事物的属性或事物之间关系的时候，必须根据当时的客观现实情况，因此否定判断带有一定的客观性，但同时，否定判断行为也受到人们的认知习惯、认知水平、观察事物的视角等主观因素的影响。人们对否定判断的认识并不仅仅局限在否定判断行为的完结，往往还会关注否定判断带来的后果，从而在否定判断的同时表达自己的情绪情感，否定判断句因而往往也具有强烈的主观性。在邵阳方言中，“唔是”在表达否定判断的同时，还表达了自己的某种主观情绪，例如：

（1）你咯嘎唔是害我？（你这样做不是害我？）

例（1）中，说话人认为对方这样做就是在害他，用反问的语气来表达，加强了说话人的主观不满情绪。

从另一方面来看，否定判断具有客观性。否定判断的内容一般都是否认事物的属性或事物之间关系，人们在进行否定判断陈述表达的时候，必须根据当时的客观现实情况，因此否定判断也带有一定的客观性。

否定判断的这种主客观差异性造成邵阳方言“唔是”“冇是”在陈述句、疑问句中呈现出一定的对立性。邵阳方言在陈述句中，一般用“冇是”来陈述对客观事实的否定判断，以表达自己否定判断的客观性。例如：

（2）我晓得何嘎去火车站，我又冇是冇去过。（我知道火车站怎么走，我又不是没去过。）

例（2）用“冇是”来陈述“我不是没有去过火车站”这个客观事实，即从说话者的角度来说，“你可能以为我没有去过火车站”，但我确实是去过的，说话人用“冇是”来力图客观地澄清这个事实。

在邵阳方言的一般反问句中也存在主客观侧重差别，尽管“唔是”“冇是”在疑问句中都带有反问语气，但二者还是有细微的差别。在疑问句中，“唔是”侧重主观，表达主观上认定某个事实，并对新出现的违背其既定判断的情况带有不满的意味；“冇是”侧重客观，强调已经知道或肯定了某个事实，还可以通过提问加以证实。例如：

（3）a. 他是你老乡么？是底话就送下他。（他是你的老乡吗？是的话就送他一下。）

b. 他唔是你老乡么？你何嘎唔帮他？ （他不是你的老乡吗？你怎么不帮助他？）

c. 他冇是你老乡？他一直在跟你讲话。 （他不是你的老乡？他一直在跟你说话。）

吕叔湘（1982）根据疑问的信疑程度将问句分为"询问""揣测""反诘"三种，"询问"疑的程度最高，"揣测"则信疑参半，"反诘"则是无疑而问。[1] 例（3）a是一个是非问句，说话人从正面提问，还没有肯定"他"到底是不是对方的老乡，询问成分居多，这个询问方式也可以用正反问句"他是唔是你老乡？"来提问；（3）b是一个反问句，说话人从道义的角度出发，认为"他是对方的老乡"，不帮助"老乡"是不对的，因而带有不满的情绪；（3）c句也是一个反问句，说话人虽然已经认定"他"是对方的老乡，但句子没有明显的不满情绪。再例如：

（4）你现在何嘎冇跟他讲话哩，他唔是你朋友么？（你现在怎么不跟他说话了，他不是你朋友吗？）

（5）我专门看到你们在一起，他冇是你朋友？（我经常看到你们在一起，他不是你的朋友？）

例（4）中，说话人认为听话人不跟朋友说话是不恰当的行为，句中用"唔是"带有强烈的反诘意味。例（5）中，说话人从客观事实"经常在一起"的角度基本上认定两人是朋友，对"他"不是听话人的朋友感到惊讶，句中用"冇是"来否定。

在以"是不是"来提问的正反问句中，正反问句既可以表达有疑而问的询问功能，也可以表达无疑而问的责问。邵阳方言中，前者使用"是唔是"，[2] 后者使用"是冇是"。例如：

（6）a. 你是唔是共产党员？是党员要填只表。（你是不是共产党员？是的话，要填个表。）

b. 见死唔救，你还是冇是共产党员欧？ （见死不救，你还是不是个共产党员？）

---

[1]吕叔湘. 中国文法要略［M］. 北京：商务印书馆，1982：281.

[2]本书认为，邵阳方言"是唔是"表询问也可能是受到邵阳话中正反问句的"V唔V？"格式的影响，如邵阳方言的正反问可以说"来唔来？（来不来？）""去唔去？（去不去？）""痛唔痛？（痛不痛？）"，这类用"V唔V？"格式的表达方式广泛存在，从而也可以类推产生"是唔是？"，这类格式也与普通话中的正反问句同构，容易被人们广泛接受。

例（6）中 a 与 b 对事实的确认程度是不同的，a 句中，说话人不知道对方是不是"共产党员"，还不能确认，因此进行询问；b 句中，说话人已经断定对方客观真实身份是"共产党员"，相当于对事实已经确认了，但对方的行为不符合共产党人的行为规范，说话人用"是冇是"来表达责问。下面的例子更为典型，例如：

（7）你还是冇是只男人？（你还是不是个男人？）①

例（7）中，说话人一般明知对方生理上是"男人"，只是心理上、行为上可能缺少男子汉气概，"是冇是"没有询问的功能，只是强调客观事实，整个句子的意思是责问对方。再如，从说话人对事实的确认程度来看，针对对方是不是邵阳人有几种问法：

（8）a. 你是唔是邵阳人？（你是不是邵阳人？）（询问事实）

b. 你还是冇是邵阳人？你连魏源都唔晓得？（你还是不是邵阳人？你连魏源都不知道！）（已知事实）

c. 你还是邵阳人么！你连魏源都唔晓得！（你还是邵阳人吗！你连魏源都不知道！）（已知事实）

例（8）a 句中，说话人不知道对方的身份，有疑而问，用"是唔是"来询问释疑；b 句中说话人已知对方的身份，"是冇是"无询问功能，整个句子有轻微责问语气；c 句中说话人已知对方的身份，用肯定形式来反问，责问语气最为强烈。

"唔是""冇是"在主客观上的差异性还进一步影响着二者在关联复句时的分布差异和功能差异。

人们说话往往要传递信息或情感，一方面，可以从肯定的角度表达，另一方面也可以从否定的角度表达。肯定和否定是人们语言表达的基本立场，人们要么是在肯定什么，要么是在否定什么。与肯定相比，否定并没有传递实质性的有效信息，但否定在语言表达中可以起排除作用，因此，否定词在上下文表达中，具有逻辑上的关联推导作用。我们可以在否定某个事物之后，再引出肯定某个事物；我们还可以虚拟地否定某个事物，从而推导可能产生的后果。否定在语言中起到不可替代的关联推导作用。

邵阳方言"唔是""冇是"的差别也体现在这种关联推导作用上，"冇是"主

————————————
① 邵阳方言中要表达这种没有询问功能的句子还可以直接用是非问的形式来表达，"你还是只男人么？（你还是个男人吗?)"句子更简短，语气更为强烈。

要运用在客观关联推导句中，其形式是："冇是……（而）是……"；"唔是"主要运用在主观关联推导句中，其形式是："唔是（的话）""要唔是……""唔是……就是……"。下面就这两种情况进行分析。

第一，"冇是"的客观关联推导性。否定判断的客观关联推导性是指用"冇是……（而）是……"的方式一反一正交替陈述所要表达的内容，"冇是……（而）是……"的顺序还可以交换。"冇是……"用来否定既有的内容，"（而）是……"提出新的看法。有时，"（而）是……"中的"是"可以省略。例如：

（9）冇是我不管，我管唔倒他。（不是我不管他，是我管不了。）

（10）他冇是冇得，是小气。（他不是没钱，是小气。）

（11）我摆摊冇是为咖赚钱，是为咖打发时间。（我摆摊不是为了赚钱，是为了打发时间。）

（12）咯冇是钱底事，我实在冇办法。（这不是钱的问题，是我根本就没办法。）

（13）冇是别个看唔起你，是你自家唔争气。（不是别人看不起你，是你自己不争气。）

上述例句中的"冇是……"带有叙实的性质，都是客观的陈述，不是虚拟假设句。

第二，"唔是"的主观关联推导性。否定判断的主观关联推导性是指说话人假设某种情况或条件不存在的情况下，主观地设想推理会出现什么样的情况。"唔是……"即"如果……"不存在或不成立，这种由"唔是"引导的句子包括一般假设句、反事实条件句、选择句。

首先，来看一般假设句。

在一般假设句中，"唔是"即"不是的话"的意思，即说话人假定某个说法不成立，从而推导可能发生的结果。假设句带有非现实性，"非现实"指说话人认为命题所表达的是可能发生的事情。

（14）昨天就只你到咯里，我手机冇见哩，肯定是你□na^{55}底，唔是你是哪个？（昨天只有你来这里，我的手机不见了，肯定是你拿的，不是你是谁？□na^{55}：拿。）[1]

———————

[1]这个例句发音人非常自然地脱口而出，并一再强调这种情况只能用"唔是"，不能用"冇是"，发音人的儿子也持同样的看法。

例（14）的"唔是"的意思是"唔是这样的话"，即"不是这样的话"，指从推理的角度否认前面的说法，而不是真正地叙实性地说明前面的说法不成立。

其次，来看反事实条件句。

反事实条件句在语气上是虚拟的，虚拟语气是典型的非现实语义范畴，具有主观推理性。袁毓林（2015）指出，汉语反事实条件句一般都有强烈的情感倾向（表示庆幸或遗憾），其特点是充分利用反事实思维的结果对比机制，反事实思维会对人的情绪、态度、预期、因果判断等多种心理活动产生重要影响，汉语使用者似乎更加热衷于使用结果对比，沉迷于庆幸、遗憾等情绪表达。[①] 邵阳方言中，反事实条件句主要由"要唔是"来表达。例如：

（15）要唔是他喊我来，我连唔得来。（要不是他喊我来，我根本就不会来。）

（16）要唔是你今天冇来，我就发财哩。（要不是你今天没来，我就发了财了。）

（17）要唔是屋里穷，他早就考起大学哩。（要不是家里穷，他早就考上大学了。）

上述 3 例都是由"要唔是"引导的虚拟句，即从逻辑上推导"如果不是……"或"如果没有……"，将会发生与现实相反的结果，"要唔是"后的内容是已经真实存在的，但说话人假设这些条件不存在或不发生的话，将会有什么样的结果，后续主句中这些结果都是说话人主观推导出来的，并没有真实发生，而且是正好与真实情况截然相反的结果。邵阳方言中还有一个反结果否定关联词"唔者"，相当于普通话中的"要不然"，即先说明既有条件，再推导如果不这样，会发生相反的结果。"唔者"的句法位置与"要唔是"不同，"要唔是"出现在条件句句首，"唔者"出现在条件句的条件与结果之间。例如：

（18）雨落起太大哩，唔者我们早就到哩。（雨下得太大了，要不然我们早就到了。）

再次，来看选择复句。

在语言的使用过程中，"唔是……就是……"表达在二者之间选择，带有可选择性和非此即彼的推理性，这样就给整个句子带来了现实不确定性（即非现实性）。

（19）咯只包哪个 □na^{55} 去哩？唔是你，就是他。（包是谁拿走了呢？不是

---

①袁毓林. 汉语反事实表达及其思维特点[J]. 中国社会科学，2015（8）：126-144.

你，就是他。（□na⁵⁵：拿。）

（20）他屋生活蛮好，天数天唔是鱼，就是肉。（他家里生活很好，天天不是吃鱼，就是吃肉。）

例（19）中，表示在两种情况之间进行选择，选择项是"你"或"他"，选择项的不确定性使之具有非现实的推理性。例（20）表示两种情况交替出现，说话人在两种可能性之间进行推理和选择。

二、非强调语境和虚拟语境中的主客观中和

从邵阳方言的语言事实来看，"唔是"与"冇是"在用法上有明显的区别，但不可否认的是，二者在一定情况下也呈现出对立消失，出现中和的情况。主要有下面两种情况。

第一，当在否定性地回答对方的问话时，如果判断动词的宾语不出现，则二者中和。例如：

（21）甲：咯是你底鞋子么？（这是你的鞋子吗?）

乙1：冇是底。（不是的。）

乙2：唔是底。（不是的。）

乙3：冇是我底鞋子。（不是我的鞋子。）

例（21）答句乙1、乙2中，当宾语不出现时，两种形式都可以使用，这两种回答基本上没有什么差别。但当宾语出现时，如答句乙3则只能用"冇是"。本书认为，当宾语不出现时，二者的主客观程度差别不大，因此两种形式都可以使用；当宾语出现时，则更为强调客观事实，此时，则要用客观性强的"冇是"。

第二，当在虚拟的反事实条件句中，二者也呈现出一定程度的中和。例如：

（22）要唔是堵车底话，他早就到哩。（要不是堵车的话，他早就到了。）

一般情况下，"要唔是"作为引导虚拟句的连词，其虚化程度比句中作谓语表否定判断的"冇是"的语法化程度更高，主观性更强。因此，在虚拟的反事实条件句中，一般更倾向于用"要唔是"。如在例（22）中，发音人认为习惯上使用"要唔是"，发音人认为，在这种带有虚拟语气的句子中，一般用"要唔是"，并说用"要唔是"显得较为随意。此外，他又举出了"要冇是"的句子，如"要冇是你是班长底话，我就肯定唔要你负责。（要不是你是班长，我就肯定不要你负责。）"，并说此处用"要冇是"显得更为庄重。本书认为庄重是由这个句子严

肃的语义内容引起的，而并非"要冇是"的使用导致的。由此可以看出，带有虚拟语气的反事实条件句中一般使用"要唔是"来引导从句，但有时也可以使用"要冇是"。原因在于，作为一种非现实句，人们在动态使用过程中，虚拟语气句对否定判断的主客观差异起到了消解作用，在虚拟语境下，否定判断的主客观差异被人们无意识地忽略了，因而导致"要唔是"与"要冇是"的对立消失，呈现出一定程度的中和现象，但总体上来说，人们还是倾向于使用"要唔是"。

　　总之，"唔是"与"冇是"的功能区别主要体现在主观与客观上。董秀芳（2016）指出，汉语十分重视区分客观性表达与主观性表达，汉语中的一些主要的语法形式的出现都与主观性表达有关。汉语中一些语法形式上的对立很多都是由于主观性表达的需要，因此主客观的对立在汉语表达中是一种非常凸显的对立。① 邵阳方言中"唔是""冇是"的使用与句子主观性的强弱、语气类型的选择之间有着密切的关系。"唔是"侧重主观表达，"冇是"侧重客观表达。"唔是"侧重主观推导，"唔是"进一步虚化，可以引导假设句、虚拟语气句和选择句中的从句；"冇是"侧重客观陈述，可以引导叙实性的并列关系从句。邵阳方言中还有一个与"唔是"功能类似的具有主观关联推导功能的词——"唔者（要不然）"，这个词的高频使用也可以从另一个方面证实"唔是"的主观推导功能，此外邵阳方言中由"唔"组成的虚词还有连词"唔管（不管）""唔光（不光）"等。

　　综上所述，邵阳方言"唔是""冇是"用法归纳如下表：

表 1-3　邵阳方言"唔是""冇是"用法对立表

句类	主观否定	客观否定
陈述句（带宾语）	——	冇是
是非问句	唔是（多有不满情绪）	冇是（无明显情绪）
正反问	是唔是（有疑而问）	是冇是（无疑而问）
反问句	还唔是（反诘）	——
	唔就是（反诘）	——
并列复句	——	冇是……（而）是……
选择复句	唔是……就是……	——
假设复句	唔是	——

①董秀芳. 主观性表达在汉语中的凸显性及其表现特征[J]. 语言科学，2016（6）：561-570.

表1-4 邵阳方言"唔是""冇是"用法中和表

句类	主客观中和	
问句答语中（不带宾语）	唔是底	冇是底
虚拟语气句	要唔是	要冇是

本章小结

本章简要介绍了普通话中的判断动词"是"与其否定形式"不是""没是"的形式与意义。典型的肯定性的"是"字句的功能是肯定判断两事物之间的"等同""类属"关系。"是"的这种判断功能使之衍生出其他功能，如"是"在动词、形容词前则成为小句焦点标记。

普通话中"是"的否定形式一般情况下为"不是"，但在极个别情况下也可以说"没是"。"不是"的基本功能是"对判断的否定"，"不是"有时在疑问句中可以负载一定的表达反问的语气功能，"不是"在疑问句中与反问语气兼容。反问是一种否定的方式，具有否定的作用，当"不是"表达反问语气时，有提醒、确认等作用，还有表明说话人认为某种行为或事实不合情理的语用含义。"没是"出现的频率不高，但也有存在的可能性，其存在形式受到一定的限制，"没是"后要加上时态助词"过"，通过"过"来激活"是"的时间性，其功能是"否定经历"，从而否定预设，达到更强的否定效果。

本章重点描述了邵阳方言判断动词"是"的否定形式"唔是"与"冇是"的分布、表意上的对立与中和，并探讨了二者形成对立与中和的原因。"唔是"与"冇是"的对立主要体现在：陈述句中，表达否定判断的功能，一般用"冇是"，不用"唔是"；是非问句中，"冇是"重在确认事实，"唔是"重在表达情绪；正反问句中，"是唔是"重在询问，"是冇是"重在确认事实；选择复句和假设复句中，一般用"唔是"。"唔是"与"冇是"的中和主要体现在非强调语境的否定性答语中和虚拟语气的从句中。

邵阳方言中，"唔是"与"冇是"功能对立的原因在于：否定判断的主客观兼具性，即否定判断既具有主观性，也具有客观性。当主客观的差异需要得到凸显时，"唔是"与"冇是"表现出功能上的对立，"唔是"侧重在主观表达，"冇是"侧重在客观表达。"唔是"与"冇是"功能中和的原因在于：非强调语境和虚拟语气从句语境对否定判断的主客观差异起到了消解作用。这导致二者的对立淡化，体现出一定程度上的中和。

第二章　从邵阳方言的否定组配看
"唔是""冇是"并存的理据

邵阳方言中的判断动词"是"能与两个否定词"唔"与"冇"组合搭配，这一现象在邵阳方言中的否定组配中是否具有普遍性？要回答这个问题，我们只有对邵阳方言的否定词与否定组配进行全面考察。只有对邵阳方言的否定组配进行深入系统的了解，我们才能更加深刻地了解邵阳方言"唔是""冇是"形成的背景，以及"唔是""冇是"并存现象在邵阳方言否定范畴中的地位。因此，我们有必要参照普通话的否定组配对邵阳方言的否定组配进行全面深入的了解与把握。

第一节　普通话的否定组配

普通话的否定词主要有"不"和"没（有）"（以下简称"没"）。我们可以从三个方面来分别考察"不"和"没"的否定组配方式：否定标记"不""没"与动词的组配，否定标记"不""没"与动词性结构的组配，否定标记"不""没"与形容词的组配。

一、"不""没"与动词的组配

否定标记与动词的组合搭配情况是衡量动词的肯定或否定语义属性的重要手段。动词是表示动作行为的词，并非所有的动词都能与"不""没"进行组合搭配。针对否定标记"不""没"与动词的组合情况与影响因素，学者们从不同的角度进行了探讨。

一是从词义的数量程度视角探讨动词的肯定否定搭配制约。石毓智（2001）指出，自然语言的肯定否定规则是：语义程度极小的词语，只能用于否定结构；语义程度极大的词语，只能用于肯定结构；语义程度居中的词语则可以自由地运用于肯定和否定两种结构之中。① 石毓智运用其定量与非定量理论得出，非定量动词可以自由地增删其宾语的数量成分，因此可以自由地用于肯定和否定结构；定量动词不能自由地增删其宾语的数量成分，只能用于肯定结构，这样的动词也可以称为肯定性动词。不同的动词用于肯定或否定的概率不同，有的动词经常用于或只用于否定结构，如"介意""认账"等；有的经常用于或只用于肯定结构，如"铭记""拥戴"等。在能用否定词"不"或"没"否定的动词中，又有不同情况，有的动词既可用"不"又可用"没"否定，如"听""吃"等；有的只能用"没"否定，如"倒""完成"等；有的只能用"不"否定，如"是""需要"等。不同动词之所以在肯定否定的组配上有显著差别，是因为受到自然语言的肯定否定规则的制约。

二是从词语的直接搭配实践视角探讨否定词与动词的组合情况。文贞惠（2003）曾经统计过"不""没"与动词的搭配情况，② 其动词选择来源是《汉语动词用法词典》（商务印书馆 2000 年，以下简称《动典》）中的 2117 条动词。为了全面了解否定标记词"不""没"与动词的搭配组合情况，本书将"不""没"分别与 2147 个常用动词（据俞士汶《现代汉语语法信息词典》）（以下简称《信典》）一一进行组合搭配，以观察普通话动词的肯定否定属性。③

我们将现代汉语普通话否定标记与动词的组合类型分为四种类型：

A1 型："不""没"都能组合，记作"A1＋＋"；

B1 型：只能和"不"组合，不能和"没"组合，记作"B1＋－"；

C1 型：不能和"不"组合，只能和"没"组合，记作"C1－＋"；

D1 型：既不能和"不"组合，也不能和"没"组合，记作"D1－－"。

---

① 石毓智. 肯定与否定的对称与不对称[M]. 北京：北京语言文化大学出版社，2001：87，53.

② 文贞惠. 现代汉语否定范畴研究[D]. 上海：复旦大学，2003：69.

③ 之所以选择《信典》，是因为《信典》比《动典》收录的动词数量更多，《动典》收录的动词词条有 2117 条，实际仅有动词 1223 个，书中很多多义词被处理成多个词条。相比之下，《信典》多义动词只抽取最基本的义项，如动词"打"《动典》从词语的理性义出发将其处理成 22 条并分别释义，但其中仅 1 条释义（器皿、蛋类等因撞击而破碎）不受"不"的否定，其他条目其实在肯定否定属性上具有一致性，都可以受"不"的否定，因而在统计上略显重复，但是"打"在《信典》中仅收录为 1 条；"挂"，《动典》收录为 6 条，《信典》收录仅 1 条；"关"，《动典》收录为 5 条，《信典》仅收录为 2 条。因此总体上来看，《信典》收词更为广泛，更能反映汉语普通话动词的肯定否定的实际面貌。

本书判断否定组合搭配能否成立的语境主要是陈述句或现实句,不包括假设句、疑问句、祈使句。能否组合搭配的主要判断依据有两条:第一,根据语法语义特征。如根据动词与数量名结构的宾语或时量补语的组合情况来判断其肯定性强度,一个动词如果能被"没"或"不"否定,那么其后的宾语往往可以自由地加上或删去数量成分;一个动词如果是不能被否定的肯定性动词,那么其后的宾语必须带有数量成分或不能有任何数量成分;受"没"否定的动词一般都具有时间上的过程性,在句子中表现为一个较为完整的有时间参照的事件;受"不"否定的动词一般都不具备时间上的过程性。第二,根据个人语感,并参照北京大学CCL 语料库检索词频,根据其出现频率高低判断其能否组合或组合的可接受度。

通过对《信典》中的动词逐一进行比较测试,否定标记词"不""没"与动词的组合统计结果如下表所示:

表 2−1　"不""没"与动词的组合统计对比表

类型	代表动词	《信典》动词数量	占比	
			本书统计	文贞惠统计
A1（++）	去，走	1690	78.7%	90%
B1（+−）	是，等于	48	2.2%	2.8%
C1（−+）	垮，塌	318	14.8%	5.2%
D1（−−）	暗想，耗资	91	4.2%	2.0%

从上表可以看出,所有动词中,A1 型的数量最多,C1 型的数量次之,这与文贞惠的统计结论一致,但在具体的比例上稍有差别。D1 类数量居第三位,B1 类居第四位,这与文贞惠的统计结果有所不同,文贞惠认为 B1 类居第三位,D1 类居第四位。下面我们依次对这四种否定组合类型的动词否定的语法意义与句法功能进行考察。

（一）类型 1:"不""没"都能组合,但意义有别的动词（A1 类）

这类动词数量庞大,大部分即是我们通常所说的自主动词,约占常用动词总量的 83.5%。马庆株（1988）认为,自主动词既能用"不"否定,又能用"没"否定,但意义有明显差别。

自主动词前的"不"否定意愿,否定现在、将来和经常性的动作行为。[1]

---

[1]马庆株.自主动词和非自主动词[J].中国语言学报,1988（3）:157−180.

"没"否定的是动作没有实现。例如：

（1）a. 不看　不听　不说　不想　不洗　不学　不来（否定意愿）

　　b. 没看　没听　没说　没想　没洗　没学　没来（否定事件）

例（1）中的"看、听、说、想、洗、学、来"都是自主动词，当这些自主动词受"不"否定时，表示说话者"不愿"或"不想"去实施这些行为；当这些自主动词受"没"否定时，表示说话者的行为到说话的时刻还没有实施或没有实现。"不"还可以否定惯常行为，但"没"否定的是具有特定时间起点与终点的事件。例如：

（2）a. 不抽烟/不喝酒/不打牌（否定惯常行为）

　　b. 没抽烟/没喝酒/没打牌（否定具体事件）

例（2）中的"抽烟""喝酒""打牌"都是人的习惯性行为，当用"不"否定时，表示从来没有形成这些习惯；当用"没"否定时，表示在某个具体说话时刻没有实施这些行为。例如：

（3）a. 我不抽烟，抽烟有害健康。（否定惯常）

　　b. 我今天在高铁上没抽烟。（否定事件）

例（3）a指"我从来没有抽烟的习惯"；b指"我本来是抽烟的"，但在特定的时间"今天"，特定的地点"高铁上"，没有发生"在高铁上吸烟"的事件。

关于"不"到底与意志、有意或意愿有没有关系？学界存在两种看法：

第一种看法是："不"否定主观意愿。朱德熙（1985）[1]、吕叔湘（1999）[2]、李临定（1986）、马庆株（1988）、文贞惠（2003）等认为"不"与主观意愿有关系，他们认为"不"的基本特征之一就是对主观意愿的否定。

第二种看法是："不"与主观意愿无关。石毓智（2001）[3]、郭锐（1997）[4]、

---

[1] 朱德熙. 语法讲义[M]. 北京：商务印书馆，1982：200. 朱德熙指出，"不"加在表示动作的动词或词组前边往往是对某种意愿的否定（不愿意、不肯、不想）。例如：我不喝水。有时表示没有某种习惯或癖好。例如：我不吃辣的。

[2] 吕叔湘. 现代汉语八百词[M]. 北京：商务印书馆，1999：383. 吕叔湘指出，"没有"用于客观陈述，限于指过去和现在，不能指将来。"不"用于主观意愿，可指过去、现在和将来。

[3] 石毓智. 肯定与否定的对称与不对称[M]. 北京：北京语言文化大学出版社，2001：116. 石毓智指出，李临定所说的否定词"不"表意志的解释有很大的困难，词语的数量特征是决定它们肯定否定用法的关键。

[4] 郭锐. 过程与非过程——汉语谓词性成分的两种时间类型[J]. 中国语文，1997（3）：162-175. 郭锐指出，"不"是对非过程时状的否定，"没（有）"是对过程时状的否定，所谓对主观意愿和客观事实的否定只是用"不"或"没（有）"否定后产生的外层意思，与过程和非过程的划分并不完全对应。

吴福祥（王灿龙 2011 注释中提到）①等认为"不"不具有主观意愿性，"有意"义是句子推理得出的。但究竟是如何推理得出的？尚未有人明确地指出。

本书同意第一种看法，"不"与主观意愿有关，从语言表达的功能角度来看，人们需要运用否定词表达自己对行为主观意愿的否定，这是人们语言表达的一个基本需要。"没"只是客观地表达某种动作或状态的未实现，它不能帮助人们直接表达主观意愿的否定。

（二）类型 2：只能用"不"，不能用"没"的动词（B1 类）

这类动词即通常所说的非自主属性动词，只能用"不"进行否定，其功能是否定某种属性。马庆株（1988）认为，属性是广义属性，包括判断、同一、归属、可能、估价、多余、缺少、心理属性等。②具体而言，主要可以分为下列五小类：

第一，表判断、同一、归属等属性。这类动词包括我们认为的判断动词"是"，还有一些表示事物属性或关系的动词，如"标志着、意味着、成立（站得住）、存在、在于、归属、属、属于、算（称得上）、等于、关（有牵连）、具有"等。例如：

（4）人不是来自神的世界，人不是神造的，相反，神倒是人造的。（CCL 语料库）

（5）苏东剧变，决不标志着社会主义的失败，也不仅仅意味着社会主义道路的曲折，反而进一步充分说明了，社会主义必须改革。（CCL 语料库，《人民日报》）

（6）遗传提供的是人的身心发展的物质前提，是人的身心发展的一种生物可能性，但可能性只是一种潜在的东西，不等于现实性。（CCL 语料库）

（7）但作为义务因他们（受教育者）还未成年，尚不具有完全的行为能力，所以《义务教育法》把按时入学，接受义务教育的责任，首先作为家长或监护人应履行的义务。（CCL 语料库）

（8）对社会来说，重要的不在于制度的动机是什么，而在于它会引起什么效果。（CCL 语料库）

---

①王灿龙.试论"不"与"没（有）"语法表现的相对同一性[J].中国语文，2011（4）：301—313. 王灿龙在附注中说明：吴福祥先生告诉笔者，"有意"义与"不"无关，它是由句子推得的。这种意见值得重视。但眼下须强调两点：第一，"不"与"有意"义至少相容；第二，"有意"义是"没"否定的句子所无法表达的。

②马庆株.自主动词和非自主动词[J].中国语言学报，1988（3）：157—180.

例（4）中判断动词"是"的否定只能用"不是"，例（5）（6）（7）（8）中的"标志着""意味着""等于""具有""在于"这些词都不是自主的行为动词，也只能受"不"的否定。在CCL语料库中进行检索，可以看到其受"不""没"否定的频率是明显不同的。我们将"是、标志（着）、意味着、等于、具有、在于、属于"这七个常见的属性动词的否定组合在CCL语料库中进行频率检索，结果如下表所示：

表 2－2　常见属性动词的否定组合频率检索表

组合	次数	组合	次数
不是	216996	没是	1
不标志（着）	16	没标志着	0
不意味着	2664	没意味着	0
不等于	2622	没等于	0
不具有	1405	没具有	3
不在于	1882	没在于	0
不属于	2381	没属于	6

从上表可以看出，属性动词一般都受"不"否定，很难受"没"的否定。即使能受"没"的否定，出现的频率也很低。例如：

（9）它分明是用作视觉器官的，但没是任何神经，只是着生在肉胶质的组织上面。（CCL语料库，《物种起源》）

（10）在他还没属于你的时候，你尽可以爱怎么就怎么做，因为这仅是你个人的事。（CCL语料库，《十日谈》）

（11）但她觉得自己是属于艾希礼的，永远永远是属于他的。过去没有属于查尔斯，也没有属于弗兰克，今后也不会真正属于瑞德。（CCL语料库，《飘》）

（12）它的对象是自在地含有理性的性质或范畴的价值的，只是这个对象对精神的意识而言还没具有范畴价值而已。（CCL语料库，《精神现象学》）

上述4例中属性动词受"没"否定的例句都来自翻译作品，例（9）显然不符合汉语的表达习惯，例（10）（11）的"没有属于"可接受度较高，因为归属可以随着时间的改变而改变，有较强的时间性，例（11）特意强调时间的变化性。因此，总体来说，属性动词受"没"否定频率较低，并受到了很大的限制。

第二，表意愿、可以、可能、应当等主观情态。这类动词包括大部分能愿动词，能愿动词主要用来表达人们对人物或事件的主观认识或态度，彭利贞（2007）把现代汉语的情态动词分成三类：①认识情态动词，"能、会、可能、应该、必然、一定、得、要、敢、肯定、准"等；②动力情态动词，"要、能、能够、会、可以"等；③道义情态动词，如"能、可以、准、要、会、许、应该、必须、得"等。① 这些情态动词除了认识情态的"能""敢"等少数几个可以与"没"搭配之外，其他一般都只能与"不"组合搭配，例如：

（13）中国家庭里，老子说话时，孩子不可以还嘴。（CCL 语料库）

（14）又如酒，这是消耗着人生日用必需的米麦来做成的一种奢侈享乐品，因此也归入官卖，不许民间自由酿造。（CCL 语料库）

（15）在新的政治制度条件下，与旧的政治制度相适应的教育思想和内容，绝不会长期存在下去，迟早需要改变。（CCL 语料库）

（16）公仆当然是不应该高高在神坛上的。（CCL 语料库）

例（13）中的"可以"是认识情态动词，例（14）中的"许"、例（15）中"会"、例（16）中的"应该"都是道义情态动词，这些情态动词都只能受"不"的否定。

第三，表估价、估值等主观行为。现代汉语中，这类动词常常表达带有强烈主观色彩的"估值"行为，如"值、值得、如、配、够"等，这些词语表达人们主观上认为某事或某物"值"或"不值"，"配"或"不配"，"够"或"不够"的判断，例如：

（17）他每天都会阅读大量的报纸，但同时又发现有很多信息不值得阅读，而且不同的媒体有不同的观点。（CCL 语料库，《世界因你而不同》）

（18）宋蔼龄说道："我根本不配做这种工作，我相信即使在一所普通学校里教书，我也不够格……"（CCL 语料库，《宋氏家族全传》）

（19）这说明浪纹计用于实验不够精确，还有不少问题。（CCL 语料库）

例（17）中的"值得"、（18）中的"配"、（19）中的"够"，都只有一种否定方式，那就是用"不"来否定，表示达不到说话人心目中的"价值"或"标准"。

---

①彭利贞. 现代汉语情态研究［M］. 北京：中国社会科学出版社，2007：159－161.

第四，表心理、情绪等主观认知。这类动词经常用来表达人们的心理活动，如"愿、愿意、同意、甘心、甘愿、放心、知道、认得、认识、怕"等，大部分心理动词一般只能受"不"的修饰。例如：

（20）我已度过如此倒霉的一个学期。我不知道自己做了些什么，也不知道该怎么办。（CCL 语料库）

（21）人民群众不愿再以旧有方式生活下去。（CCL 语料库）

（22）生活在这种环境里，女儿也不甘心让我们养着，她也提出要去校外打工赚钱。（CCL 语料库，《从普通女孩到银行家》）

例（20）"知道"只受"不"的否定，不能受"没"的否定，例（21）（22）中的"愿""甘心"主要表达说话人的主观心理，一般也只接受"不"的否定。

第五，其他非动作动词。现代汉语普通话中还有少数非动作动词，如"利于、擅长、善于、畅销、出产"等，这类词语的动作性不强，后面也不能带动态助词"着""了""过"，因此往往只能受"不"修饰，不能受"没"修饰，例如：

（23）关键问题是，应试教育不利于儿童开发智力，更扼杀孩子的兴趣和健康。（CCL 语料库）

（24）戈尔丁在上小学前没有结识过家庭成员之外的任何人，他很小就开始读书，却不擅长数学。（CCL 语料库，《当代世界文学名著鉴赏词典》）

（25）佟二堡只是一个小镇，既不出产皮革，也没有制作皮装的传统，为什么全国最大的皮装市场偏偏在这里形成？（CCL 语料库，《人民日报》）

例（23）（24）（25）中的"利于""擅长""出产"都不是动作动词，其后也不能加体标记"着""了""过"，这些动词表达的是一种宽泛意义上的属性，因而也只能受"不"否定。

（三）类型 3：只能用"没"，不能用"不"的动词（C1 类）

这类动词大部分都是非自主变化动词，并且具有"不可控"的语义特点，主要有以下几个意义类别：

第一，事件进程类动词。这类动词本身蕴涵了特定的时间性，表示事件、行为或动作的开始、出现，并且这些动作一般都是说话人无法控制的，因而不能用"不"来否定，如"有、成立（开始存在）、建成、建立、成为、造成、呈现、出现、体现、发现、浮现、兴起、引起、爆发、触发、到达、陷入"等。例如：

（26）a. 八点钟了，会议还没有开始。

b. ＊八点钟了，会议还不开始。

c. 八点钟了，会议还不开始？

（27）a.1940 年，中华人民共和国还没有建立。

b. ＊1940 年，中华人民共和国还不建立。

c. ＊1940 年，中华人民共和国还不建立？

例（26）a 中的"开始"是特定时间的固有行为，不是说话人的主观意志所能控制的，不随人们的意志而改变，因此一般只能如 a 句用"没有"来对其存在性进行否定，而不能用"不"进行否定。只有特意强调故意不让会议开始时，才说"不开始"；（26）b 在陈述句中不成立，只在疑问句中才可以成立，我们可以询问"怎么会议还不开始？"，就变成了例（26）c；例（26）c 实际上是一个带有反问语气的句子，"还"加强反问语气，"不"在句中通过否定表达肯定的意思，实际上已经不传递否定的含义了，相反，整个句子传递的是肯定含义。

例（27）a 中的"中华人民共和国"的"建立"也是过去的客观事实，"建立"与否不由我们控制，所以"建立"也只能受"没有"否定，表达对这一客观事实不存在的陈述；（27）b 是现实句，用"不"不成立；由于时间定位在过去，（27）c 即使是反问语气，也还是一个不合语法的句子。只有在强调刻意不建立，并有对举义时，句子才成立，如"我们不建立剥削人民的制度，我们要建立给人民带来幸福的制度"。

此外，有一些行为属于"自主可控"和"非自主可控"两可的情况，要根据特定的语境来判断，例如：

（28）a. 她……她那脾气——她连小学都没有毕业。（BCC 语料库，《封锁》）

b. 因为有人为了逃避兵役，故意不毕业，所以"兵役法"规定，任何大学男生，在第四学年读完后，不论毕业与否，一定要先服兵役。（BCC 语料库）

通常情况下，"毕业"为非自主动词，能否毕业的标准不由说话人自己制订，所以，"毕业"一般只受"没"的否定，如例（28）a 中，客观陈述"她小学都没有毕业"这个事实。但在特定条件下，也可以强调其主观意愿，因为毕业在一定程度上又与我们的主观努力情况密切相关，所以在这种意义上又是说话人可控的，如例（28）b 中，强调表明"某些人"主观上不想"毕业"，这时句子又是成立的，但是这样的句子因为不符合大众行为规范，所以在我们的语言表达实践中使用频率不太高。

第二，得失结果类动词。这类动词基本上是非自主动词，因为"得到""失败"这些结果类动词的结果大多是人们无法预先知道和控制的，都不由人们的主观意志所决定，只能是事后将结果进行客观陈述，因此这些动词的否定主要由"没"来承担。这些动词诸如"得（得到）、得到、获得、赢得、取得、骗取、赢、败、失败、输、败露、掉（落，遗漏）、白搭、白费、摆脱、失去、失误、失踪"等。下面以"失败"为例进行分析：

（29）a. 对亚洲球迷来说，韩国人并没有失败，因为亚洲球队从来没有在世界杯赛中显示出这么高超的水平，取得如此好的成绩。（现实句）（CCL 语料库，《新华社新闻报道》）

b. 周荣九的抗日行动是自发的，没有党的领导，在强大的日本侵略者面前，很难不失败。（假设句，否定句）（CCL 语料库，《人民日报》）

c. 这样的人想不失败，怎么可能呢？（疑问句）（CCL 语料库，《读书》）

d. 人问："要如何才不失败？"（条件句、疑问句）（CCL 语料库，李宗吾《厚黑学》）

e. 他们（洪秀全等）不失败，也不过多了一个"朱元璋"，把封建旧体制照搬不误。（假设句）（CCL 语料库，《人民日报》）

f. 很多次拍摄的失败，_上_是因为连自己都通不过就交给观众，不失败才怪！（否定句）（CCL 语料库，《读者》）

g. 从中国历史上看，凡是异民族入主中原的，就没有不失败的，也没有不残忍的。（否定句）（CCL 语料库，《红旗谱》）

"失败"与否本身是说话人不可控的，所以在（29）a 这种陈述句的现实句中，"失败"只能用"没有"否定，不能说某人"不失败"，只有在假设、疑问、否定等非现实句中，"不失败"才可以成立。例（29）b 是假设句，同时"很难"这个词又表明句子否定句的性质；（29）c 句中的"不失败"前加上了"想"，使句子呈现出非现实句的特征，同时后续的反问句"怎么可能呢？"又加强了句子反问句的性质，这种肯定性的反问句实际上是一种否定方式；（29）d 句也既是疑问句，也是条件句；（29）e 句的"即使"使句子带有假设的性质；（29）f 句的"才怪"、（29）g 句的"没有"都具有否定功能。因此，在假设、疑问、否定这些非现实句中，非自主动词"失败"才能受"不"的否定。

再如"白费"这个动词也代表了一种结果，只有事情结束后才知道是不是

"白费","白费"也是主体不可控的结果,一般只能用"没"否定,只有在非现实句中,才能受"不"的否定。例如:

(30) a. 然而,张晓君的努力并没有白费。时隔不久,史光柱就在各大报纸杂志上发表了大量的诗歌散文……(CCL 语料库,《鲁豫有约》)

b. 50 岁的孙老汉指着已上顶的新建红砖厢房说:"再过两天就能住,过冬不用愁了。冬闲时再备料,明年开春盖主房,一分钱不白费。"(CCL 语料库,《人民日报》)

c. 写书是不容易;下了一番工夫,总希望心力不白费,读者会看到书里的妙处而加以赞赏。(CCL 语料库,《读书》)

例(30)中的"白费"一般都是针对过去的事件,在事件发生前是不可控的,所以在现实句中,常常用客观否定词"没"来否定,如例(30)a 是现实句,用"没有白费"。只有当时间是将来时,句子是条件句、疑问句或其他非现实句时,"白费"才可以受"不"的否定,如例(30)b 是将来时,前分句"冬闲时再备料,明年开春盖主房"与后分句"一分钱不白费"之间暗含了条件句中的假设关系;例(30)c 中的"希望"使句子表达一种愿望,也是非现实的。

此外,在特定语境中,当结果是人们可控的情况下,并且要突出强调其主观意愿性,有些非自主动词也可以用"不"来否定。例如:

(31) 我今天不赢你,让你高兴一下。

(32) 今天,我偏不上当。

例(31)强调客观上"能赢",但出于主观上的特定目的,有意"不赢",用"不"否定"赢"可以突出主观上的"不愿意赢",而"没赢"只能表达客观上"没有赢"的事实。例(32)中,"上当"与否一般在发生之前是难以由说话人主动决定的,也是不可控的,否定时一般说"没上当",但是在说话人已经识破了对方的骗局时,"上当"就具有了主观"可控性",这时用"不"否定"上当"也是成立的。如果要特意强调其主观可控性,还可以加上副词"偏",说成"偏不上当"。

第三,认知获得类动词。这类动词也是非自主动词,带有认知上的"获得"义,并且这种获得是不受说话人控制的无意识的行为,例如"X 见"格式的词语,"看见、听见、遇见、碰见、撞见"等,"X 到"格式的词语,"看到、听到、遇到、碰到、撞到",这些都是不受人的主观控制的行为,因此这类动词不能用表达主观意愿的"不"来否定，只能用表达客观事实的"没"来否定。还有一些表达"领悟"义的认知动词，如"领悟、领会、摸透、吃透、弄清、学会"等带有事后总结意味的动词，只能是行为结束后才能作出论断，这些词语与"不"的将来时间特征矛盾，因此也只能用"没"否定。例如：

（33）a. 可是我再也没遇到一个像福贵这样令我难忘的人了。（CCL 语料库，《活着》）

b. ＊我今天在街上不遇到王大叔。

c. 比较起来，或许他对吴兰还是心怀过真爱的，因为吴兰毕竟是他尚在纯情年华里的一份初恋，假若他不遇到台湾人，假如他后来没有走上制冰的路，或许他们会是很幸福的一对……（CCL 语料库，《女记者与大毒枭刘招华面对面》）

d. 那位获救的旅客事后说："我若不遇到几个这么好的退伍兵，还不知歹徒会把我搞得多惨。"（CCL 语料库，《人民日报》）

e. 但是，一个人在人生道路上不可能不遇到令人伤心气愤的事……（CCL 语料库，《给老爸老妈的 100 个长寿秘诀》）

f. 谁敢说金三爷，甚至连他自己，不遇到凶险呢？（CCL 语料库，《四世同堂》）

"遇到"在现实句中一般在时间上是过去时，因而多用客观否定词"没"来否定，如例（33）a 句是符合语法的，b 句则不合语法；在例（33）c、d 反事实条件句中，"遇到"可以用"不"来否定，也可以用"没"来否定，"假若他没遇到台湾人""我若没遇到几个这么好的退伍兵"都是成立的；（33）e 句是一个否定句，既可以说"不可能不遇到"，也可以说"不可能没遇到"，二者意义有别，用"不"否定表示否定可能性，用"没"否定表示否定经验态；（33）f 是一个反问句，在时间上针对的是将来，因而也是一个非现实句，所以"遇到"这个非自主动词在这个句子中也可以受"不"的否定。

再如表达认知领悟义的"领会""领悟"，例如：

（34）但良价听后，却是沉吟，他还没领会此话的含义。（CCL 语料库，《佛法修正心要》）

（35）a. 当时我并没有领悟黄宗江老师说"需要细致接待"的含义。觉得不过是种"黄宗江语言风格"的说法。此刻我彻底地领悟了，面前坐着的是一个比小蜥蜴类还敏感的青年。（CCL 语料库，《梁晓声》）

b. 没领悟文件的精神就不准散会。

c. 不领悟文件的精神就不准散会。

"领会""领悟"具有事后追认性，一般都是用"没"来否定，如例（34）、（35）a。但在假设句（35）b、c中，"领悟"既可以受"没"的否定，也可以受"不"的否定，意义相差不大，因为（35）b中的"没"否定的是具体过程事件"领悟文件的精神"，（35）c中的"不"表达一种抽象的必要条件关系，"不"与"没"的区别在假设句中淡化了。

第四，消极遭受类动词。这类动词一般都是带有终结意味的非自主动词，在语体色彩上呈现出浓厚的消极色彩，这些消极结果具有很强的不可控因素，因而也不能用"不"来否定，只能用"没"来否定。这些词语诸如"垮、塌、醉、醒、跌、病、蒙受、遭受、遭到、错怪、误会"等。例如：

（36）a. 一天，来了个老头儿，自称是海量，一口气喝了三大碗杜康酒，当时没醉，就没付钱。（CCL 语料库，《读者》）

b. 搜稳性格孤傲，嗜酒如命，有海量。每次喝起来都用大碗，连续十多碗酒不醉，只是小便不止。（CCL 语料库，《努尔哈赤》）

"醉"是说话人不可控的结果，因此其否定一般说"没醉"，如例（36）a用"没"否定，强调是某一次喝酒的具体结果；当把"醉"理解成一种属性时，这种情况下"醉"还可以受程度副词"很""大""微"的修饰，如"很醉""大醉""微醉"，这时如例（36）b中的"醉"也可以受"不"否定，但前面有"每次"，表达的是一种惯常情况，此时的"不醉"不表具体某次喝酒的结果，而是一种习惯属性，即"不可能醉"。

（37）a. 宋庆龄一站出来，就已证明专门反对日本帝国主义的救国会并没垮，还在照常运转着。（CCL 语料库，《宋氏家族全传》）

b. 特别是中小型水库的防汛安全责任制，确保防洪标准内不垮坝，发生超标洪水时，尽量避免垮坝事故发生。（CCL 语料库，《报刊精选》）

c. 只要中国不垮，世界上就有五分之一的人口在坚持社会主义。我们对社会主义的前途充满信心。（CCL 语料库，《人民日报》）

d. 只要中国没垮，世界上就有五分之一的人口在坚持社会主义。我们对社会主义的前途充满信心。（CCL 语料库，《人民日报》）

"垮"也是说话人无法预测和控制的结果，在现实句（37）a中，时间指向过去，只能说"没垮"，不能说"不垮"，但是在例（37）b中，"确保"指向将来时，使句子呈现出非现实句的特征，因此只能说"不垮"，例（37）c、d的条件句也是非现实句，时间既可指向过去，也可指向未来，所以既可以说"没垮"，也可以说"不垮"。

再如遭受义的"受冻"，本身是不可控结果，在现实句中，必须用"没"来否定，只有在非现实句中，才受"不"否定。例如：

（38）a. 文国恒告诉记者："去年夏天村里遭洪灾，全村56户仅3户房屋未塌，其余人家财产全冲毁了，多亏政府关心资助，我们灾民没挨饿，没受冻，还盖起了新楼房。"（CCL语料库，《人民日报》）

b. 市镇两级党委、政府立即组织群众互助互救，并每户补助3000元，全力以赴依山建筑了地窨子，确保了灾民不受冻。（CCL语料库，《人民日报》）

例（38）a是现实句，只能说"没受冻"，（38）b是非现实句，"确保"说明是一种愿望，不是客观的真实，所以只能说"不受冻"。

（四）类型4：既不能用"不"，又不能用"没"否定的动词（D1类）

这类动词也称为肯定性动词，大部分为双音节，语义程度较高，并带有浓厚的书面语体色彩。由于语言表达的经济性原则，否定的规律是语义程度越高的词越难以否定，语义程度越低的词越容易否定。D1类动词的语义程度普遍较高，因此难以被"不"或"没"否定，其否定式可以由相应的语义程度较低的口语化动词来承担。诸如此类的词语有"暗想、畅谈、簇拥、胆敢、缔造、独创、奉告、奉劝、耗资、奔赴、磋商"等。例如：

（39）a. 我不敢告诉他。

b. 我没敢告诉他。

c. *我没/不敢于告诉他。

（40）a. 我不跟他商量。

b. 我没跟他商量。

c. *我没/不跟他磋商。

例（39）c中，双音节的"敢于"不能被否定，但是（39）a、b中的单音节的"敢"能被"不"或"没"否定；例（40）c中，双音节的高度书面化色彩的"磋商"不能被否定，但是（40）a、b中双音节口语化色彩的"商量"可以被否定。因此，语义程度越高的词肯定性越强，越难以被否定，语义程度低或中等的词语容易被否定。

二、"不""没"与动词性结构的组配

除了考察"不""没"与动词的组配关系外，我们还应该考察"不""没"与动词性结构的组配情况，如对带可能补语的动词性结构的否定、对带体标记的动词结构的否定、对带结果补语的动词性结构的否定等。

第一，现代汉语普通话中，可能补语的否定只能用"不"，不能用"没"。例如：

（41）听得见——听不见——不会听不见

学得会——学不会——不会学不会

打得赢——打不赢——不会打不赢

看得完——看不完——不会看不完

现代汉语普通话中，"不"来否定，如不能说"听没见"。

第二，一般情况下，"不"排斥带有体标记"过"的动词性结构，"没"与体标记"过"有亲和性。例如：

（42）我没去过北京。——＊我不去过北京。

我没见过那个人。——＊我不见过那个人。

第三，"不"排斥结果补语。石毓智（2001）认为，动补结构尤其是动结式只能用"没"否定，不能用"不"否定。因为补语所表示的确定的程度、状态、结果等使整个动词变成了离散量，所以它们只能用离散否定词"没"来否定。① 如：

（43）没认清问题的实质。——＊不认清问题的实质。（石毓智，P111）

（44）他们没完成任务。——＊他们不完成任务。（石毓智，P112）

（45）书没看完。——＊书不看完。

（46）我没听清楚他的话。——＊我不听清楚他的话。

很明显，现代汉语普通话中，"不"排斥结果标记"到"。

（47）我没认识到我的错误。——＊我不认识到我的错误。

（48）他并没有来到我们学校。——＊他不来到我们学校。

但在语言的实际运用中，如果动补结构是自主可控的，"不"也可以否定动

---

①石毓智. 肯定与否定的对称与不对称[M]. 北京：北京语言文化大学出版社，2001：111-112.

补结构，这些否定句可以理解为动作主体有意识地不想做什么事情。

(49) a. 他们没坐整齐。

b. 他们不坐整齐。（强调有意"不坐整齐"）

(50) a. 他没说清楚事情的经过。

b. 他不说清楚事情的经过。（强调有意"不说清楚"）

(51) a. 他没说完那个故事。

b. 他不说完那个故事。（强调有意"不说完"）

(52) a. 我没交出那 100 元钱。

b. 我不交出那 100 元钱。（强调有意"不交"）

三、"不""没"与形容词的组配

形容词的语义内涵是表示人或事物的属性，其语法功能主要是充当修饰语和谓语。郭锐（2012）从类型学的视角，根据形容词充当定语和谓语有无标记的标准，认为汉语的形容词表属性义有三类：a. 谓词性；b. 饰词性；c. 兼有饰词性和谓词性。程度性和恒常性的强弱是恒常属性词编码为谓词还是饰词的主要相关因素，不同语言形容词的词类地位的差异主要表现在对恒常属性词的处理上。[①]汉语中，有些恒常属性词我们称之为非谓形容词或区别词，如"男、女、大型、野生"等，这些词不具有谓词性，其否定不用"不"或"没"，而用"非"，因而这些区别词的否定不在本节讨论之列。

现代汉语形容词可以分为性质形容词和状态形容词两大类。[②] 本章根据俞士汶《现代汉语语法信息词典》（《信典》）将状态形容词限定为重叠式构词法的形容词和比喻式的形容词，如"绿油油""雪白"等，状态形容词描写性很强，语义程度高，一般不能受"不"和"没"的否定，几乎没有"不/没白茫茫""不/没火红"这样的说法，因此，本章所讨论的形容词不涉及状态形容词的否定，只讨论性质形容词的否定。

关于形容词的否定，石毓智（2001）曾指出，在形容词的否定上，"不"比"没"显得更自由，因为"不"否定的是程度，大多数性质形容词都有程度义。

---

①郭锐. 形容词的类型学和汉语形容词的语法地位[J]. 汉语学习，2012（5）：3—16.
②朱德熙. 语法讲义[M]. 北京：商务印书馆，1982：73.

"没"的否定对象受到很多限制，[①] 因为"没"否定形容词时否定的是形容词属性的动态变化过程，与形容词的时间属性相关，所以只有具有时间上动态变化的形容词才能受"没"的否定。

"不""没"与形容词组合有其特定的语法意义。"不+形"的语法意义有两种：第一，侧重"量"的否定，比如"不红"，指"红"的程度不高，并非指"红"之外的"绿"或其他颜色，"不胖"并非指"瘦"，"不苦"并非意味着一定"甜"，这类形容词往往不含正向心理期待，否定的结果只是低了一个量级；第二，侧重"质"的否定，如"不安全"，已经没有"安全"的意思，类似于"有危险"，"不高兴"类似"难过"，"不平凡"类似于"伟大"，这类形容词往往含有正向心理期待。"没+形"是指形容词所代表的性质没有实现，此时，形容词实质上带有动词的性质了。

为了全面了解否定词"不""没"与性质形容词的否定状况，本章将"不""没"分别与《信典》所收录的1473个常用形容词进行组合搭配，以系统考察其否定情况。本章将"不""没"与形容词的搭配类型分成4类：A2类，"不""没"都能组合，记作"A2++"；B2类，只能和"不"组合，不能和"没"组合，记作"B2+-"；C2类，不能和"不"组合，只能和"没"组合，记作"C2-+"；D2类，既不能和"不"组合，也不能和"没"组合，记作"D2--"。

"不""没"与形容词的搭配统计结果如下表所示：

表2-3 "不""没"与形容词的搭配统计对比表

类型	代表词	数量	占比
A2（++）	胖、瘦、红、平稳	228	15.5%
B2（+-）	典型、干脆、笼统	1177	79.9%
C2（-+）		0	0%
D2（--）	不周、有限、昂贵	68	4.6%

从上表可以看出：①绝大部分性质形容词都可以受"不"的否定，但不能受"没"的否定，所以B2类占比最大；②少部分具有时间性和方向性的形容词可同时受"不"和"没"的否定，但二者组合意义有差别，"不"否定的是性质或性

---

① 石毓智. 肯定与否定的对称与不对称[M]. 北京：北京语言文化大学出版社，2001：122.

质的程度,"没"否定状态的实现;③一个形容词,如果不能用"不"否定的,基本上也不能用"没"来否定,所以 C2 类为占比为 0;④D2 类词语数量占比不高,且大部分都是高程度语义的形容词,不符合否定的语义推理规律,因而既不能受"不"的否定,也不能受"没"的否定。

下面我们对四种类型的形容词的语义特征分别进行考察。

(一)类型 1:"不""没"都能组合,但意义有别的形容词(A2 类)

这类形容词"不""没"都能组合,在形容词整体数量中占比不高,张国宪曾对《形容词用法词典》(郑怀德、孟庆海主编,湖南出版社 1991 年)中的 1066 条形容词进行了搭配实验,得出其中有 92 条形容词既能受"不"的否定,也能受"没"的否定,这些词约占常见形容词的 8.6%。[①] 本章将"不""没"与《信典》1473 个形容词逐个进行搭配,得出符合条件的形容词为 228 个,占比 15.5%,与张文比例大致相当。

这部分性质形容词既能接受"不"的否定,也能接受"没"的否定。"不"否定的是形容词的程度或性质;"没"是"时态否定词",是对形容词动态实现的否定。这些形容词的意义往往跟时间有关联,张国宪称之为动态形容词。[②] 动态形容词表示事物的性状发生变化,具有时间性和动向性,它们前面可以出现"已经""完全""渐渐""慢慢""突然""刚""开始"等时间副词,它们后面常常出现体标记"了"和趋向补语"起来""下来""下去"等。时间副词可以表达动态形容词的时间特征,"了"和趋向补语则体现出动态形容词的动态情状。"没"与这些动态形容词组合后表达的含义是否定事物尚未达到或实现某一性状。

A2 类形容词从语义上看主要有六种情形:

第一,空间度量类,如"多、少、粗、细、胖、瘦、宽、窄"等,这类词既能表达事物的抽象性质,又能表达这种性质变化的过程。例如:

(53)a. 他的身材既不胖,也不瘦,所以虽然买的是套很粗糙的衣服,但穿在他身上却很合身。(CCL 语料库,《小李飞刀》)

b. 但心情好起来的她再没胖起来,她太累了!(CCL 语料库,《作家文摘》)

c. 从那以后,正如人们所说:"老梁瘦了,就再也没有胖过……"(CCL 语料库,《报刊精选》)

---

① 张国宪. 现代汉语形容词功能与认知研究[M]. 北京:商务印书馆,2006:99.
② 张国宪. 现代汉语的动态形容词[J]. 中国语文,1995(3):221—229.

例（53）a 中的"不胖"表性质否定；（53）b 中的"没胖"带上趋向补语"起来"体现了性质的动态变化性；（53）c 中的"没有胖"加上"过"体现出"胖"的动态变化的经验体特征。

第二，颜色光线类，如"黑、白、红、绿、黄、亮、暗"等，例如：

（54）a. 那么这个黑狐猴说叫黑狐猴，实际上公的是黑的，母的不黑，但是小的却是黑的。（CCL 语料库，《百家讲坛》）

b. 天还没黑，观众早就坐满了。（CCL 语料库，《三家巷》）

c. 天已黑下来了，走近家门，他的心猛烈地跳着，再也约制不住。（CCL 语料库，《作家文摘》）

"黑"是一个形容词，例（54）a 中的"不黑"表示"黑"的程度不深，即"母的不像公的那么黑"；（54）b 中，指天还没有达到"黑"的状态，天色还不是太晚；（54）c 是否定句（54）b 的肯定句，"黑"前有时间副词"已"，后有趋向补语"下来"和动态助词"了"。所以，例（54）a 中的"黑"是表属性的形容词，但在（54）b、c 中，"黑"已经带有动词的语义和语法功能了。

第三，温度感官类，如"热、冷、凉、香、臭、酸、甜"等，这一类词所表达的性质常常有时间上的变化。例如：

（55）a. 海洋性气候的特点是夏日凉爽，冬天不冷，日温差小。（BCC 语料库，《中国儿童百科全书》）

b. 天还没冷几天，春节期间的部分旅游产品已经提前售罄。（BCC 语料库，微博）

c. 台湾的冬天似乎没冷到需要围巾……（BCC 语料库，《媚惑的季节》）

例（55）a 说明海洋性气候的特点，"不冷"表示抽象的"冷"的程度不高；（55）b 中的"没冷"带上时量补语"几天"，强调具体的某时、某地，突出了"冷"的具体时间过程性；（55）c "没冷到"带上补语"需要围巾"，表达了"冷"的具体感受。

第四，时间进程类，如"老、旧、迟、晚、成熟"等，这类词与时间的进程密切相关。例如：

（56）a. 杨钰莹玉女不老。（BCC 语料库，微博）

b. 好久没打球，一打，发现我还没老。（BCC 语料库，微博）

例（56）a 中的"不老"指"不显得老""不会老"，我们还有"不老女神"

这样的表达，指"不会老"；（56）b 中的"没老"指还没有进入"老"的状态。

第五，心理感知类，如"饱、饿、困、累、渴、乏、烦、清醒、安静"等，这类词所表达的人的感知会随着时间的流逝而有所变化。例如：

（57）a. 最近的左权县麻田镇有些不安静。（CCL 语料库，网络语料）

b. 自从'93 年下半年起，中国房地产市场似乎就没安静过。（CCL 语料库，《报刊精选》）

c. 从罗马里奥头球破门开始，成千上万的巴西球迷就没安静过 1 分钟。（CCL 语料库，《人民日报》）

例（57）a 中用"不平静"来表达属性；（57）b 中用"没安静过"表达经验体；（57）c"没安静过"带上时量宾语，表达具体的有时间起点终点的动态过程。

第六，发展状态类，如"富裕、富足、成功、稳定"等，这一类词既可以表达事物的静态属性，如"家庭富裕或不富裕""事业成功或不成功""社会稳定或不稳定"；也可以表达性质变化的动态过程，如人们的生活可能从"不富裕""不富足"到"富裕""富足"，事业可能从"不成功"到"成功"，局面可能从"不稳定"到"稳定"。例如：

（58）a. 她们生活很紧凑，钱也不富裕，但是不向家里要钱也够花的了。（CCL 语料库，《从普通女孩到银行家》）

b. 我们的经济从来没有富裕过；我们的日子却从来没有贫乏过。（CCL 语料库，《读者》）

c. 日本人的生活也只不过达到温饱水平而已，远远没有富裕起来。（CCL 语料库，《读书》）

例（58）a 中，"不富裕"指静态属性，（58）b、c 中的"没有富裕过""没有富裕起来"指动态的过程。

类型 1 的形容词否定句的句型可以归纳为：

S1：NP＋不＋形，表达否定某种属性的语法意义，如"小张不瘦"。

S2：NP＋没＋形，表达否定某种状态实现的语法意义，如"小张没瘦"。

其对应的肯定句的句型为：

S3：NP＋形，表达肯定某种属性的语法意义，如"小张很瘦"。

S4：NP＋已经＋形＋了，表达实现了某种状态的语法意义，如"小张已经瘦了"。

（二）类型 2："不"能组合，"没"不能组合的形容词（B2 类）

能与"不"组合，但不能与"没"组合的形容词数量较为庞大，占比最高，因为绝大部分性质形容词都能受"不"的否定，但很多都不能受"没"的否定，例如可以说"不安全、不矮小、不安详、不白净、不般配、不贵、不妙、不软弱"等，但不能说"没安全、没矮小、没安详、没白净、没般配、没贵、没妙"等。例如：

（59）金融风险并不意味着金融不安全。（CCL 语料库，网络语料）

（60）如果能把中国商品当名牌对待，不但不贵，反而便宜。（CCL 语料库，《报刊精选》）

（61）女的与他极不般配，细小得像个脆弱的孩子。（CCL 语料库，《读者》）

（62）郑书记，你不软弱，你的干劲很不小，就是锻炼得还不够！（CCL 语料库，《老舍戏剧》）

例（59）（60）（61）（62）中的"不"都不能换成"没"。B2 类形容词数量较大，意义庞杂，本章就不一一分类列举了。B2 类形容词的总体语义特点是：语义程度不高，较为常用，能接受"不"的否定；不具有动态时间性，所以不能受"没"的否定。B2 类形容词的常用度越高，越口语化，就越能受"不"的否定，语义程度越高，越书面化，就越不能接受"不"的否定，如人们常说"不贵"，但很少说"不珍贵""不宝贵""不昂贵"。

（三）类型 3："不"不能组合，"没"能组合的形容词（C2 类）

类型 3 的形容词几乎没有，因为如果一个形容词不受"不"否定，那么，它也不能受"没"的否定。因为形容词的基本功能是表事物性质，与"不"的否定功能具有亲和性，"没"只能否定形容词中有动态变化的形容词，这些有动态变化的形容词的基本功能仍然是表事物属性，如果"不"不能否定某个形容词，那么"没"也不能否定这个形容词。

（四）类型 4："不""没"都不能组合的形容词（D2 类）

D2 类形容词数量也不算很大，这类形容词一般具有语义程度高、书面语色彩浓厚、使用频率较低的语义语用特征，肯定性强，不易被否定，石毓智

(2001) 称之为定量形容词。① 例如"暧昧、安谧、玄妙、蹩脚、缥缈"等,我们一般不说"不/没暧昧、不/没安谧、不/没玄妙、不/没蹩脚、不/没缥缈"。

总之,在汉语普通话中,性质形容词的基本语义功能是表达事物的属性,因此,与静态否定标记词"不"正好相容,所以"不"能够对绝大多数性质形容词进行否定;有少数性质形容词具有动态义,因此,与否定完成态和经验态的否定标记词"没"正好相容,所以"没"能够否定这些动态形容词。有些形容词单独不能受"没"的否定,但是当这些形容词加上"过"后,其形容词的时间义被激活后,又可以接受"没"的否定了。例如:

(63) a. 鸳鸯尽管出身低贱,但她并不自卑,她有着自己的主见和追求。(CCL 语料库,《百家讲坛》)

b. 可我从来没有自卑过,我总觉得我妈妈是一个向苦难、向厄运抗争的英雄,做她的儿子我无上荣光!(CCL 语料库,《读者》)

(64) a. 其实我一点也不勇敢,上来半天,一直不敢往下看。(CCL 语料库,《九品芝麻官》)

b. 他这辈子都没勇敢过。

例(63)a 中"不"否定"自卑",是对一种属性的否定,我们很少说"没自卑",但在(63)b 中,否定词"没有"前面加上时间限定词"从来","自卑"后面带上"过"后,句子就成立了。例(64)a 中,我们一般说某人"不勇敢",不说"没勇敢",但是带上"过"后,如(64)b,句子便合乎语法了。因此,"没"与动态事件密切相关,并且在时间上往往指向过去,"没"否定的是事件的存在,"没"与形容词搭配时突出了形容词在语义上所具有的"时间性"与"动态性"。

四、"不""没"搭配组合中的功能同一

在大多数情况下,汉语普通话中"不""没"与动词、形容词的组合分工明确,功能不同。例如,"他昨天不来开会"与"他昨天没来开会"意义不同,前者突出强调"他"主观上的不情愿,后者客观陈述事件;"这种花不红"与"这种花没红"意义不同,前者说明花"红"的程度不深,没有达到说话人心目中的

---

① 石毓智. 肯定与否定的对称与不对称[M]. 北京:北京语言文化大学出版社,2001:123.

程度，后者说明花还没有达到"红"的状态。但是在某些情况下，"不""没"的意义差别很小，区别不大，如"不一会儿"和"没一会儿"之间意义差别很小。王灿龙（2011）指出，对于有些句子来说，"不""没"相互替换后基本语义不变，差别很小，主要有三种类型，包括心理感受动词，处所、时间动词和时段结构，助动词。① 具体如下：

第一，心理感受动词，如"感觉、感到、觉得、打算、在意、介意、留神、注意、理解、了解"等。例如：

（65）a. 这样的生活我不觉得苦。

b. 这样的生活我没觉得苦。

（66）a. 我不打算帮助他。

b. 我没打算帮助他。

（67）a. 一不注意/小心/留神

b. 一没注意/小心/留神

（68）a. 我不理解/明白他的意思。

b. 我没理解/明白他的意思。

第二，时间处所动词和时段结构，如"在（家）、等、到"等，其中"等""到"可表时点或时段。例如：

（69）a. 他不在家。他明天也不在家。

b. 他没在家。他明天也没在家。

（70）a. 没等他说完，老杨就发火了。

b. 不等他说完，老杨就发火了。

（71）a. 不到半年，他就把积蓄花光了。

b. 没到半年，他就把积蓄花光了。

（72）a. 十年不见，他老了很多。

b. 十年没见，他老了很多。

第三，助动词，如"敢、肯、能"等。例如：

（73）a. 我一直不敢问他。

b. 我一直没敢问他。

---

① 王灿龙. 试论"不"与"没（有）"语法表现的相对同一性[J]. 中国语文，2011（4）：301-313.

(74) a. 我一直不肯去外地。

b. 我一直没肯去外地。

上例中,"不敢"和"没敢","不肯"和"没肯"意思虽然差不多,但是这几个助动词出现的频率却不一样。检索 CCL 语料库,"不""没"与助动词"肯""敢""能"搭配的频次如下表:

表 2 - 4 "不""没"与"肯""敢""能"搭配频次统计表

不+能愿动词	没+能愿动词	没有+能愿动词
不肯(11240)	没肯(23)	没有肯(1)
不敢(26378)	没敢(974)	没有敢(168)
不能(183934)	没能(6554)	没有能够(750)

从以上统计数据可以看出,"不"与能愿动词组合的频率比"没"与能愿动词组合的频率更高,且语感上更自然,并且"没"与能愿动词的组合受到的限制更多,例(73)(74)整个句子的时态是过去时,因而句子得以成立,如果时间条件加以改变,变为将来时,则用"没"否定能愿动词"敢""肯"的句子就不合格。例如:

(73) *明天,我没敢问他。

(74) *下个月,我没肯去外地。

此外,还有少量介词,如"经、跟、像"等。

(75) a. 不经领导同意,不能报销经费。

b. 没经领导同意,不能报销经费。

(76) a. 他不跟我商量就买了电视机。

b. 他没跟我商量就买了电视机。

(77) a. 自办起一个又一个工厂,他的心情从没像现在这样踏实,财富也从没像现在这样扎实。(CCL 语料库)

b. 当年我在美国的那段时间内,浏览器还没有出现,互联网还不像现在这样大众化。(CCL 语料库)

以上是王灿龙(2011)文中提到过的现象,除此之外,还有下列三种情况"不""没"的语义对立也不明显。

第一,自然现象或某些社会现象。例如:

（78）a. 外面不下雨/下雪/刮风/打雷了。

b. 外面没下雨/下雪/刮风/打雷了

（79）a. 水管里的水不流了。

b. 水管里的水没流了。

（80）a. 这种款式早就不流行了。

b. 这种款式早就没流行了。

例（78）（79）（80）中，主语一般为无生命物。

第二，人体疾病。例如：

（81）a. 他不发烧了。

b. 他没发烧了。

（82）a. 伤口不出血了。

b. 伤口没出血了。

（83）a. 她已经不咳嗽了。

b. 她已经没咳嗽了。

（84）a. 他身体很好，从不生病。

b. 他身体很好，从没生病。

例（81）（82）（83）中有关疾病的否定，既可以理解成是一种对性质的否定，可以用"不"否定，也可以理解成一种状态的结束可以用"没"否定；（84）既可以理解成是对属性否定，可以用"不"来否定，也可以理解成状态的不存在，可以用"没"来否定。

第三，差比句中的"比"。例如：

（85）a. 他并不比我强/富裕/优秀。

b. 他并没比我强/富裕/优秀

（86）a. 他并不比我到得早/晚。

b. 他并没比我到得早/晚。

综上所述，从否定标记词"不"和"没"与动词、形容词的组合搭配规律可以看出"不"和"没"的使用规律："不"否定形容词较为自由，"没"否定动词较为自由。这是由"不"和"没"否定的语法意义所决定的，吕叔湘（1985）曾经有过精辟的论断："从语义上看，'不'的作用是单纯的否定，'没'则是完成态（了）和经验态（过）的否定。"① 形容词主要表示人或事物的属性，"不"的主要语法功能是单纯否定，包括否定属性、否定惯常行为、否定主观意愿等，因此，"不"否定形容词受到的限制很少；动词主要表示人、动物的动作行为或者是表示事件的发展变化，大部分动词具有时间性特征，而副词"没"的主要语法功能是否定过程时状，因此，"没"否定动词受到的限制较少。

第二节　邵阳方言"唔""冇"的否定组配

邵阳方言中，有三个常用否定副词，"唔""冇""莫"。"唔"的读音为[ŋ³⁵]，表达对主观意愿或属性的否定，如"唔去（不去）""唔好吃（不好吃）"；"冇"的读音为 [mo³⁵]，其双音节形式是"冇有"，读音为 [mo³⁵ iəu⁴²]，表达对完成态或经验态的否定，如"冇去（没去）""冇去过（没去过）"；"莫"在邵阳方言中表达禁止性否定，读音和"冇"相同，也为 [mo³⁵]，相当于普通话中的"别"或"不要"。例如：

（1）她工作劳唔轻闲，唔想再生伢伢哩。（她工作一点都不轻松，不想再生孩子了。）

（2）我还从来冇去过北京，我打算明年去看下天安门者。（我还从来没有去过北京，我计划明年去看天安门。）

（3）你何嘎紧倒打喷嚏，是冻到感冒哩？你隔我远点子，莫巴起我！（你怎么总是打喷嚏，你感冒了吗？你离我远点儿，别传染给我！）

例（1）中"唔"否定性质形容词"轻闲"和动词"想"；例（2）中"冇"否定经验态"去过"；例（3）中"莫"否定"巴起我"，表达否定祈使语气。

此外，表动词"没有"义的否定动词也由"冇 [mo³⁵]"充当，其双音节形式是"冇得 [mo³⁵ te³³]"。在本书例句中，当必须区分"冇"的动词性和副词性意义时，我们将动词"冇"记为"冇¹"，将副词"冇"记为"冇²"；当没有区分的必要性时，都记作"冇"。例如：

（4）他□i³⁵□tɕy⁵⁵要咯嘎做，你□sɛ⁵⁵再多也冇用。（他一定要这样做，你说再多也没有用。□i³⁵□tɕy⁵⁵：执意。□sɛ⁵⁵：说。）

---

① 吕叔湘. 疑问·肯定·否定[J]. 中国语文，1985（4）：241—250.

（5）你咯只人蛮带厌，冇得哪个会喜欢你。（你这个人很讨厌，没有谁会喜欢你。）

例（4）中"冇"表达"无，不具有"的含义；例（5）中"冇得"是"冇¹"的双音节形式，表达"不存在某物"的含义。

为了全面深入地了解邵阳方言否定词的用法和规律，本书参考了储泽祥（1998）《邵阳方言研究》[①]、李国华（1997）《邵阳市志·方言》[②] 中的词汇部分，再结合本人的田野调查，共搜集了邵阳方言中的代表性动词 321 个，并将否定词"唔"与"冇"分别与这些动词进行组合搭配，考察其语义组合规律。

邵阳方言中否定标记词与动词的组合可以分成四种类型：

A3 型："唔""冇"都能组合，记作"A3＋＋"；

B3 型：只能和"唔"组合，不能和"冇"组合，记作"B3＋－"；

C3 型：不能和"唔"组合，只能和"冇"组合，记作"C3－＋"；

D3 型：不能和"唔"组合，也不能和"冇"组合，记作"D3－－"。

邵阳方言中否定标记词与动词的组合统计如下表：

表 2-5　邵阳方言否定标记词与动词组合统计表

类型	代表动词	数量	占比
A3（＋＋）	来、吃、买	233	72.6％
B3（＋－）	得、可以、像	19	5.9％
C3（－＋）	垮、出世	49	15.3％
D3（－－）	现世、冇得	20	6.2％

邵阳方言否定标记词与动词的组合类型统计数量见表 2-6 至 2-9。

表 2-6　A3 类动词表（共计 233 个）

看¹（～到了）	看²（观察人或事情，会～事）	听	嗅	吸
眨	睁	闭（～嘴）	咬	嚼
咽	含	吸	吐¹（～出来）	睏觉

---

①储泽祥. 邵阳方言研究[M]. 长沙：湖南教育出版社，1998：144-148.

②李国华. 邵阳市志[M]. 长沙：湖南人民出版社，1997：143-160.

（续表）

打瞌睡	□nuŋ³⁵（拿）	□nã⁵⁵（拿）	把（给）	开
关	摸	伸	惹	撩（激惹）
撩事（闯祸，惹事）	掐	挠	抓（猫~老鼠）	揪（拧）
剥	撕	□khuai⁴²（折断）	折（折叠）	摘
扯	守	蹲	坐	匍（趴着）
歇	跳	□dʑia³⁵（跨）	踩	爬
行¹（逃走）	行²（走）	跑	追	抓
抱	背	扶	奔（拉）	冲（用力推）
撞	躲	放	盖	埋
摁（按）	逼	戳	剁	削
擦	抹	揩	□ya³⁵（丢）	倒（倾倒）
空（倾倒）	滴 tia³⁵（~水）	捡	提	挑
担（~责任）	掮（扛）	抬	举	撑（撑伞）
□lu¹²（抱大的东西）	□puŋ⁴²（抱有重量的东西）	选	清	冲（冲洗碗等）
洗	绚（拴）	绚（捆）	钓	解
拔（~船，划船）	抽（搬。~凳子）	搬	过火（搬新房）	端
潲	蒸	烧	□khã¹²（~腊肉）	烘（烘腊肉）
□tsɛ³³（拆）	转	捡	收	打（~人）
□dzua³⁵（啄打）	搞架	搞	歇	眯眼闭
睏	起床	漱口	洗澡	憋倒（逼倒）
想¹（思考）	想²（打算）	念起（想念）	关心	操心
怕	信	愁	怨（埋怨）	注意
喜欢	开心	发火	怪（责怪）	后悔
眼热（眼红、忌妒）	欺负	装	要（索要）	是

101

（续表）

□se⁵⁵（说）	讲	讲冤枉话（诽谤或散布不真实的话）	教（教书）	喊
哭	笑	骂	哄（骗）	吵
吵事	告 □sʅ³⁵（告诉）	□lia¹³ 卵谈（吹牛）	拍马屁	吃
穿	扎火（烤火）	□y⁵⁵（折）	□ŋa⁵⁵（张开）	□ŋa⁵⁵（压，轧）
□ya³⁵（扔）	劈	黏	掐油（节约少放油）	□o³⁵（蘸）
□mie⁵⁵（撕烂）	择	□yɛ³⁵（歪）	□ŋai²⁴（捱，做事拖拉）	卖乖（讨好）
□niau⁵⁵（翘起）	□thɯ⁴²（用力抖）	喷¹ fən³⁵	淋（浇菜等）	刨痧（刮痧）
□dzau¹²（饿）	痛	晒	来	去
借	□ke⁵⁵（欠债）	赊	赚	剩
遮	拦	挡	逛街	做事
作田	回去（回家）	买	卖	讲价
完工	停	生（生小孩）	养¹（抚养）	养²（怀孕）
养³（保养）	寻	抻（伸）	□y⁵⁵（蜷缩）	忍
憋	放过	做饭	□lia⁵⁵菜（炒菜）	和（搅）
晃	□tsuŋ⁴²（摇）	□tshuŋ¹²（摇）	待客	服侍
嫁人	讨婆娘（找老婆）	成家	耍（玩）	付
散架	争	抢	碰到	急
慌神	累	着力	□tuŋ⁴²（踩）	□tshã¹²（风吹）
糟蹋（浪费）	包（保证）	对（核对）	齿（理睬）	打止（结束）
打发	绞伙（合伙）	筛茶（倒茶）		

表 2-7 B3 类动词表（共计 19 个）

记得	好（喜欢）	敢	兴^1（看重）	兴^2（喜欢）
兴^3（流行）	经（禁受，受得住，禁得起）	晓得^1（知道）	晓得^2（懂得）	晓得^3（会）
会（可能）	准（允许）	认得	肯	可以
逗（招）	得（可能）	像	疑起（怀疑）	

表 2-8 C3 类动词表（共计 49 个）

□me^{33}（盯）	吐^2（呕吐）	打喷嚏	打哈欠	打呼噜
做梦	吊起（悬着）	勾倒（弯着）	趵（物体摔碎）	趵（人摔跤）
趵倒（摔跤）	□thuo^{35}（大物叠放在一起）	□tha^{35}（碗等叠放）	开□tshe^{33}（开裂）	皱
烂（破或碎）	□vən^{35}（淹）	掉^1（弄丢）	掉^2（掉下来）	发财
忘记	有	在	对唔住	□ȵia^{55}（碰倒）
□ȵia^{55}（～板，即拖鞋）	戾 nie^{35}（歪）	□pai^{55}（跛）	爤（烫）	□dzau^{24}（淋雨）
发痧（中暑）	晕	胀（饱）	掉（洒，漏）	□pu^{33}（溢出）
泻（希望落空）	□vai^{42}（脚扭伤）	倒	烂	害起（引起）
撞起（遇到）	装起（装作）	圆净（完）	起腔（开始）	架势（计划或打算）
开始	做定（习惯或适应）	发狠（努力）	成器	

表 2-9 D3 类动词表（共计 20 个）

估倒（估计）	窝火	懒得	懒	要得
歆哈（不严肃）	现世（炫耀）	现眼（现丑）	弄起（有劳，答谢语）	嚼饭（贬义，即吃闲饭）
□puŋ^{35}（凸起）	□phuŋ^{55}（头发蓬起）	喷^2 phən^{35}（骂）	饱（腻，看～了）	□ku^{33}（贬义，居住）
□thiä^{42}（腆）	弄饭（谋生）	触起（本来知道，但一下子突然想不起来）	□me^{33}颈（馋嘴）	冇得

此外，本书以邵阳方言的研究文献和本人的田野调查为依据，搜集到197个性质形容词，并将之与否定标记词"唔"和"冇"逐一进行组合搭配，以期深入了解邵阳方言形容词的否定规律。

邵阳方言中否定标记词与形容词的组合可以分成四种类型：

A4型："唔""冇"都能组合，记作"A4＋＋"；

B4型：只能和"唔"组合，不能和"冇"组合，记作"B4＋－"；

C4型：不能和"唔"组合，只能和"冇"组合，记作"C4－＋"；

D4型：不能和"唔"组合，也不能和"冇"组合，记作"D4－－"。

邵阳方言中否定标记词与形容词的组合统计如下表：

表2-10　邵阳方言否定标记词与形容词组合统计表

类型	代表形容词	数量	占比
A4（＋＋）	好、熟	35	17.8％
B4（＋－）	好吃、短	132	67.0％
C4（－＋）	——	0	0％
D4（－－）	冲天、麻糊	30	15.2％

邵阳方言否定标记词与形容词的组合类型统计数量见表2-11至2-13。

表2-11　A4类形容词表（共计35个）

正	戾 nie³⁵（偏离）	硬	香	臭
酸	稠	浓	干	湿
瘦	壮	胖	老	旧
红	绿	黑	好	坏
干净	清静	整齐	乱	烂
□lau⁴²□xu̅⁵⁵（暖和）	热	爛	凉快	紧
平	熟	累	□dzau²⁴（错）	哈

表2-12　B4类形容词表（共计132个）

大	小	粗	细	长
短	多	少	宽	窄
厚	薄	深	浅	高
矮	溜	滑	软款	软和
咸	淡	甜	苦	辣
腥	稀	密	嫩	新
白	青	逗爱	标致	乖□tha³⁵

（续表）

丑	□ke³³气（不和气）	和气	乖	老实
实在	听话	好	好看	好听
好吃	好耍	好走	好讲话（随和）	怕丑
好过	舒服	满意	灵	灵泛
差	闹热	一样	清楚	小气
抠	抠门	啬	□ke³³（不懂味，不识趣）	通味（识趣）
挑精（斤斤计较）	刁（偏食挑食）	大方	舍得	大该（大方）
吵	懵	□ŋa¹²（严）	陡	早
□ŋã³⁵（晚）	巧	贵	便宜	清白（清楚）
在行	造孽（可怜）	好客	愁	烦心
如意	顺心	开心	专心	专心专意
齐心	细心	偏心	经使	经牢
经穿	狠	显老	年轻	忙
轻闲	撇脱（洒脱爽快）	吃亏（辛苦）	痛	勤快
懒	直	对	快	□xã⁵⁵（慢）
慢	新鲜	轻	重	易得
抻敲（形容衣服挺括或人长得标致）	带厌	难看	犟	□tɕia³³（犟）
幸运	好吃（贪吃）	霸道	贪	满（知足）
哈（蠢）	蠢	扎实（做事可靠）	能干	随便
顺口	猾			

表 2-13　D4 类形容词表（共计 30 个）

□ma⁵⁵（小，细）	灰	要得	调□tsa³⁵（顽皮）	冲天（小孩调皮或成年人胆子特别大）
孬	□nuã⁴²（整的）	□kən⁴²（整的）	□tshai⁴² □kai³⁵（特别脏）	麻糊
有味	蛮味（有意思）	有意思	□khuo³⁵糊（糊涂）	□ɣũ³⁵（心烦）
生	冇得（穷）	有钱（富）	闲	难得
缺德	可恼	惨	背时	倒霉
现世（形容瞧不起人的样子）	猴颈（贪心）	无聊	霉（精神不振）	□ŋa²⁴口（拗口）

一、"唔"与常用动词的组配

邵阳方言否定标记词"唔"与常用动词或动词性成分的组配主要有五种情况：对自主可控的动作动词的否定、对常见心理动词的否定、对表情态的助动词的否定、对惯常行为的否定、对能性补语的否定。

（一）对自主可控的动作动词的否定

自主动词和非自主动词在语义上的对立构成了汉语动词的基本类别。马庆株（1988）指出，自主动词从语义上说是表示有意识的或故意的动作行为，这些行为也是由动作发出者主观决定和自由支配的动作行为；非自主动词表示无意识的或者无心的动作行为，即动作行为发出者不能自主支配的动作行为，还可以表示事物的变化和属性。[①] 所以，非自主动词所表述的动作是人们的主观意志所无法控制的，只能客观地陈述人或事物的某种行为和变化；自主动词则表达动作发出者是有意识地发出某个动作行为，自主动词所表述的行为一般都是动作发出者主观上可以控制的，因此自主动词具有"意志性"和"可控性"。

自主动词与非自主动词的对立对现代汉语普通话的否定产生了重要影响，自主动词既可受"不"的否定，也可以受"没"的否定，如"走""看"等；非自主属性动词只能受"不"的否定，如"是""像"等，非自主变化动词只能受"没"的否定，如"垮""漏"等。这种对立同样也影响到邵阳方言否定标记词与动词的语义组合方式。邵阳方言中的自主动词既能受"唔"的否定，也能受"冇"的否定，受"唔"否定时，表达的是说话人不愿意实施某种行为，受"冇"否定时，表达的是某个行为没有发生或没有经历。常用动词中表示身体动作的行为动词最易受"唔"的否定，这些动词在接受"唔"否定时表达非常自然，因为这些动作行为往往都是说话人的意志直接可控的，也是方言这种口头语体中的高频动词，诸如"来、去、听、看、嗅、睏觉、□nā⁵⁵（拿）"等。例如：

（6）甲：明日你来唔来我屋吃饭？（明天你到我家吃饭吗？）

乙：我冇得空，唔来哩。（我没空，不来了。）

（7）以前我天天都跑步，今天早上那前夹下雨，我就唔跑哩。（以前我天天跑步，今天早晨下雨了，我就不跑了。前夹：时候。）

---

①马庆株. 自主动词和非自主动词[M]. 北京：北京大学出版社，1988：161-169.

（8）咯只伢伢太重哩，我抱得手都痛咖哩，我唔抱他哩。（这个小孩太重了，我抱得手都痛了，我不抱了。）

（9）他喊我坐倒歇下者，我唔坐哩，我要去做事哩。（他喊我坐下歇歇，我不坐了，我要去做事了。）

（10）我唔想他当班长，我唔举手。（我不想他当班长，我不举手。）

（11）咯只篮子太重哩，我提唔起，我唔提哩。（这个篮子太重了，我提不起，我不提了。）

（12）咯风太大哩，我唔去放风筝哩。（风太大了，我不去放风筝了。）

（13）咯只猫□ni¹²太懒哩，唔去抓老鼠子，天数天匍到咯里睏。（这只猫太懒了，不去捉老鼠，天天卧着睡懒觉。）

（14）我唔躲你，有么子事，我们出来讲。（我不躲你，有什么事，我们出来说。）

（15）读书是你自家底事，我唔逼你。（读书是你自己的事，我不逼你。）

（16）我唔看电视哩，我要去散步去哩。（我不看电视了，我要散步去了。）

（17）生咖一个要得哩，我唔生哩，横直养唔起。（生一个就行了，我不生了，反正养不起。）

（18）咯件衣裳颜色太老气哩，我唔要，我唔买。（这件衣服颜色太老了，我不要，我不买。）

（19）今日我本来打算清下屋子哩，我娘喊我去逛街，我就唔清那些东西哩。（今天我本来想整理一下房间，妈妈喊我去逛街，我就不整理东西了。清：整理。）

上述例句中的"来、跑、抱、坐、想、举手、提、放、抓、躲、逼、看、生、要、买、清"等动词都是自主可控的动词，用"唔"否定其动作的意愿，强调其主体的不想实施性。

（二）对常见心理动词的否定

心理动词表示人的心理活动，是一类较为特殊的动词。心理动词的语义类别较为庞杂，在语义表达上大部分属于非动作动词，一般具有［＋心理］［＋述人］的语义特征。在语法功能上能带宾语，大部分心理动词能受程度副词的修饰。胡裕树和范晓（1995）将心理动词明确定义为"表示情感、意向、认识、感觉、思维等方面的心理活动或心理状态的动词"。① 文雅丽（2007）以《现代汉语词典》为考察对象，从心理学意义上的三个心理过程，即认识过程、情感过程和意志过程出发，结合动词的语义特征、语法功能等特点界定出了765个心理动词，并将这些心理动词分为心理活动动词、心理状态动词和心理使役动词三类。心理活动动词表示感觉、思维、认知、判断倾向等方面的心理认识过程，比如：思考、回忆、知道、懂得、留神、理解、猜等；心理状态动词表示情绪、情感、意愿、意志倾向等方面的内心情感过程，比如：喜欢、爱好、发火、发慌、沉醉、热衷等；心理使役动词含有"使/令/让……（心理现象产生/心理状态变化）"等方面的语义特征，比如气、激动、激怒、急等。②

　　心理动词的否定主要受到自主性特征和语义程度特征的影响。

　　首先，心理动词的自主性越强，否定就越自由。比如"爱"，说话人可以自主地"爱"，也可以自主地"不爱"，所以"爱"可以接受"不"否定。而非自主动词，如"误会"一般都是说话人无意识地被动进行的行为，所以"误会"的否定受到限制，"误会"只能被"没"否定，不能被"不"否定。关于心理动词的自主性特征，学者们有不同的论述，袁毓林（1993）主张心理动词可以分成自主动词和非自主动词两类，如"爱""恨""相信"等可以认为是自主动词，"害怕""着急""后悔"等可以认为是非自主动词；③ 王红斌（2002）把心理动词分为"可控"和"不可控"两类，用"别＋V"格式作为鉴别方法，能受"别"否定的为自主动词，不能受"别"否定的为非自主动词；④ 陈昌来（2003）认为心理动词兼有［±自主］的语义特征；⑤ 文雅丽（2007）指出，心理活动动词大部分属于自主动词，"思考类、联想类、猜测类、认可类动词都是自主动词，这些动词中，动作发出者拥有主动权，可以自主地进行动作，活动性很强"。⑥

　　我们认为，一方面，心理活动是由人与外界刺激相互作用所引起的人的内心世界的活动，这种活动带有强烈的个人主观色彩；另一方面，引发后的心理活动又大多是可控的，或者说人们会尽量想方设法地控制自己的情绪和心理，如"害

①胡裕树，范晓. 动词研究[M]. 开封：河南大学出版社，1995：245.
②文雅丽. 现代汉语心理动词研究[M]. 北京：北京语言文化大学出版社，2007：75-83.
③袁毓林. 现代汉语祈使句研究[M]. 北京：北京大学出版社，1993：81-85.
④王红斌. 现代汉语心理动词的范围和类别[J]. 晋东南师范专科学校学报，2002（4）：62-64.
⑤陈昌来. 现代汉语语义平面问题研究[M]. 上海：学林出版社，2003：65-75.
⑥文雅丽. 现代汉语心理动词研究[M]. 北京：北京语言文化大学出版社，2007：108.

怕""得意"是由我们对外部环境的不同认知而触发的两种不同的心理，其外部环境及其发生均带有不可控性，但这些心理产生后，我们又可以在一定程度上尽力加以控制，因此有"别怕""不害怕""别得意"这样的说法。

其次，心理动词的语义程度越高，否定就越不自由。比如"记得"，表示过去的事实依然留存在记忆中，是人们生活中一个极为常用的心理动词，因此可以用"不"否定成"不记得"，但是其他几个高程度的表"记得"的词，如"牢记""铭记""切记""死记"则难以否定。因此，语义程度也与语体色彩有关，常用的心理动词往往呈现出口语化的或中性化的语体色彩，就较容易否定，书面语体色彩越浓，语义程度也相应更高，如"铭记""切记"书面语体色彩浓厚，所以不易被否定。

白荃（2000）指出，一些最常用的心理动词，如"爱、恨、喜欢、怕、懂、信任"等经常是由"不"来否定，有些甚至只能由"不"来否定，如"知道、记得、认得、晓得"等，此外，"不"的主要作用是否定主观意愿，而心理动词的语义属于人的主观方面或是跟主观方面相联系，因而在大多数人的印象中，心理动词只能由"不"来否定。白荃对孟琮等编的《动词用法词典》中的99个心理动词进行了考察，得出的结论是：通常受"不"否定的有28个，其中只能被"不"否定的只有6个；一般由"没"否定的有9个；既能被"不"否定，又能被"没"否定的有57个；既不能被"不"否定，又不能被"没"否定的只有5个。[①] 可以说，大部分心理动词既能受"不"的否定，也可以受"没"的否定。

与普通话的心理动词用法相比，邵阳方言中的心理动词的使用特点是常用心理动词高频出现。本书选取邵阳方言中最常用的9个心理动词进行论述，包括"晓得、想、认得、记得、喜欢、愁、怪、眼热、疑起"等，其中"晓得""认得""记得""疑起"一般情况下受"唔"的否定。

第一，"晓得"。

"晓得"即普通话中的"知道"。"晓得"是一种由不了解到了解的认识过程，是由不认识到认识的认知活动，我们可以把"晓得"界定为表认知的心理活动动词。"晓得"在意义上表现出层次性，第一层为通过看见、听说、接触等而得知的感性认识层次，第二层为了解或理解、参透人或事物的本质规律的理性认识层

---

①白荃."不""没（有）"教学和研究上的误区[J].语言教学与研究，2000（3）：21-25.

次。"晓得"是邵阳方言中的高频动词,意义非常宽泛,包括:①知道,即获知某个信息;②懂得,理解某些事理;③会,熟练掌握某些技能。因此,"晓得"的内容适用范围很广,既包括事件信息,也包括人情世故、生活技能等。"晓得"的否定形式是"唔晓得",即"不知道"。

(20)咯只冰棒我唔晓得他从哪里弄来底,冇是我把他底。(这根冰棒我不知道他从哪里拿来的,不是我给他的。)

(21)我唔来唔晓得。(我不来不知道。)①

(22)我以前劳唔晓得他咯只人心咯嘎坏,我唔得跟他打交道哩。(我以前根本不知道他这个人这么坏,我不得跟他打交道了。)

(23)你也连唔晓得点么子(连唔懂事),老人家过马路你扶都唔扶一下。(指责语气)(你也太不懂事了,老人家过马路你扶都不扶一下。)

(24)咯只人蛮隔气,咯多人都唔晓得抽凳子。(这个人很呆板,这么多人都不知道搬椅子。隔气:死板,不知道变通。)

(25)我唔晓得开车。(我不会开车。)

例(20)~(22)中,"唔晓得"的意思是"不了解",例(23)~(25)中的"唔晓得"的意思是"不懂""不会"。除了可以表达"不了解"之类的含义之外,"唔晓得"还可以表达一种往大处夸张的意味。例如:

(26)她天天念起他屋里爷老子,眼泪都唔晓得流咖好多哩。(她天天想着她的父亲,眼泪都不知道流了多少。)

(27)他生意做得蛮大,唔晓得有好多钱。(他生意规模很大,不知道有多少钱。)

例(26)(27)中的"唔晓得"带有"无法衡量"的意思。(26)中"眼泪都唔晓得流咖好多"实际意思是"流的眼泪多得无法衡量",即"流了很多眼泪";(27)中"唔晓得有好多钱"的实际意思是"钱多得无法统计",即"有非常多的钱"。

第二,"想"。

"想"作为一个认知心理动词,在邵阳方言中是一个多义词,有多种含义。邵阳方言中"想"最常用的含义有三个:①开动脑筋;思索。②打算,计划,意

---

①黄艳梅.邵阳市区方言否定词初探[J].邵阳师范高等专科学校学报,2002(1):72-74.

愿；希望。③想念。由于"想"的基本义是"思考"，所以在此基础之上，"想"还延伸出一些其他认知动词的含义，"想"还可表"回忆""推测"等，这时"想"的内容针对的是过去的事实；"想"也可以针对将来的事实，如"打算""希望"做某事。例如：

（28）你自家想下我对你到底好唔好。（你自己想想我对你到底怎么样。）（思考）

（29）你想好哩么？（你计划好了吗?）（计划）

（30）我想他后天是唔得来。（我认为他后天不会来。）（推测）

（31）我想他当村长。（我希望他当村长。）（希望）

（32）我想明年去北京去耍下者着。（我希望明年到北京去玩玩。）（愿望）

（33）你认真想下前天夜里他在你屋冇？（你仔细想想前天晚上他在不在你家。）（回忆）

（34）你想你屋哩么？（你想家吗?）（想念）

其他心理认知活动也可用"想"带补语的短语来表达，例如用"想起来哩"表达"记起"，用"想唔起来哩"表达"忘记"，用"冇想到"表达"意料之外"，用"想都想得到"表达"意料之内"。

"想"是邵阳方言的高频词，常常受"唔"的否定形成否定句，"唔想"可以直接带宾语，表示"不想念某人"，例如：

（35）他在外头连唔想他屋娘老子。（他在外面一点都不想念他妈妈。）

"唔想"还可以后接动词性成分，表示主观上"不愿意去做某事"，例如：

（36）我唔想择滴空心菜，我来热锅子，你去择。（我不想择这些空心菜，我来炒菜，你去择。）

（37）咯只柜子太重哩，我捐唔起，我唔想捐哩。（这个柜子太重了，我扛不动，我不想扛了。）

（38）她工作劳唔轻闲，唔想再生伢伢哩。（她工作很不轻闲，不想再生小孩了。）

"唔"常常带有"主观不愿意"的含义，加上"想"之后，语义更加明确，强调是主观上的一种想法，一种态度，是否付诸行动还未可知。例如：

（39）莫撕书哩，你咯嘎唔想读书。（你别撕书了，你这么不想读书。）

（40）真话我也唔想逼他，我也是想赚滴钱者，冇办法哩。（我真的不想逼他，我也是想赚点钱，没办法的事。）

（41）我唔想太麻烦哩，出咖太阳就唔打伞哩。（我不想太麻烦了，出了太阳就不打伞了吧。）

（42）他唔想开店子做生意，想做滴清闲滴者底事。（他不想开店子，想做点轻松点的事。）

（43）我现在还唔想嫁人，我还想多耍几年者。（我现在还不想结婚，我还想多玩几年再说。）

（44）我唔想剥花生，我剥咖咯久底花生哩，我累垮哩。（我不想剥花生了，我剥了这么久，我太累了。）

第三，"认得"。

"认得"即"认识"，方言中的"认得"的适用范围比普通话中的"认识"要窄，一般只能对人或动物、物品进行确认和辨别，对事物或情理的认识不能用"认得"，普通话中可以说"我认识到我错了"，邵阳方言中不能说"我认得到我错了"。"认得"只能受"唔"的否定，表示"不能确认"。

（45）我昨日才到咯里，咯里底人我下唔认得。（我昨天才到这里，这里的人我都不认识。）

（46）我唔认得他，你莫紧倒问我他屋住哪里，我认都唔认得他。（我不认识他，你别总是问我他住在哪里，我根本就不认识他。）

第四，"记得"。

"记得"即"想得起来，没有忘记"。"记得"只能由"唔"否定，"唔记得"即"想不起来"。

（47）我们以前连有见过，我劳唔记得你哩。（我们以前根本没见过，我根本不记得你。）

（48）我们么子时候打过照面，我劳唔记得你底啊。（我们什么时候见过面，我一点都不记得你呀。）

第五，"喜欢"。

"喜欢"指对人或事物有好感或兴趣，表达人们对外部世界的一种肯定的情感，是一个表达正面情绪的心理动词，其意义还可以由情绪表达引申到意愿表达，由"对某事感兴趣"发展到"愿意做某事"。"喜欢"一般受"唔"否定，"唔喜欢"即"不感兴趣""不愿意"。例如：

（49）我唔喜欢打麻将，我喜欢看书。（我不喜欢打麻将，我喜欢看书。）

（50）他唔喜欢种田，天天在外面跑。（他不喜欢务农，天天在外面跑。）

（51）我从来都唔要他屋东西底，我咯人唔喜欢欠人人情。（我从来都不要他的东西，我这人不喜欢欠别人人情。）

第六，"愁"。

"愁"是一个表达负面情绪的心理动词。负面情绪心理动词是指消极的、人们主观上不希望的心理状态动词。李青（2013）将负面情绪类心理动词分为忧虑类、愤怒类、害怕类、悔恨类、悲伤类、发呆类、怨恨类、费心类、其他类。①"愁"在邵阳方言中可以表达"担心""忧虑""不喜欢、厌烦"等情绪。例如：

（52）甲：我最近愁得很！（我最近很烦。）

乙：你莫愁哩，放宽心，大势下会来帮忙底。（你别急，心放宽点，大家会来帮你的。）

（53）我蛮愁洗碗、洗菜。（我很不喜欢洗碗、洗菜。即"不想做，也得做"。）

（54）他蛮愁读书，要他读书，他愁得很。（他很不喜欢读书，要他读书，他很厌烦。）

"唔愁"就是"不厌烦、不担心、不忧虑"等。例如：

（55）他做事做定哩，做事唔愁哩。（他做事做习惯了，就不厌烦了。）

（56）他屋崽蛮有钱，他连唔愁冇钱用。（他儿子很有钱，他一点都不用担心没钱用。）

第七，"怪"。

"怪"即"责备、埋怨某人"，常常受"唔"的否定，"唔怪"即"不怨"。例如：

（57）咯只事冇是他底错，我也唔怪他，他还是心情唔好。（这件事不是他的错，我也不怪他，但是他还是心情不好。）

第八，"眼热"。

"眼热"即"眼红、忌妒"，意思是"对才能、地位或境遇比自己好的人心怀怨恨"。例如：

---

① 李青. 汉英语中负情绪类心理动词主观性研究[J]. 牡丹江大学学报，2013（11）：90−92.

（58）他咯只人为人还可以，他有蛮多钱，大势下唔眼热他。（他这个人为人很不错，大家都不嫉妒他有钱。）

（59）下是命中注定底，我唔眼热别个。（都是命中注定的，我不眼红别人。）

第九，"疑起"。

"疑起"相当于普通话中的"怀疑"，表示因不相信而起猜疑，但不能确定是否真实，是一种出于主观的估计、判断。例如：

（60）你莫疑起疑起，冇得么子事唉。（你别疑神疑鬼了，不会有什么事的。）

"疑起"后接的宾语小句一般都是过去发生的带有一定消极后果的事实，这个事实也是说话人原来未曾料到的。例如：

（61）我疑起是他在搞底鬼，唔者我何得咯嘎惨啰。（我怀疑是他的阴谋，不然我怎么会这么不如意。）

"疑起"的否定主要用"唔"。例如：

（62）他咯只人蛮老实，大势下唔疑起是他。（他这个人很老实，大家都不怀疑他。）

（三）对表情态的助动词的否定

情态（modality）是用来体现说话人对其言说内容的主观态度的句法语义范畴，即表达说话人主观上所认为的真实性（可能），或实现自己要求的强制性（必要），或意愿性（意愿）。Tree（1985）将情态分为三类：认识情态、义务情态和动力情态。[1] 汉语助动词是表达情态的一个重要手段。吕叔湘（1999）指出，汉语普通话中"不"可以用在所有的助动词前，而"没有、没"只限于用在"能、能够、要、肯、敢"等少数几个助动词。[2]

邵阳方言中助动词的否定也主要靠"唔"来实现。本书将详细讨论5个常见的助动词的否定，包括：得、要、可以、肯、敢。

第一，"得"。

"得"是一个表达认识情态"可能性"的高频助动词，相当于普通话中的"会、能够"，其时间一般指向将来，是人们对事物发展趋势的一种主观认识。邵阳方言中一般不说"能"。普通话中的"能"在表达情态的功能上具有多义性，可以表达认识情态、义务情态和动力情态等多种情态，邵阳方言中的助动词

---

①徐晶凝. 现代汉语话语情态研究［M］. 北京：昆仑出版社，2008：245.

②吕叔湘. 现代汉语八百词［M］. 北京：商务印书馆，1999：384.

"得"与之相比，功能较为单一，主要表达认识情态，即"可能"。例如：

（63）他明天得来。（他明天会来。）

助动词"得"的否定形式即"唔得"，出现在动词前，意思是"不会、不可能"实施某个动作或行为。例如：

（64）外面那只人敲咖半天门哩，我唔得跟他开门，我就唔开门。（外面那个人敲了很久的门了，我不会给他开门，我就是不开门。）

（65）我在咯里，我唔得行，看你们想把我何底呀。（我在这里，我不会走，看你们拿我怎么样？）

（66）咯只事我今日还记得清清楚楚，劳唔得忘记。（这件事我现在还记得清清楚楚，根本不会忘记。）

（67）我劳唔得信你，你天数天在咯里□se⁵⁵糊话。（我根本不会相信你，你天天在这里乱说。）

"唔得"表示根据某个事实、条件或相关经验，推理出一个否定性的结论。在句子中，这个结论常常意味着将来"不可能实施某种行为"的决定或推测。"唔得"表达"决定"还是"推测"与人称有关，当主语是第一人称时，句子常常意味着做出某个行为的否定性决定，即"将不会去做某事"。例如：

（68）他读书唔发狠，我唔得把钱把他哩。（他读书不刻苦，我不会把钱给他。）

（69）咯只花□nia³⁵□sai⁵⁵哩者，我唔得摘它。（这花很美，我不会摘它。□nia³⁵□sai⁵⁵：漂亮，很好。）

（70）以前老屋我唔得拆，新屋起到旁边。（以前的旧房子我不会拆，新房子就建在旁边。）

（71）你莫着急啰，我唔得哄你底。（你别着急，我不会骗你。）

（72）你莫跑哩，我唔得追你哩。（你别跑，我不会追你的。）

如果主语是第三人称，"唔得"常常表达一种主观推测。例如：

（73）咯只冰箱效果还可以，菜么子放到里面唔得烂咖。（这台冰箱效果很好，菜放进去就不会坏了。）

（74）咯只人硬是懒得冇边边，地上有钱他都唔得去捡。（这个人太懒了，地上有钱他都不会去捡。）

（75）他咯只人用钱大手大脚，出去买衣裳眼珠子都唔得眨一下。（他这个人花钱大手大脚，出去买衣服眼睛都不眨一下。)

(76) 前天请哩他，他唔来，明天唔请他的话，他更加唔得来。（前天请了他，他都不来，明天不请他的话，他更加不会来了。黄艳梅，2002）

"唔得"作为一种否定性的认识情态，无论是决定还是推测，都传递着对未来可能性的否定性认知，对于句子信息传递而言，是不自足的，因此，含有"唔得"的分句与上下文之间会产生多种语义上的关联，"唔得"分句前可能出现原因句，比如例（73）～（76）；"唔得"分句后加说明句，如例（67）（70）。

邵阳方言中，当"唔得"出现在单音节行为动词后，一般作这个动词的补语，表示"不可以，不能够"。例如：

(77) 我屋还冇装修好，搬唔得哩。（我的房子还没有装修好，不能搬。）

(78) 那只家具店高档得很，摸都摸唔得。（那个家具店高档得很，摸都摸不得。）

(79) 咯种菌子怕是有毒，吃唔得。（这种蘑菇恐怕有毒，不能吃。）

第二，"要"。

"要"在邵阳方言中可以表达道义情态中的"必须"，还可以表达动力情态中的"意愿"。例如：

(80) 你要攒劲读书哎。（你应该努力学习。第二人称，道义情态）

(81) 我要去打牌去哩。（我要去打牌了。第一人称，动力情态）

"要"的否定形式是"唔要"，意思是"不用，不需要"。例如：

(82) 甲：咯只杯子边边还有滴者麻糊，你□nuŋ[35]倒去冲一下。（这个杯子边上还有点脏，你拿去冲一下。麻糊：脏。□nuŋ[35]：拿。）

乙：咯滴杯子干干净净者，唔要去冲。（这些杯子干干净净的，不用冲。）

(83) 我唔要你管。（我不要你管。）

(84) 咯只桌子我一个人可以□nuŋ[35]上去，我唔要跟他一起抬。（这张桌子我一个人可以搬上去，我不用跟他一起抬。）

(85) 莫麻烦你哩，出太阳就唔要打伞哩。（别麻烦你了，出太阳就不用打伞了。）

当主语是第一人称和第三人称时，"唔要"往往表达"不需要"的意思，当主语是第二人称的时候，"唔要"稍微带有祈使的语气，是一种比较委婉的祈使语气。例如：

（86）这些杯子蛮干净，你唔要洗。（这些杯子很干净，你不用洗。）

第三，"可以"。

"可以"是一个表达道义情态"可能性"的助动词，其否定形式"唔可以"，即"不容许"或"不准"，但比"唔准（不准）"的语气要委婉柔和很多。例如：

（87）那只超市要把现钱，唔可以借（欠）底。（那个超市要给现金，不能赊账。）

（88）话也唔可以咯嘎讲，他以前还是帮咖你底忙。（话也不能这样说，他以前还是帮了你的忙。）

（89）大男人唔可以唔顾家。（男人不能不顾家。）

（90）你莫去摘它，那滴花唔可以去摘。（你别去摘它，那些花不许摘。）

第四，"肯"。

"肯"是一个表达动力情态的助动词，意思是"同意""愿意"，"肯"的否定形式是"唔肯"，意思是"不愿意"，表达对意愿的否定。

（91）他屋崽又唔高，又瘦咔哩（贬义，也可以说"又好瘦"），冇得哪个女底肯嫁把他。（他儿子个子不高，又很瘦，没有哪个女的肯嫁给他。）

（92）我都问过他几次哩，他唔肯借钱把我。（我都问过他几次了，他不肯借钱给我。）

（93）那只人大得要死，就是唔肯帮忙。（那个人很看不起人，就是不愿意帮忙。）

例（91）句中是"肯"的肯定形式，（92）（93）中是"肯"的否定形式"唔肯"，一般不说"冇肯"。

第五，"敢"。

"敢"是一个表达动力情态的助动词，意思是"有胆量做某事"。"敢"的否定形式为"唔敢"，即"不敢"。

（94）咯只伢子太老实哩，随在么子都唔敢耍。（这个小男孩一点都不调皮，什么都不敢做。）

（95）他屋爷好凶八凶，大势下唔敢喊他出去耍。（他爸爸特别凶，大家都不敢喊他出去玩。）

（96）夜里墨黢黢黑，我唔敢出去。（晚上漆黑一片，我不敢出去。）

"敢"的否定形式一般说"唔敢"，不说"冇敢"。

（四）对惯常行为的否定

惯常行为是指特定个人或社会群体的习惯、嗜好等带有时间稳定性的行为，惯常句就是对惯常行为进行表述的句子。惯常行为具有无界性，因此，惯常句实际上是一种动作没有实际终止点的非事件句。沈家煊（1995）指出，有界动作和无界动作有三对区别特征：［±同质、±伸缩性、±重复性］。① 作为无界动作的惯常行为是同质行为多次重复形成的，因而具有同质性、伸缩性和可重复性。惯常行为与动作重复的次数相关，所以惯常句中，状语位置上的频率副词或频度副词是约束全句的完句成分。② 汉语普通话中表动作频率的副词从低到高为"有时、时常、通常、几乎总、总是"等，频度副词程度越高，惯常行为则越典型。

惯常行为是一种具有同质性的有规律的行为，惯常句的语义内容主要有：自然规律、人的行为规律、人或动物的生活习性、人或动物的有规律性的活动轨迹、人或事物的发生和发展的规律等。由于惯常行为的发生具有稳定的规律性和周期性，因此，在大多数情况下，惯常句并不需要详细呈现动作发生的具体时间与空间，因而句子具有强烈的泛时空性。王晓凌（2007）把汉语句子分成状态句与事件句，然后在事件句下进一步区分现实事件句与非现实事件句，已经发生的、正在发生的事件为现实事件句，而尚未发生的或无法证明其是否已经发生的为非现实事件句。③ 惯常句可以从过去推导未来，相当于非现实事件句。普通话中对习惯、癖好等惯常行为的否定一般用"不"，这也可以看成是否定标记"不"对非现实命题选择的结果。例如：

（97）长沙每年八月都不下雨。

（98）我不抽烟。

邵阳话中的惯常句也同样不一定需要呈现出具体的时体信息，对惯常行为的否定一般用"唔"，如果是对具体事件的存在性的否定则用"冇"。例如：

（99）我唔吃烟。（我不抽烟。）

（100）昨天坐咖高铁我三个钟头冇吃烟。（昨天坐高铁我三个小时没抽烟。）

例（99）中，"我唔吃烟"表述的是一种生活习惯，从时间上来说包括过去、现在，并且也许延续到将来，因而是一个否定性惯常句。例（100）中，"某一天

---

① 沈家煊. "有界"与"无界"［J］. 中国语文，1995（5）：370—374.

② 全国斌. 惯常句说略［J］. 殷都学刊，2012（2）：87—94.

③ 王晓凌. 论非现实语义范畴［D］. 上海：复旦大学，2007：70—71.

坐高铁三个小时内没有抽烟"表述的是一个具体的事件，而不是某种具有稳定恒常性的习惯，因而是一个事件否定句。前者是无界动作，用"唔"来否定；后者是有界动作，用"冇"来否定。再例如：

（101）我吃苹果唔削唉，蛮麻烦哩，我下吃皮底。（我吃苹果不削皮的，很麻烦，我都是带皮吃的。）

（102）我咯里唔赊账，要付现底。（我这里不做赊账生意，要给现金的。）

（103）咯只狗唔咬人底，你莫怕欧，去摸下它，冇紧唉。（这条狗不咬人，你别怕，去摸一下它，不要紧的。）

（104）我唔烧煤哩。（我不烧煤了。）

（105）那只超市要把现钱，唔（兴）借底。　（那家超市要给现金，不赊账的。）

惯常句的否定即意味着对某种惯常行为的否定，例（101）中"吃苹果不削皮"，（102）中"商店不赊账"，（103）中"狗不咬人"，（104）中"做饭不烧煤"等这些都是从否定的角度阐明人或动物的惯常习惯或习性，如果没有具体的时间词语则表明这种习惯一直如此，如"吃苹果不削皮"则说明"吃苹果一直不削皮"，"狗不咬人"则说明"狗一直就不咬人"。但是，习惯也有变化与形成的过程，如要强调是当下形成的习惯，也可以加上"现在"，但这种习惯形成后又是稳定的，甚至由现在还可以推知不久的将来也是如此。例如：

（106）现在唔烧煤火哩，□khā^{24}腊肉底人都冇得哩，大势下用电磁炉。（现在不烧煤了，熏腊肉的人都没有了，大家都用电磁炉。大势：大家。）

例（106）中，"现在不烧煤火"则表明"烧煤火"这种习惯是原来的，"不烧煤火"则是"现在"才形成的。

邵阳方言中，对惯常行为的否定一般都用"唔"，而且"唔"后还可以加一个"兴"，这里的"兴"并没有实际意义。典型的惯常行为在时间上具有一贯性，时间量越大，惯常特征就越明显、越典型。惯常行为否定句的后续句中常常带上表时间大量的"天天""从来"等，以此来强调其行为的重复频率之高。例如：

（107）她天天□ku^{12}到屋里□nā^{35}摆子，又唔做饭，又唔洗衣服，我看到她都□ɣuŋ^{12}。（她天天待在家里不做事，既不做饭，也不洗衣，我看到她都烦。□ɣuŋ^{12}：烦躁。）

（108）他劳/连唔（兴）读书，天天在学校里面闹事。（他一点都不读书，天天在学校里捣乱。）

惯常否定句还可以在否定词前加上表达彻底否定的语气副词"劳"或"连"，形成"劳唔"或"连唔"的组合，表示"根本就不"的坚决彻底的否定，意思是"根本就没有形成某个习惯"。例如：

（109）他劳/连唔（兴）吃茶，专门流鼻子血。（他从不喝茶，经常流鼻血。专门：经常。）

（110）他夜里劳/连唔（兴）盖被，专门冻起感冒。（他晚上不盖被子，经常感冒。）

（111）他劳/连唔（兴）管他屋里崽。（他一点都不管他的儿子。）

（112）他劳/连唔（兴）在地里做事，天天在外面跑。（他从来不干农活，天天在外面玩。）

惯常行为具有重复次数多、延续时间长的特征，因而产生的影响与后果也是巨大的，导致惯常句无论是肯定还是否定都极易带上说话人的主观情绪和主观评价。惯常否定句常常或直接或间接地传递说话人的主观评价，例如：

（113）他咯人有蛮懒，劳/连唔（兴）做事，天数天在街上耍。（他这人特别懒，一点事都不做，天天在街上玩。）

（114）他咯只人用钱哈□tia³⁵，买东西价都从来唔问。（他这个人花钱有些蠢，买东西价都不问。哈□tia³⁵：邵阳方言常用词，即蠢。）

例（113）中"天天不做事"，负面评价其懒；例（114）"买东西从不问价"，负面评价其蠢。

（五）对能性述补结构的否定

普通话中能性述补结构的否定一般用"不"，即"没有能力实施某个行为"，如"打得赢"是一个肯定性的能性述补结构，意思是"能打赢"，其否定结构为"打不赢"，意思是"没有打赢的可能"。在邵阳方言中，能性述补结构形式的肯定形式与普通话的相同，能性述补结构的否定只能用"唔"，其形式有以下两种。

1. V＋唔＋补

在"V＋唔＋补"结构中，V 大多为动作动词充当，补语一般表达动作完成后的状态或结果。

（115）咯袋米太重哩，你背唔起，你莫去背它，等我来。（这袋米太重了，你背不起，你别去背，等我来。）

（116）咯只事情责任太重哩，我担唔起。（这件事情责任太大了，我负不起这个责。）

（117）咯只门框框□yɛ³⁵咖哩，现在咯只门关都关唔起哩。（这扇门的门框变形了，现在门都关不上了。□yɛ³⁵：歪。）

（118）咯只药□tɕin⁵⁵·dia□·dia 苦，我硬是咽唔下去，太难吃哩。（这种药太苦了，我真的吃不下去，太难吃了。□tɕin⁵⁵□·dia□·dia：很苦的样子。）

（119）螺丝你莫□tɕiəɯ⁴²得太紧哩，等下我搬唔开。（螺丝你别拧得太紧了，等下我打不开。□tɕiəɯ⁴²：拧。）

（120）咯只门蛮重，你唔用力□tsuŋ⁴²，□tsuŋ⁴²唔开。（这扇门很重，你不用力推，推不开。□tsuŋ⁴²：用力推。）

（121）今日子我唔大顺心，我睏眼闭都睏唔着。（今天我心情不太好，我睡觉都睡不着。）

（122）咯只牛是只野牛，天天吃别个地里东西，绚都绚唔住。（这头牛像头野牛，天天吃别人地里的粮食，拴都拴不住。）

（123）那只沟沟那嘎宽，你莫去□dʑia³⁵哩，□dʑia³⁵唔过去。（那条沟那么宽，你别去跨了，跨不过去。□dʑia³⁵：跨。）

（124）明日你来唔来我屋吃饭？——我冇得空，来唔了。（明天你来不来我家吃饭？——我没空，来不了。）

（125）咯只鸡婆太老哩，我剁唔烂。（这只母鸡太老了，我剁不烂。）

（126）咯只事一天做唔圆底。（这个工作一天是做不完的。圆：完。）

（127）咯天气太闷哩，我都呼吸唔上来，出气唔赢。（这种天气太闷了，我都呼吸不上来，出气不赢。）

（128）莫去捅蜂子窝，唔者你跑都跑唔赢。（别去捅蜂窝，不然你跑都跑不赢。）

（129）咯人舌子怕有滴问题者，讲话都讲唔抻㪉。（这个人舌头可能有点问题，讲话都讲不清。抻㪉：清楚。）

邵阳方言作为一种口头语体，其语体风格具有爽朗明快、干净利落的特点，因此，"唔"后的补语大部分都由表结果或状态的趋向动词充当，如"起、下去、开、着、住、过去"等，还有少部分是由表结果的动词充当，如"烂、完、赢"等，这些补语成分比较简短，多为单音节或双音节。

2. V＋唔＋补＋宾

在"V＋唔＋补＋宾"结构中，动词带上补语之后，还带上了宾语。例如：

（130）他硬是读唔进书，你就莫憋他。（他读书不行，你就别逼他了。）

（131）他硬是跑得太快哩，我实在追唔到他。（他实在跑得太快，我确实追不到他。）

这种形式是在前一种形式后加宾语而成，一般而言，宾语都是光标名词或代词，以避免句子的拖沓冗长。大部分情况下，当宾语是复杂结构的受事时，都会在上文中对受事进行说明，既说明了"不可能"的原因，完善了句子的信息，又使句子简洁明了、铿锵有力。例如：

（132）咯只衣服蛮经穿，我穿咖几十年哩，何嘎穿都穿唔烂。（这件衣服很耐穿，我穿了几十年了，怎么穿都穿不烂。）

（133）那只墙咯高八高，我□dʑia³⁵唔过去。（那堵墙那么高，我跨不过去。□dʑia³⁵：跨。）

例（132）中，不会说成"我穿唔烂咯只几十年底衣服"，（133）中也不会说成"我□dʑia³⁵唔过去那只蛮高底墙"。如果那样的话，句子非常拖沓，尾大不掉。

二、"冇"与常用动词的组配

"冇"与动词的组合搭配可以分为两类：一类是与自主动词的组合，表达没有实施某种行为，如"冇来"，即"没来"的意思；另一类是与非自主状态动词的组合，表达没有发生某种结果，如"冇垮"，即"没垮"的意思。

（一）"冇"与自主动词的组配

邵阳方言中，"冇"在自主动词前否定自主动词时，构成的语法结构主要有四种：

1. 冇＋V（＋宾）

"冇＋V"表示"没有发生某个行为"，是对过去行为存在性的一种否定。例如：

（134）昨天你掉咖那滴袋子冇是我□nuŋ³⁵走底，是别个□nuŋ³⁵底，我冇□nuŋ³⁵。（昨天你落下的那些袋子不是我拿走的，是别人拿走的，我没拿。□nuŋ³⁵：拿。）

（135）对唔住你哩呀，今日冇把你招待好，饭都冇请你吃一餐。（对不住你了，今天没招待好你，饭都没有请你吃一顿。对唔住：对不起。）

"冇□nuŋ³⁵"即"没有实施□nuŋ³⁵这个行为"，"冇"后的动词还可以带上宾语，表示动作的对象，例如：

（136）昨天夜里我冇关灯，忘记咖哩。（昨天晚上我没有关灯，忘记了。）

（137）你何解紧倒来问我□nuŋ³⁵冇□nuŋ³⁵？我冇□nuŋ³⁵你东西。（你怎么总是问我拿没拿？我没拿你的东西。）

（138）我今日冇带伞，□dʑau²⁴倒雨哩，我一身□dʑau²⁴得焦垮垮湿。（我今天没带伞，淋雨了，我全身淋得湿淋淋的。□dʑau²⁴：淋雨。）

（139）他天天□ku³³到屋里，连冇做事。（他天天待在家，什么事也没做。□ku³³：居住，含贬义。）

（140）你吃唔吃酒？——我今天吃滴酒者，我冇一年冇吃酒哩。（你喝不喝酒？——我今天要喝点酒，我有一年没喝酒了。）

2. 冇＋V＋补

"冇"否定动补结构时，其否定的焦点不在于对动作本身的否定，而在于对动作的结果补语的否定，例如：

（141）今日卖底那滴水果劳唔新鲜，我劳冇选到一只好底（一只好底都冇选倒）。（今天卖的那些水果一点都不新鲜，我根本没有选到一个好的。）

（142）我冇冇□pã³⁵倒你底书，是你自家冇寻到。（我没有藏你的书，是你自己没找到。pã³⁵：藏。）

（143）咯只碗蛮经跸，跸咖几次都冇跸烂。（这个碗很耐摔，摔了几次都没摔烂。）

（144）那只杯子跸到地上，还冇跸烂。（那个杯子摔到地上了，还没有摔坏。）

（145）我今天发狠哩，也冇做完。（我今天尽了最大努力了，也没做完。）

（146）我今天发嘎狠哩，也冇做完。（我今天尽了最大努力了，也没有做完。）

（147）我咯底事还冇做圆净，我就唔出去哩，你们先去啰。（我这里事还没做完，我就不出去了，你们先去吧。）

（148）咯只事你硬是冇做像，要唔是你是我姐姐，我早就发咖脾气哩。（这

123

件事你实在没做好，要不是你是我姐姐，我早就发脾气了。）

（149）咯只人天数天咯嘎做，连冇歇一下者。（这个人天天这么勤劳地做事，一点都不休息一下。）

3. 冇+V+过（+宾）

"冇+V+过（+宾）"的形式表达的意思是对经验态的否定，即"没有做过某事"。例如：

（150）我们以前连冇见过，我劳唔记得你哩。（我们以前从没有见过面，我根本不记得你了。）

（151）我在邵阳□ku³³咖蛮久哩，我都冇去过双清公园。（我在邵阳住了很久了，连双清公园都没去过。□ku³³：住，略带贬义，指无所事事地待在某个地方。）

（152）那只男底怕是想多哩，我一直都冇（有）喜欢过他。（那个男的可能自作多情，我一直都没喜欢过他。）

4. 冇+V+哩

"冇+V+哩"的形式与"冇+V"相比，"冇+V"只是单纯表达某个行为没有实施，"冇+V+哩"则表达原来计划做某事并且已经开始做了，但由于主客观条件的改变，导致原来的计划没有彻底实施。例如：

（153）以前我天天都跑步，今天早上那前夹下雨，我就冇跑哩。（以前我天天跑步，今天早上那个时候下雨，我就没跑了。前夹：时候）

例（153）中，原来"每天跑步"并且计划"今天早上也跑步"，但由于天气的原因，"今天早上"没有实现"跑步的计划"。

（二）"冇"与非自主动词的组配

马庆株（1988）指出，普通话中非自主动词的否定可以分成两种情况：第一，非自主属性动词，如"是、像、属于"等只能受"不"的否定；第二，非自主状态动词，如"倒、塌"等只能受"没"的否定。①

邵阳方言中否定词与非自主动词的组配既有与普通话一致的地方，又有不一致的地方。一致的是，邵阳方言中对非自主属性动词一般用"唔"；不一致的是，"是""在"两个词是例外。"是"的否定在第一章已有详细的描写，本节省略；

---

① 马庆株. 自主动词和非自主动词[M]. 北京：北京大学出版社，1988：161−169.

"在"习惯上受"冇"的否定，"冇在"即"不在"，"冇在"后主要是表方位、处所的名词性成分，意思是"不在某处"或"不在某处做某事"，其时间可以是过去，也可以是现在和将来。例如：

（154）我昨日冇在屋里，他寻咖我蛮久，都冇寻到。（我昨天没在家里，他找了我很久都没有找到。）

（155）他蛮久以前就冇在咯里住哩，再寻他怕寻唔到哩。（他很久以前就没在这里住了，再找他恐怕找不到了。）

（156）他昨日明明在屋里，偏偏要讲冇在屋里。（他昨天明明在家，却说没在家。）

上述 3 例中的"昨日""蛮久以前"都表示是过去时间，动词"在"受"冇"的否定，但在现在时或将来时的句子中，"冇"也可以否定"在"。例如：

（157）他今日冇在我屋里打麻将，去别个屋里去底。（他今天没在我家打麻将，到别人家去了。）

（158）甲：请问，张师傅住到咯里么？（请问，张师傅住在这里吗？）

乙：他冇在咯里住，他住到郊区去哩。（他不住这里，他住在郊区。）

（159）我明日冇在屋里，你后日来啰，你后日来□nã⁵⁵ 被。（我明天不在家，你后天来，你后天来拿被子。□nã⁵⁵：拿。）

（160）甲：我想寻他借本书，他明天在屋里么？（我想找他借本书，他明天在家吗？）

乙：他明天冇在屋里，你后天来啰。（他明天不在家，你后天再来。）

（161）我明天、后天下冇在屋里，你过两天再来。（我明天后天都不在家，你过两天再来。）

普通话中的"在"受"不""没"的否定意义差别不大。但在邵阳方言中，习惯上用"冇"否定"在"，原因可能是"在"是一个静态动词，缺乏动态性，"唔"具有主观性强的特点，因而用"冇"否定显得更为自然。

邵阳方言中对非自主状态动词的否定与普通话基本一致，也是用"没"类否定词"冇"。因为非自主状态动词往往是说话人不可控的状态，如"倒""垮"等，不能用"不"类否定词"唔"来否定，只能用"冇"来否定，表示还没有达到这种状态，或这种现象没有发生。

（162）咯落咖十多天雨哩，老屋还冇倒，老屋起得蛮扎实。（落了十几天雨了，老屋还没倒，老屋建得很扎实。）

（163）咯雨下咖一天哩，冇停冇歇。（雨下了一整天，没有停歇。）

（164）1996 年我屋崽还冇出世。（1996 年我儿子还没有出生。）

（165）他蛮喜欢睏懒眼闭，到咖九点哩还冇醒。（他很喜欢睡懒觉，到了九点还没醒。）

上例中的"倒、停歇、出世、醒"都是主体无法自己进行自主调控的动词。这些句子在时间性上都有共同的特征，即在某个时间参照点之前，或者以现在为时间参照点，如例（162）（163）；或者以过去某个时间为参照点，如例（164）（165）。因此，这些动词在叙述句中，都只能用"冇"来否定，用"冇"表达这些事件的具体过程性。

三、"唔"与常用形容词的组配

形容词是表示事物属性的词语，形容词可以分为性质形容词和状态形容词。性质形容词大多有否定形式。学者们对此作出了论述，如李宇明（2000）指出，"一般的性质形容词都有否定式""状态形容词没有否定式"。① 石毓智（2001）指出，"在形容词的否定上，连续量否定词'不'比离散量否定词'没'更为自由，因为连续性是非定量形容词的典型特征"。②（石文中的非定量形容词相当于性质形容词）

邵阳方言形容词的否定也遵循着汉语形容词否定的一般规律，即状态形容词不易受否定，性质形容词大多可以受否定词"唔"的否定，个别性质形容词既可受"唔"的否定，也可以受"冇"的否定，不能受"唔"否定的性质形容词一般也不受"冇"的否定。邵阳方言的状态形容词包括形容词的各种重叠式和生动形式，如墨黢黢黑（形容非常黑）、非叉叉红（形容非常红）、哈哈呆呆（形容非常蠢）、老□tsa¹³□tsa¹³（很老）、□pie³³淡（形容很没味道）、捞软（形容很软）等。关于状态形容词的否定，蒋协众（2015）也指出，邵阳话中，表状态的形容词重叠式一般不能被否定副词"唔"或"冇"修饰，下面的例子在短语层面一般不说：

　　＊冇乖乖他他　　　＊冇幽清幽清　　＊唔瘟里瘟气　　＊冇臭款臭款

①李宇明. 汉语量范畴研究［M］. 武汉：华中师范大学出版社，2000：258，259.
②石毓智. 肯定和否定的对称与不对称［M］. 北京：北京语言文化大学出版社，2001：122.

　＊唔圞纠哩圞纠哩　　＊唔秧精秧怪　　＊冇瘩块害块　　＊唔黄晴晴哩

　＊冇铁紧巴紧　　　＊冇清蜜蜜甜　　＊唔酸酸哩唧　　＊唔淡淡黄唧①

因此，本书的形容词的否定不包括状态形容词，我们重点探讨的是否定标记与邵阳方言性质形容词组配的语法意义和语用功能。

邵阳方言中，大部分常见性质形容词能受"唔"的否定，但也有少数性质形容词不受"唔"的否定。邵阳方言的性质形容词受"唔"否定时，其语法意义是表达程度的减弱或表达相反的属性。

（一）"唔"与常见的性质形容词组合

常见的性质形容词如"红、浅、高、热、浓"等都可以受到"唔"的否定，这些词既有单音节的，也有双音节的，并且都是日常生活中的常用词。"唔"对性质形容词的否定是一种静态的否定，一般表明其性质的"程度不高"。例如：

（166）咯只西瓜里面唔红。（这个西瓜里面不红。）

（167）他害人唔浅嘞。（他害人不浅呢。）

（168）他屋崽又唔高，又瘦咔哩，冇得哪个女底肯嫁把他。（他的儿子不高，又很瘦，没有哪个女孩肯嫁给他。）

（169）今天下咖滴雨者，屋里唔热。（今天下了点雨了，屋里不热。）

（170）开水唔燗哩，可以吃哩。（开水不烫了，可以喝了。）

（171）咯只汤唔浓，□bia^{51}淡底。（这个汤味道不浓，很淡没味。）

（172）咯只坡唔陡，易得爬。（这个坡不陡，容易爬上去。）

（173）咯只人唔□ke^{33}，对大势也还蛮好。（这个人不死板，对大家很好。）

（174）他屋唔造孽，还吃政府低保。（他家里不可怜，还吃低保。）

（175）他唔舍得穿，唔舍得吃，把钱下存倒，把他屋崽读书。（他舍不得穿，舍不得吃，把钱全都存下来，让他儿子去读书。）

（176）以前村里那滴路下唔宽，车子也进唔去。（以前村子里那些路都不宽，车子也开不进去。）

两个互为反义的形容词还可以成对进行否定，这样的形容词多为单音节，成对否定之后正好形成一个四字格式，表示恰到好处或令人不满的中间状态。例如：

①蒋协众. 湘方言重叠研究［D］. 长沙：湖南师范大学，2015：165.

（177）咯只菜唔咸唔淡，正好者。（这个菜不咸不淡，正好。）

（178）咯只马路唔宽唔窄者，刚刚好过车。（这条马路不宽不窄，刚好可以过车。）

（179）杯子唔大唔小，刚好放包里。（杯子不大不小，正好放在包里。）

（180）姨送把我被子唔厚也唔薄，刚刚好者。（姨妈送给我的被子不厚不薄，正好。）

（181）饭煮得唔软唔硬，正好。（饭煮得不软不硬，正好。黄艳梅，2002）

（182）他长得唔胖唔瘦正合适。（他长得不胖不瘦正合适。）

（183）咯画挂得唔左唔右，蛮好。（这幅画挂得不左不右，正好。）

（184）咯文章写得唔中唔西，像只大杂烩。（这文章写得不中不西，像个大杂烩。）

（185）他那只唔男唔女底样子，蛮讨厌。（他那副不男不女的样子，很讨厌。）

（186）莫装出唔人唔鬼底样子来吓人。（别装出人不人鬼不鬼的样子来吓人。）

例（177）～（183）中，反义词成对否定表示恰到好处，例（184）～（186）中，反义词成对否定表示令人不满的中间状态。

有些表评价的性质形容词用否定式表达更加委婉，更为礼貌。例如：

（187）你借到我底钱两三年哩，时间唔短哩。（你借我的钱有两三年了，时间不短了。）

（188）那只男底年纪唔小哩，要讨婆娘嘞。（那个男人年纪不小了，应该要找老婆了。）

（189）他咯几年赚底钱也唔少哇，起起几栋屋哩。（他这几年赚的钱也不少了，建了几栋房子了。）

（190）咯几蔸树长底梨子下唔大，卖唔出去。（这几棵树结的梨子都不大，卖不出去。）

例（187）～（190）中，"时间唔短""年纪唔小""唔少""唔大"比"时间长""年纪大""多""小"表达上较为委婉，更符合说话的礼貌原则。

邵阳方言的否定程度要加深进行彻底否定的话，则在否定词前加"连"或"劳"，其表达式为"连唔……"或"劳唔……"，"连、劳"只表达读音，其本字不详，意思是"根本就不……""一点儿也不……"。例如：

（191）咯只房子劳/连唔大，唔好住。（这座房子一点儿都不大，住着不舒服。）

（192）咯只柱子劳唔粗。（这个柱子一点儿都不粗。）

（193）那只铅笔蛮粗，劳唔细。（那支铅笔很粗，一点儿都不细。）

（194）他劳/连唔矮哩，比另外几只人还高滴者。（他一点儿也不矮呢，比其他几个人还高一点儿。）

（195）河里底水劳唔深，游也游得过去。（河里的水一点儿也不深，要游的话，也游得过去。）

（196）咯只稀饭劳唔稠，吃水底样。（这稀饭一点都不稠，跟喝水一样。）

（197）那只人长得劳唔□n.ia^{33}□sai^{33}。（那个人长得一点都不帅。□n.ia^{33}□sai^{33}：帅气。）

（198）咯只柑子冇得滴者甜味，劳唔甜。（这个橘子没有一点甜味，一点都不甜。）

（199）咯只伢伢劳唔逗人爱。（这个小孩一点都不可爱。）

（200）今天来吃酒底人劳唔多，剩起蛮多菜。（今天来喝酒的人一点都不多，剩了很多菜。）

自然语言中，肯定、否定总是与一定的程度联系在一起。邵阳方言口语中，否定词常常与其他副词一起来修饰形容词。如"咯菜唔好吃（这个菜不好吃）"，在邵阳方言口语中常常表达为礼貌式的"咯菜唔蛮好吃（这个菜不是很好吃）"，或者是发泄式的"咯菜连/劳唔好吃（这个菜一点都不好吃）"，前者是以对方为中心，后者是以说话人为中心。

（二）不能与"唔"组合的形容词

邵阳方言中，不受"唔"否定的性质形容词数量并不多，从语义或结构上看，大致有以下三类。

第一，语义程度高的形容词。如"冲天（小孩特别顽皮）""□ma^{55}（小，细）"等。这些词语义程度高，肯定性强，违反了否定的"小量"原则，即违反了"语义程度越低越易否定，语义程度越高越不易受否定"的原则。

第二，贬义词或消极义词语，尤其是表人的品性、运势的形容词。如"缺德""惨""背时""麻糊"等。这些词语本身是贬义词或消极义词语，与否定词组合后就表达中性义或积极义，这种表达方式不符合我们在人际交往中的礼貌原则，因为直接用积极性的形容词会更符合人们的表达和接受心理。例如：

（201）＊他咯只人唔缺德。（他这个人不缺德。）

（√）他咯只人蛮好咧。（他这个人很好。）

（202）＊他现在过得唔惨。（他现在过得不惨。）

（√）他现在过得有蛮好。（他现在过得很好。）

（203）＊我咯一年唔背时。（我这一年不背时。）

（√）我咯一年运气蛮好。（我这一年运气很好。）

（204）＊他屋唔麻糊。（他家里不脏。）

（√）他屋蛮干净。（他家里很干净。）

例（201）中，涉及对别人的评价，直接正面评价别人"蛮好"比"不缺德"要好，例（202）～（204）中也是同样如此，正面评价比负面评价更有礼貌，更符合人们的表达习惯。

第三，本身带有否定语素的词语和带有语素"有"的词语。如"冇得（穷）""无聊"本身带有否定语素"冇""无"，因此不能说"唔冇得""唔无聊"；如"有味（有意思）""有钱（富裕）"本身带有"有"语素，其否定形式对应的是含有"冇"的"冇味""冇得"，不能说"唔有味""唔有钱"。

四、"冇"与常用形容词的组配

"冇"主要与两类形容词进行组合，一类是表性质变化的形容词，另一类是少数几个性质形容词。

（一）"冇"与变化形容词

"冇"与形容词的搭配基本上限于表性质变化的形容词，"冇"的这一语法功能与普通话副词"没"的功能基本一致。张国宪（1995）认为这类形容词是"变化形容词"，"没＋Ax"表示对某种状态变化的否定。[①]

（205）桌子还冇摆好，还冇正。（桌子还没摆好，还没正。）

（206）咯酸菜还冇酸，冇得滴者酸味。（酸菜还没酸，没有一点酸味。）

（207）稀饭好了么？——还冇稠，还冇有好。（稀饭好了没有？——还没稠，

[①]张国宪. 现代汉语的动态形容词[J]. 中国语文，1995（3）：221−229.

还没好。）

（208）今日个面根是根唧，一点都冇稠。（今天的面一根根的，一点都没糊。蒋协众，P96）

（209）咯只汤冇浓，□bia⁵¹淡底，还要煮一下。（这汤还没浓，很淡，还要煮一下。）

（210）咯只西瓜里面还冇红。（这个西瓜里面还没红。）

（211）咯只草坪到春天哩还冇绿。（这个草坪到春天了还没绿。）

（212）大势下收摊哩，咯天还冇黑。（大家都收摊了，这天还没黑呢。）

（213）衣服还冇干。（衣服还没干。黄艳梅，2002）

（214）天气还冇（有）暖和。（天气还没有变暖。黄艳梅，2002）

（215）咯花还冇（有）红。① （这花还没变红。黄艳梅，2002）

（216）今日个面根是根，好像还冇熟个样。② （今天的面一根一根的，像是还没熟一样。蒋协众，P96）

李宇明（2000）指出，"没＋Ax"的否定对象不是 Ax，而是"Ax 了"，即"了"所表示的事物属性由"非 Ax"变化为 Ax 的这种性质变化过程。③ 邵阳方言中的"冇＋Ax"也是对性质变化过程实现的否定，如"冇正"是指还没有实现或达到"正"的状态，"冇酸"是还没有达到"酸"的状态。这些变化形容词具有时间性，因此前边常常加上语气副词"还"，以突出强调原来的"非 Ax"状态。"还"有表示动作或状态持续不变的意思，④"还冇熟"即还处在"生"的状态，与"熟了"的意思正好相反。

有些变化形容词也可以受"唔"否定，如"还冇酸"也可以说"还唔酸"，意思差别很小，但还是有细微的差别，"唔酸"侧重性质的断定，"冇酸"侧重性质的变化。

（二）"冇"与性质形容词

能受"冇"否定的表属性的静态形容词很少，只有"好、一样、哈（蠢）"等少数几个形容词。

（217）他屋爷身体冇好。（他爸爸身体很不好。）

---

① 黄艳梅. 邵阳市区方言否定词初探［J］. 邵阳师范高等专科学校学报，2002（1）：72-74.
② 蒋协众. 湘方言重叠研究［D］. 长沙：湖南师范大学，2015：96.
③ 李宇明. 汉语量范畴研究［M］. 武汉：华中师范大学出版社，2000：261.
④ 吕叔湘. 现代汉语八百词［M］. 北京：商务印书馆，1999：252.

（218）咯只杯子冇好。（这个杯子质量不好。）

（219）我跟他冇一样，我冇是邵阳人。（我跟他不一样，我不是邵阳人。）

（220）他人冇哈。（他人不蠢。哈：蠢。）

值得注意的是，"好"既可受"唔"否定，也可以受"冇"否定。如"身体唔好""身体冇好"都可以说，但是二者意义有区别，发音人指出，"身体唔好"程度较轻，只指偶尔的身体不舒服，"身体冇好"程度较重，指身体长期不好，体质衰弱。

五、对答词"冇是""冇有""冇紧"

邵阳方言中，有三个与"冇"相关的使用频率很高的对答词："冇是""冇有"和"冇紧"。"冇是""冇有"和"冇紧"主要使用在动态的对话语境中，既可用在对话的起始，也可用在对话的回答句中。下面我们将对这三个词进行详细的讲解。

（一）冇是

"冇是"在动态的对话语境中有两种用法：一是否定对方，用在回答句的句首，否定对方的判断；二是自我纠正，用在句中，纠正自己已经说出的话语。例如：

（221）甲：我包冇看到哩，唔得是老张□nã33咖哩？他刚来过底。（我包不见了，莫不是老张拿走了的？他刚刚来过。□nã33：拿。）

乙：冇是，老张冇是咯样底人。（不是，老张不是这样的人。）

（222）甲：咯化妆品你买底么？（这是你买的化妆品不？）

乙：冇是，冇是我买底，咯是小张底。（不是，不是我买的，这是小张的。）

上述两例中，问句带有倾向性，答语与问句的判断相反，是否定的，那么用"冇是"首先否定问话人的观点，"冇是"用在句首，对问句中的肯定判断进行否定，然后再具体回答说明情况。如果问句是否定的，答语是肯定的，那么"冇是"也要用在句首先否定对方的论断，再阐明自己的肯定性观点。例如：

（223）甲：咯化妆品冇是你买底么？（这些化妆品不是你买的吗？）

乙：冇是，是我买底。（不是。这是我买的。）

"冇是"还可以用在句中，纠正自己刚刚说出的话语。例如：

（224）甲：我咯会子冇得么子钱，你上次借我底一万块钱，噢，冇是欧，是一万五千块钱，你现在可以还把我么？（我最近手头紧，你上次借我的一万块钱，不，是一万五千元，现在可以还给我吗？）

乙：唔好意思，冇是我唔想还把你，我咯会子硬是冇得钱，我下个月再还把你，要得么？（不好意思，不是我不想还，我现在实在没有钱，我下个月再还给你，好不好？）

例（224）中，说话人甲先说"一万块钱"，但后来意识到自己的错误，马上纠正为"一万五千块钱"，"冇是"的作用是自我纠正，引出说话人自己的正确的话语。

（二）冇有

"冇有"在对话中的功能有两个：一是否认状态，说话人否定达到某个状态；二是否认观点，说话人否定对方所持有的观点或看法。例如：

（225）甲：你□tsau¹³咖哩么？（你饿了吗？）

乙（客气）：冇有，我还冇□tsau¹³。（没有，我还不饿。□tsau¹³：饿。）

（226）甲：他今日唔得回去哩么？一天□tau⁵⁵冇看到他。（莫不是他今天回家了？一整天都一直没看到他。□tau⁵⁵：都。）

乙：冇有，他还冇回去。（没有，他还没回去。）

（227）甲：老人家，你跸到哪里么？（老人家，你摔到哪里了吗？）

乙：冇有，冇跸到哪里。（没有，没摔到哪里。）

例（225）（226）（227）中，甲问乙"饿了冇有""他回去了冇有""摔到哪里冇有"，都是在询问动作的发生或实现性，乙回答"冇有"，即回答了动作或状态没有实现。

"冇有"还可以否认对方既有的观点。例如：

（228）甲：你刚刚吃咖饭，你又在吃！（你刚刚吃了饭，你又在吃饭！）

乙：冇有，我刚刚冇吃。（没有，我刚才没有吃。）

（229）甲：张明住咯里么？（张明是住这儿吧？）

乙：你找□tsau³⁵哩么？（你找错了吧？□tsau³⁵：错。）

甲：冇有啊，她告诉就在超市□tɕia¹³对面。（没有，她告诉我就在超市斜对面呀！）

乙：她可能是别底村底嘛。（可能是别的村的吧。）

甲：冇有，她告诉我，好像就是咯里。（没有，她告诉我了，好像就是这里。)

（230）甲：我细时候专门欺负你，你还□xuŋ³⁵唔□xuŋ³⁵我？（我小时候经常欺负你，你还恨不恨我？□xuŋ³⁵：恨。）

乙：冇有，我唔记得哩。（没有，我都不记得了。）

例（228）（229）（230）中，"冇有"用在句首，都是否定对方的既定看法。这一用法与"冇是"的用法有时有交叉之处，如果甲方的话语不强调过去的时间里的状态实现时，而更强调对某一观点的断定时，则既可用"冇是"，也可用"冇有"。例如：

（231）甲：你是唔是跟你屋爷骂架哩？（你是不是跟你爸吵架了？）

乙1：冇有，冇有，我根本冇跟他吵。（没有，没有，我根本没跟他吵。）

乙2：冇是，冇是，我根本冇跟他吵。（不是，不是，我根本没跟他吵。）

（232）甲：是唔是明星下整咖容底？（是不是所有明星都整过容？）

乙1：冇有，有滴还是冇整容。（没有，有些还是没整容。）

乙2：冇是，有滴还是冇整容。（不是，有些还是没整容。）

（三）冇紧

"冇紧"的意思是"不要紧"，其用法有三种：一是陈述某件事情不重要，不紧要；二是安慰、劝导对方不要太在意、太伤心等，起安抚对方的作用；三是对对方的感谢等表示谦虚的回应，达到自谦礼貌的语用效果。

第一，陈述某件事情不重要，不紧要。例如：

（233）咯只病冇紧，吃滴药者就好哩。（这个病不严重，吃点儿药就好了。）

（234）要是你硬是冇得时间，也冇紧，只要你数咖钱，我们会送到你屋里。（要是您没时间亲自去，也没关系，只要您付了钱，我们会准时送货上门。）

（235）吃滴苦者冇紧，只要有钱赚。（吃苦不要紧，要紧的是能不能赚到钱。）

（236）他冇来冇紧，老板唔来底话，事就办唔成哩。（他不来不重要，老板不来我们就办不成事了。）

（237）甲：出太阳哩，我把窗子打开冇紧嘛？（出太阳了，我把窗户打开不要紧吧！）

乙：冇紧，你打开就是底！（不要紧，你打开就是的！）

"冇紧"的字面意思是"不那么重要""不严重""问题不大"，在邵阳方言中还可以说成"冇得么子紧"或"冇得事""冇得么子事"。例如：

（238）你受伤冇得么子紧，你娘爷何搞？（你受伤了不要紧，可你父母怎么办？）

（239）他咯嘎走冇得事，把他娘爷急死咖哩。（他这一走不要紧，可把他父母急死了。）

第二，宽慰对方不要太担心或伤心。例如：

在对话中，"冇紧"因为有把事情往小处说的意思，表明事情并不严重，常常被用来表达对人的宽慰。例如：

（240）甲：他病起咯只样子，你何嘎唔早滴跟我讲？（他病成这样，为什么不早点告诉我？）

乙：冇紧呃，他会好底。（安慰）（没事儿的，他会好起来的。）

（241）甲：医生，他冇紧么？（医生，他不要紧吧？）

乙：冇紧呃，过几天就好哩。（不要紧，过几天就好了。）

（242）甲：路上好生滴者，□me³³倒车。（提醒）（路上小心点儿，小心车。□me³³：看。）

乙：冇紧底，放心啰。（安慰）（不用担心，放心吧。）

（243）甲：我刚刚声音太大哩，冇把伢伢闹醒嘛？（道歉）（我刚才声音太大了，没把宝宝吵醒吧！）

乙：冇紧，他睡得蛮香呃。（不要紧，他睡得很香。）

（244）甲：我今日话是唔是讲得太重哩，冇紧嘛？（担心）（我今天批评他讲得很重的，没事吧？）

乙：冇紧，他唔得生气底。（没事的，他不会生气的。）

（245）甲：我昨天太气哩。（昨天的事我太伤心了。）

乙：冇紧，会好底。（不要紧，情况会好起来的。）

（246）甲：我今日忘记带钱哩。（我今天忘了带钱。）

乙：冇紧，反正唔要好多钱。（不在乎、无所谓的心态）（没关系，反正花不了多少钱。）

上述七例中，说话人使用"冇紧"大多用来缓解对方的焦虑、担忧等情绪。

第三，谦虚地回应对方的道歉或感谢。例如：

当对方表示道歉或感谢时，为不使对方感到有心理压力或心理负担，说话人往往也用"冇紧"来回答。例如：

（247）甲：对唔起，踩到你哩！（道歉）（对不起，踩您脚了！）

乙：冇紧冇紧/冇紧嘞！（很客气的语气）（没关系/没关系。）

（248）甲：唔好意思，让你等咯久。（道歉）（不好意思，让你等这么久。）

乙：冇紧冇紧。（不要紧，没关系。）

（249）甲：唔好意思，路上堵车，晏咖滴者。（道歉）（不好意思，路上堵车，来迟了点。）

乙：冇紧，刚刚开始。（不要紧，我们刚开始。）

（250）甲：唔好意思，那本书我□tɕin¹³唔到哩。（道歉）（不好意思，那本书我找不到了。□tɕin¹³：找。）

乙：冇紧，我还有一本。（不要紧，我还有一本。）

（251）甲：对唔起，我失错哩，我失错把你绊倒哩。（道歉）（对不起，我不小心，我不小心让你摔倒了。）

乙：冇紧底，咯也怪不得你。（没关系，这也怪不得你。）

上述五个例句中使用"冇紧"都是对道歉的礼貌应答，乙方作为利益受损者，在答语中使用"冇紧"，表明了自己的不在意，把已发生的事情"小化"，从而起到一个心理缓冲的作用。

（252）甲：今天累到你们哩啊。（感谢）（今天辛苦大家了。）

乙：冇紧，下是兄弟家。（不要紧，都是兄弟嘛。）

（253）甲：唔好意思，弄起你老人家。（感谢）（不好意思，给你添麻烦了。）

乙：冇紧，反正我也冇得么子事。（没关系，反正我也不忙。）

（254）甲：唔好意思，我只请你吃只盒饭着嘞。（道歉）（对不起了，我只能请你吃个盒饭。）

乙：冇紧冇紧。（没关系，没关系/没问题。）

上述三个例句中使用"冇紧"都是对感谢的委婉应答，乙方作为感谢的对象，非常谦逊地回答"没什么""小事而已"，让受益方心安理得地接受帮助，也是一种非常礼貌的表达方式。

在语言的动态使用过程中，由于语言理解的多重性，"冇紧"有时候也可以换成"冇有"。例如：

（255）甲：嫂嫂，哥哥今日吃醉哩是啊？（关心地询问）（大嫂，大哥今天喝醉了吧?)

乙1:冇紧,冇得事呃,他吃得酒。(没关系,他酒量大得很,没事儿的。)

乙2:冇有,他冇醉,他吃得酒呢。(没有,他没有醉,他很能喝酒呢。)

(256)甲:这只事弄起你老人家哩啊。(感谢)(这事太让您费心了!)

乙1:冇紧冇紧,我反正冇得事。(没关系,我反正没有什么事做。)

乙2:冇有呃,咯也冇费么子力。(没事儿,也没费什么心!)

例(255)中,甲方关切地问"哥哥有没有喝醉酒",乙方可以使用"冇紧"来宽慰对方,告诉他没关系,来消除甲方的担心;乙方也可以客观地就"有没有醉"来用"冇有"回答,表示"哥哥没醉",这样,也达到了消除甲方担心的结果。例(256)中,乙方对甲方表示感谢,乙方可以回答"冇紧",把事情往小处说,委婉地表达自己提供的帮助是微不足道的,是一种很客气的表达方式;乙方也可以回答"冇有",也是把自己提供的帮助往小处说,往"无处"说,即并没有提供什么帮助。

"冇是""冇有""冇紧"在邵阳方言的动态对话中使用频率都很高,三者的语意各有侧重,"冇是"侧重否定对方的论断,"冇有"侧重否定行为的实现或否定对方断定的存在性,"冇紧"侧重否定事情的重要性。同时,三者在表意上又有交叉之处,这种交叉表现在"冇有"否定存在,有时可以涵盖"冇是"和"冇紧"的意思。

第三节 "唔是""冇是"并存的理据

邵阳方言中的"唔""冇"与动词、形容词的组合搭配跟普通话中的"不""没"大部分情况下是一致的。绝大多数情况下,"唔"否定无界成分,"冇"否定有界成分,如果用更为通俗的表达方式则为"唔"表达主观否定,否定意愿、性质或状态,"唔"的否定成分一般带有泛时性;"冇"表达客观否定,否定具体时间进程中的事件,"冇"否定的成分在时间上往往有明确的起点和终点。

从邵阳方言否定词的一般组配规律来看,"是"的否定应该只有"唔是",但是,在实际语言使用过程中,"是"的否定组配成了少数几个例外词之一,即"是"既能受"唔"的否定,也能受"冇"的否定,"冇是"大量出现在邵阳方言的陈述句中。"冇是"似乎违背了邵阳方言的否定组合规律,这种与普通话组合截然不同的存在的确是让人迷惑不解。本书分析其原因可能有如下两点：

一、主客观情态区分上更为明确细致

邵阳方言作为一种口语语体，在否定的主客观表达上比普通话更为明确，在否定意义的传达上有时可能比普通话区分得更为细致。

首先，很多在普通话中"不""没"都可以使用，并且意义差别不大的否定格式在邵阳方言中只能用一种方式来明确地限定，如："不多久"和"没多久"，普通话中意义区别不大，但在邵阳方言中，只能说"冇好久"，不能说"唔好久"，因为"好久"表示时间的进程，只能用客观的时体否定标记"冇"来否定；再如普通话中"十年不见"和"十年没见"都可以说，但邵阳方言中，只能说"炮把年冇看到哩（十年没看到了）"，不说"炮把年唔看到哩（十年不看到了）"；普通话中可以说"不在家"和"没在家"，意义几乎没有区别，但在邵阳方言中，一般只说"冇在屋里（没在家里）"，不说"唔在屋里（不在屋里）"，因为"在"的主体意识性、动作性不强，"在"的存在义更多地表现为一种客观存在，因此习惯上只用"冇"来否定。

其次，有些词语，普通话中只用"不"来否定的，但在邵阳方言既可以用"唔"来否定，也可以用"冇"来否定，并且在表意上有差别。如高频性质形容词"好"的否定，"唔好"指一般性的身体小恙，"冇好"则指长期严重的身体衰弱，"冇好"比"唔好"的程度更重；"是"也是同样如此，在否定判断的强度上，"冇是"强调客观判断，比"唔是"更为郑重，更有说服力，因而否定的强度更大。

二、受"冇有""冇紧"的类推影响

邵阳方言中除"冇是"之外，还有两个高频对答词："冇有""冇紧"。三个高频词在用法上各有侧重："冇是"侧重否定对方的论断；"冇有"侧重否定对方观点的存在性，从而达到否定对方观点的合理性的目的；"冇紧"侧重否定事情的重要性。同时，三者在表意上又有交叉之处，这种交叉表现在"冇有"否定存在，有时可以涵盖"冇是"和"冇紧"的意思。

"冇是"可能受到高频使用的"冇有""冇紧"类推作用的影响，"冇是"也有着很强的话语互动功能，在对话中起着否定对方既定论断的作用，从而在语用上起到否定预设的作用,否定的力量更为强大。这两大因素都对"冇是"的语义产生了重要的影响,从而使"冇是"成为陈述句的主要否定判断形式。

综上所述,本书认为,上述两方面的影响,使得邵阳方面在陈述句中习惯上使用"冇是","冇是"的语法意义主要是表达客观否定判断。"唔是"的功能从而受到排挤,产生分化,主要表达主观否定判断,分布在陈述句之外的其他句类中。

本章小结

本章主要是以汉语普通话的否定标记"不""没"与动词、形容词的组合搭配为参照,探讨邵阳方言否定标记词"唔""冇"与动词、形容词的组合搭配情况,力图对邵阳方言"唔""冇"的语法特征进行全面的把握。

在与动词的搭配上,普通话中"不"主要与自主动词、心理动词、能愿动词、非自主属性动词等进行组合搭配,"没"主要与自主动词、非自主状态动词等进行组合搭配。在与形容词的组合搭配上,普通话中的"不"主要与性质形容词进行组合搭配,"没"主要与动态形容词进行组合搭配。能性述补结构一般只能用"不"来否定。

普通话中的"不"进行否定的语法意义是:"不"否定无界成分,"没"否定有界成分。动作的有界指在时间轴上有一个起始点和一个终止点,无界动作则没有起始点和终止点,或只有起始点没有终止点。性质形容词具有无界性,所以一般用"不"否定,不用"没"否定。"无界"性与主观性、连续性、非过程性有相通之处,"有界"性与客观性、离散性、过程性有相通之处。

邵阳方言中的"唔""冇"与动词、形容词的组合搭配与普通话中的"不""没"基本一致。绝大多数情况下,"唔"否定无界成分,"冇"否定有界成分,如果用更为通俗的表达方式则为"唔"表达主观否定,"冇"表达客观否定。

但对于少数词语而言,邵阳方言的否定表达有其自身的特色。如:"在"主要受"冇"否定;"是"在陈述句中主要受"冇"否定;"好"既可受"唔"否定,也可受"冇"否定,且受"冇"否定时,更为严肃。邵阳方言还有三个高频对答词"冇是""冇有""冇紧",三者的语意各有侧重,"冇是"侧重否定对方的论断,"冇有"侧重否定行为的实现或否定对方论点的存在性,"冇紧"侧重否定事情的重要性。同时，三者在表意上又有交叉之处，这种交叉表现在"冇有"否定存在，有时可以涵盖"冇是"和"冇紧"的意思。

本书认为，"冇是"的形成受到两方面因素的影响：一是"冇是"受"冇"的客观性的影响，主要表达客观判断，这种客观判断使判断的表达显得更为客观正式；二是"冇是"受到高频使用的"冇有""冇紧"类推作用的影响，"冇是"也有着很强的话语互动功能，在对话中起着否定对方既定论断的作用，从而在语用上"冇是"起到否定预设的作用，否定的力量更为强大。这两大因素都对"冇是"的语义产生了重要的影响，从而使"冇是"成为陈述句的主要否定判断形式。"唔是"的功能从而受到排挤，产生分化，主要表达主观否定判断，分布在陈述句之外的其他句类中。

第三章 从跨方言比较看"唔是" "冇是"并存的理据

从语言发展的系统观念来看，任何一种语言现象都并非孤立的存在，都必然或多或少地与周边方言或语言有一定的联系。邵阳方言否定判断"唔是""冇是"并存的现象究竟是如何产生的？这种现象的发生与周边方言是否有一定的联系？这种现象在语言发展过程中处于何种地位？由此观之，我们有必要对相关方言点的否定词与否定判断进行比较研究，只有在跨方言否定判断比较的背景下进行系统研究，才有可能更为深入地破译邵阳方言否定判断组合"唔是""冇是"并存现象的本质。

第一节 汉语南方方言否定词概说

一、汉语否定词的南北差异

汉语否定词在形式与功能的对应上存在着明显的南北差异。最早从语言类型学的角度对汉语否定词进行研究的是日本学者桥本万太郎，他在《语言地理类型学》（1985）中指出，亚洲大陆语言的南北对立和推移，在否定词方面也有明确表现；汉语方言否定词的分布具有明显的特征，否定词的语音形式有区域性共同点和纵向推移的系统，南方语言绝大多数用暗鼻辅音［m］［n］［ŋ］，北方却使用破裂音［p］，在长江流域成为向北方破裂音过渡的摩擦音［f］。桥本认为，古汉语的六个成系统的否定词可以分为两类，一类是双唇破裂音系的"不""弗""非"，一类是双唇鼻音系的"无""勿""微"。这两类否定词的区别可能就是当时南北语言或方言的区别。①

汉语否定词的南北差异的问题提出之后，中国本土学者试图对这一问题进行解答，如张敏（2002）和刘丹青（2005）。张敏（2002）从类型学方面对桥本万太郎的汉语否定词南北有别的分布特征作出解释，他认为，上古汉语里两个系列的否定词具有如下意义－功能分化格局：

m－系：存在否定形式及本于存在否定的其他否定词。

p－系：非存在否定词。

张敏指出，从古至今，在汉语（或者是汉语的一些变体）中，存在着 m－系否定词由存在否定产生发展出新的意义和功能，并侵入 p－系的功能领域。存在否定向普通否定词用法引申是人类语言的常见现象，而且是可以循环发生的机制，现代汉语南方方言的一般否定词可能是存在否定形式多次引申的产物。张敏认为，现代汉语的南方方言里正在进行着存在否定词再次向一般否定词推进的演变，不同方言处于不同的演变阶段，出现这个演变的方言包括粤语及平话（玉林、信宜、阳江、南宁平话等），客家话（西河、陆川），闽语（海口、文昌、厦门等），湘语及湘南土话，以及广西的官话（桂林、柳州）。②

继张敏之后，刘丹青（2005）根据形态句法特征对汉语否定词进行了跨方言的比较，他的考察结果是：普通否定与有无否定（存在否定）的词项差异在汉语古今南北中普遍存在，普通否定和有无否定的声母对立，北中部的声母分别为［p－/f－］和［m－］（或其他鼻音变体），而华南两类同为［m－］或其他鼻辅音，并指出这是由上古汉语一脉相承的格局。文中指出，湘语的否定类型为北中型（包括官话、吴语、湘语、赣语等）。③

除了南北方言否定词的比较研究之外，伍云姬（2007）、罗昕如（2010）进一步将湘方言否定词的类型研究推进到一个新的阶段。伍云姬（2007）指出湖南方言中"不""没有"的类型很复杂，有塞音和鼻音对立的，有同是塞音或同是鼻音的，有声音相同的，有声音不同的；从用法上来看，有一对一，也有二对一或三对一。伍云姬认为，这些种类繁多的关系中，"没（有）¹"和"不"同形是

①[日] 桥本万太郎. 语言地理类型学[M]. 余志鸿，译. 北京：北京大学出版社，1985：76—85.

②张敏. 上古、中古汉语及现代南方方言里的"否定－存在"演化圈 [C] //余霭芹. Proceedings of the international symposium on the historical aspect of the Chinese language：commemorating the centennial birthday of the late professor Li Fangkuei, vol Ⅱ. Seattle：University of Washington，2002：571—616.

③刘丹青. 汉语否定词形态句法类型的方言比较[J]. （日）中国语学，2005（252）：1—22.

最原始的。也就是说否定词只有一个，既表主观否定，也表客观否定。而这个否定词在湖南方言里为以双唇鼻音开头的"没"。之所以后来出现了"不"和"没（有）²"的对立，是北方方言的"不"和"没（有）²"相对立的语法现象侵入湖南的结果。这种对立侵入湖南的时间不同，方法不同，因而造成了方言里"不"和"没（有）²"的参差。① 罗昕如（2010）比较了湘语与赣语的否定词及相关的否定表达，指出湘语与赣语的"不"类否定词有大致相同的类型与发展轨迹，即：冇→冇/唔→唔→不/唔；湘语与赣语的"没"类否定词的核心语素都来自古效摄一等明母去声，由动词"没有"向副词"没有"转化的进程大致相同，但动词性"没有"义的表达形式略有不同，湘语一般说"冇得"，赣语一般说"冇有"。②

从学者们的研究成果来看，学者们普遍认为汉语方言否定词存在南北差异，并对此做了深入研究，但关于具体某个方言点否定词的演化及其句法语用后果的研究稍显不足。我们应该在汉语方言否定词南北不同的大背景下，对一些典型的方言点的否定词及否定现象进行更为细致的刻画与总结，这样我们才可能更加深入地理解否定词发展的规律。

二、汉语南方方言否定词的界定

汉语南方各地方言否定词的语音形式纷繁复杂，研究者们对它们的记录转写也极不统一。否定词纷繁芜杂的写法容易导致理解的误区，为了表达的一致性，我们有必要根据否定词的意义与功能对它们进行明确的界定和记录。

第一，"唔"的界定。南方各地方言中，有些否定词的语音形式是自成音节的［ŋ］或［ɱ］［m̩］，它们常常出现在动词或形容词前，其语法功能是表达单纯否定，相当于普通话中的否定词"不"。国内方言学著作对这类否定词的汉字转写并不完全一致，粤方言将这类否定词记作"唔"，闽方言将这类否定词记作"伓"，还有些方言学著作将之记作"不""嗯""呣"等。本书参照学界主流的做法，将这类以自成音节的鼻辅音为语音形式的否定词统一转写为"唔"。"唔"广泛分布在闽方言、粤方言、客家方言、赣方言和湘方言中。

第二，"冇""没""无"的界定。南方多个方言中，还有一个以［m］为声

---

①伍云姬.湖南方言否定副词的类型［C］//伍云姬.湖南方言的副词.长沙：湖南师范大学出版社，2007：354.

②罗昕如.湘语与赣语的否定词及其相关否定表达比较［J］.河池学院学报，2010（1）：32—42.

母的表达有无否定（即存在否定）的否定词，这个否定词经常出现在名词或动词前，表达古汉语中的"无""未"或普通话中"没有"的含义。这个否定词表达"有"的否定，在有些方言中，它既可以表达动词性的"没有"的意义，也可以表达副词性的"没有"的意义，有的甚至还可以部分承担或完全承担普通话中"不"的功能。以［m］为声母的否定词写法众多，有"冇""没""莫""冒""毛""无"等。根据罗杰瑞（1997）①、覃远雄（2007）的论证，湘语、赣语等南方方言"冇/冒"是"无有"的合音，"无"原本读［m］声母，与古流摄的"有"合音后成了很多现代方言的"冇/冒"。② 另据覃远雄（2001）考证，西南官话如成都、贵阳、常德、吉首方言中的［m］声母否定词"没"也有可能是由早期的"没得"合成。本书参照学界公认的已有成果，将粤方言、湘方言、赣方言、平话、客家方言中以［m］为声母的否定词记录为"冇"，将西南官话区的柳州、吉首等方言中以［m］为声母的否定词记录为"没"，将福建厦门、海南海口和广东雷州等闽方言以［b］［v］为声母的否定词记录为"无"。这三类表达普通话中"没有"义的否定词本书统称为"无"类否定词。

第三，"是"的界定。"是"在南方方言中也是表判断的系词，且绝大部分只有一种语音形式，但在不同方言中其汉字记录方式略有不同，在西南官话、湘方言、赣方言、闽方言中一般记为"是"，读音多为［ʂɿ］或［si］［zɿ］，声调可能因方言的不同而不同；在粤方言、客家方言中一般记为"系"或"係"，读音多为［hei²²］或［he⁵³］。因此，本书将"是"类判断动词一般转写为"是"。如引用他人文献，则按原文实录。

第二节　南方方言否定词的类型比较

由于本书所讨论的核心问题是"唔是""冇是"并存的语言现象，即一般否定词"唔"和存在否定词"冇"可以共同对"是"进行否定。根据现有的资料，在晋语区、徽语区、吴语区中只有"不是"的说法，存在否定词"没"不能对"是"进行否定，在官话区中只有西南官话有部分方言点有"冇是"的说法，其他绝大部分官话区也只说"不是"，这些地域的否定判断形式与本书的研究可比

---

① 罗杰瑞. 建阳方言否定词探源［J］. 方言，1995（1）：31－32.
② 覃远雄. 部分方言否定语素"冇/冒"所反映的读音层次［J］. 方言，2007（2）：204－212.

性较小。因此本书的研究对象主要集中在南方方言，具体包括粤方言、闽方言、客家话、赣方言、平话、湘方言及少数西南官话中的否定词和否定方式。

从否定词的语音形式与功能来看，我们可以把本书涉及的 53 种南方方言的否定词分为三种类型："单一型"否定标记、"唔－冇（无）"对立型否定标记、"混合型"否定标记。这三种类型的区分只考虑否定标记对名词、动词、形容词的否定，没有将能性补语的否定纳入进来，因为很多南方方言的能性补语的否定受共同语的影响很大，能性补语的否定类型将另文讨论。

一、"单一型"否定标记

"单一型"否定标记指在某个方言点中，单个否定语素统揽了普通话中"不""没有（动）""没有（副）"三个否定标记的功能，或者是以某个否定语素为核心要素，构成双音节的否定合成词来分别承担普通话中"不""没有（动）""没有（副）"的功能。"单一型"否定标记方言中，有的间或出现否定标记"不"，但"不"的出现受到很大的限制，它只出现在少数情况下，如可能补语的否定中，构成"V 不 C"的格式，如"搬不动"，或者是一些书面色彩特别强的词汇和固定搭配，如"不过""人不人，鬼不鬼"等。

"单一型"否定标记语言的否定词，又可以分为以下两个次类。

（一）核心否定语素为"无"类否定词

在这种"单一型"否定标记的语言中，"无"类否定标记词"冇""没"或"无"既可用于单纯否定，也可用于存在否定。有的"无"类核心否定语素后带有"得""有"等附加成分，形成"没有""没得""冇得""冇有"等复合式否定词，但这些附加成分并不完全是强制性的，在有的方言中，当语速较快追求发音简短时常常可以省略。核心否定语素为"无"类否定词的方言和方言点有西南官话区的湖南吉首方言、贵州黔东南地区及锦屏方言、广西柳州方言、湘方言区的湖南绥宁、城步、溆浦等地方言，湘南土话区的湖南道县祥霖铺、双牌县理家坪、嘉禾、江永桃川等地，平话区的广西南宁、广西崇左新和、湖南宁远等地，粤方言区的广西贺州、北海等地，闽方言区的海南海口、广东雷州等地。下面根据各地方言文献资料分别进行论述。

1. 湖南吉首方言（西南官话）

李启群（2002）指出，吉首方言的"没"有副词"不"的许多用法，它大致相当于北京话的副词"没、没有"和"不"。但是，在动结式和动趋式的否定格式中，只能用"不"，不可用"没"。此外，"没"和"不"的差别还在于"没"的口语色彩更浓。① 李启群从所记录的吉首方言录音材料总结出，大凡可用"不"也可用"没"的地方，人们更多的是用"没"，"没"的使用频率要高得多。例如：

(1) 没去没好。（不去不好。李启群，P211）

(2) 尽讲尽讲，我明儿天没来了。（老是说，我明天不来了。李启群，P292）

(3) 他□lo³⁵轿子抬我我也没去。（他就是用轿子抬我我也不去。李启群，P291）

(4) 哈头哈脑的样子，一看就没聪明。（傻里傻气的样子，看上去一点儿也不聪明。李启群，P243）

(5) 北京我没去过。（北京我没有去过。李启群，P274）

(6) 去没去？（去不去？李启群，P290）

(7) 你会没会讲英语？（你会不会讲英语？李启群，P290）

(8) 你是没是湘西人？（你是不是湘西人？李启群，P290）

(9) 他打没打算来？（他打不打算来？李启群，P290）

例（1）～（3）中，"没"可以否定主观意愿，例（4）中，"没"否定性质形容词表示程度浅，例（6）～（10）中，用"V 没 V"来询问可能和判断，由此可见，在吉首方言中"没"的功能涵盖了普通话中的"没"和"不"的所有功能。

2. 贵州黔东南地区及锦屏方言（西南官话）

肖亚丽（2008）指出，黔东南地区的"没得"相当于普通话的"没¹"与"没²"，当"没²"使用时"得"可以省略，但当"没¹"使用时，"得"不能省略。② 例如：

没重（不重）｜没远（不远）｜没老实（不老实）｜装没完（装不完）

(10) 你还没得十八岁。（肖亚丽，P59）

(11) 我没吃过苹果。（肖亚丽，P59）

肖亚丽（2010）还指出贵州锦屏方言中，否定词最大的特点是用"没"兼

---

① 李启群. 吉首方言研究[M]. 北京：民族出版社，2002：293。
② 肖亚丽. 黔东南方言语法研究[D]. 上海：上海师范大学，2008：59.

"不"。"我没讲"在锦屏方言中是一个有歧义的句子，它既可以是否定主观意愿，意思是"我不想讲"，也可以是否定客观事实，意思是"我还没有讲"。

3. 柳州方言（西南官话）

刘村汉（1995）指出，柳州方言的"没"除了表达存在否定之外，还可以表达普通话中的"不"的意义。[①] 例如：

还没来（还没来）｜没拿完（没拿完）

没少（不少）｜没舒服（不舒服）｜没大高兴（不大高兴）｜没信（不信）

（刘村汉，P15）

（12）没认得他讲什吗。（不知道他说什么。刘村汉，P15）

（13）肚子没舒服。（肚子不舒服。刘村汉，P15）

（14）剩下一点怕没够。（剩下一点怕不够。刘村汉，P15）

（15）喊他吃饭他没吃。（喊他吃饭他不吃。刘村汉，P15）

（16）太多了吃没完。（太多了吃不完。刘村汉，P15）

（17）没送了，你们回去了。（不送了，你们回去吧。刘村汉，P15）

（18）找没到就没要了。（找不到就不要了。刘村汉，P15）

柳州方言中，"没"的功能也是相当于"不""无""未"，并且在能性补语的否定中，也用"没"来否定，构成"V 没 C"结构，表示没有能力完成某个行为。

4. 湖南绥宁方言（湘方言）

绥宁方言的否定词"冇"相当于"不"，"冇得"相当于动词性的"没有"，"冇（有）"相当于副词性的"没有"。[②] 例如：

（19）你冇要，我丢嘎。（你不要，我丢了。曾常红，P440）

（20）人手冇够，你个人先干唉。　（人手不够，你一人先干着。曾常红，P443）

还有笔者本人的方言调查语料也说明绥宁方言的核心否定语素是"冇"。例如：

（21）屋底冇得一个人。（屋里没有一个人。）

---

① 刘村汉. 柳州方言词典 [M]. 南京：江苏教育出版社，1998：15.
② 曾常红. 绥宁方言的动态助词概述 [C] // 伍云姬. 湖南方言的动态助词. 长沙：湖南师范大学出版社，1996.

（22）伊冇学过英语。（他没有学过英语。）

（23）今日的菜冇好吃。（今天的菜不好吃。）

（24）□ŋa³³ □kai⁴¹ 冇胖冇瘦。（我现在不胖不瘦。□ŋa³³：我。□kai⁴¹：现在。）

（25）□ŋa³³冇喜欢（一）件衣裳□tɕi⁵⁵。（我不喜欢这件衣服。□tɕi⁵⁵：这。）

绥宁方言中，核心的否定语素只有一个"冇"，当"不"讲时，用"冇"；当"没有¹"讲时，用"冇得"；当"没有²"讲时，用"冇（有）"。

5. 南宁平话

在《南宁平话词典》中，"冇"的释义义项包括了"不"、动词"没有"和副词"没有"。例如：

冇：me²⁴阳上：①不。你去冇去？——我冇去。（你去不去？——我不去。）/差冇多（差不多）/冇好看（不好看）/冇喜欢（不喜欢）/对冇起大家啊！（对不起大家啊！）②动词，没（有）。冇止境/冇记性。③副词，没有。今日渠冇来亚哴。（今天他没来这里）。④别。渠讲过喇，你冇讲啊！（他讲过啦，你别讲啊！）⑤句末，表疑问。你去过北京冇？（你去过北京没有？）①

（26）茶好、烟好，我冇喜欢。（茶也好，烟也好，我都不喜欢。）

（27）街上更多人，我冇想去。（街上这么多人，我不想去。）

（28）亚（这）件衫冇好看。（这件衣服不好看。）

6. 湖南宁远平话

据张晓勤（1999），湖南宁远平话中的否定词有"勿""勿的得""勿得"，其读音分别为"mə²¹""mə²¹·kə·tə""mə²¹·tə"，分别对应普通话中的"不""没有（动）""没有（副）"，其中"无"类否定词"mə²¹"是其共同的核心否定语素。②例如：

（29）伊伙屋勿的得那伙屋好。（这些房子没有那些房子好。张晓勤，P269）

（30）之到呱上海去，我勿得去。（他去过上海，我没去过。张晓勤，P270）

（31）你先食倒才，我勿着急。（你先吃着，我不着急。张晓勤，P241）

（32）之还勿得讲完啊？——还勿得。（他还没有说完呀？——还没有。张晓勤，P268）

---

①覃远雄，韦树关，卞成林. 南宁平话词典 [M]. 南京：江苏教育出版社，1998：29.
②张晓勤. 宁远平话研究[M]. 长沙：湖南教育出版社，1998.

（33）点都勿轻，重起连我逮都逮勿移。（一点不轻，重得连我都拿不动。张晓勤，P270）

宁远平话中的核心否定语素虽然写作"勿"，但从其读音来看，也属于［m］系的"无"类否定词。

7. 广西贺州本地话（粤方言）

据陈小燕（2007），贺州本地话的常用否定词"无［mou²⁴］"既相当于共同语的"不"，又表示对事实或经历的否定，相当于共同语的"没，没有"。常用否定词"□□［m²¹taŋ¹³²］"，陈小燕推测可能是"无曾［mou²⁴taŋ¹³²］"的省读，表示事物或动作行为过去不存在或没有发生过，相当于共同语的"不曾"。[①] 例如：

（34）头头你都分了，单单渠你无分。（个个你都给了，单单他你没给。陈小燕，P317）

（35）阿堵我无去过。（那里我没去过。陈小燕，P325）

（36）渠□m²¹□taŋ¹³²去过北京。（他不曾去过北京。□m²¹□taŋ¹³²：不曾。陈小燕，P326）

（37）无熟写□yot²¹⁴着写。（不会写也得写。陈小燕，P325）

（38）渠请倒侬，无去无好。（他请了咱们，不去不好。陈小燕，P325）

（39）简间房窄过头，放无下张大床。（这/那个房间太窄了，放不下这铺大床。陈小燕，P313）

（40）你去无去读书？（你去不去上学？陈小燕，P325）

陈小燕（2007）指出，贺州本地话是一种形成年代较早、保留老粤语特点较多且明显带有混合性特征的方言。贺州本地话与桂北五通话、钟山土话、桂东南玉林话、粤北连山话、粤西怀集话之间具有很强的一致性，且同属粤语中的"老粤语"层次。此外，据施其生等（2016）的调查资料，广东怀集怀城下坊话、怀集冷坑上坊话、化州、湛江等地粤语区方言中，"无"类否定词常常当"不"来使用，这些地方粤方言的否定词也属于单一型否定标记。[②]

8. 海南海口方言（闽方言）

据陈洪迈（1998），海口方言的"无［vo²¹阳平］"相当于普通话的"不"和

---

①陈小燕. 多族群语言的接触与交融——贺州本地话研究［M］. 北京：民族出版社，2007：313，325，361.
②施其生，张燕芬. 粤语肯定否定词的比较研究及成因探讨［J］. 中山大学学报，2016（4）：63－72.

"没有"。《海口方言词典》对"无"的释义如下：无，①相当于北京话的"没有"，也说"无有"；②相当于北京话的"不"。[①] 例如：

无知（不知）｜无能即样做（不能这样做）｜搬无动（搬不动）｜猜无着（猜不到）

无见（不见）｜无但（不只）｜无合（不适合，不般配）

无票（没有票）｜无道理（没有道理）

（41）室里无侬。（家里没有人。）

（42）无底个同意。（没有谁同意。）

（43）汝无伊悬。（你没有他高。）

（44）老李尚无来有。（老李还没有来。）

（45）银行昨晡无开门。（银行昨天没开门。）

（46）老张去无去？——无。（老张去不去？——不去。）

（47）阿妈硬朗无？（阿婆硬朗吗?）｜老李来无？（老李来吗?）

与海口方言相似，邢福义先生提到，在其家乡话海南黄流话（属海南闽方言的琼南小片）中，否定标记只有一个 vo^2。海南黄流人说"不去""没听到""没人""无条件"时，一概都用这个 vo^2。[②] 黄流方言中的 vo^2 即海口方言中的"无 $[vo^{21}]$"。

（二）核心否定语素为"不"类否定词

在这种"单一型"否定标记的语言中，"不"类否定标记词"不"承担了"不""无""未"的所有功能，从现有的资料来看，这种否定类型的方言数量相对较少，只在部分湖南乡话中有所发现，如湖南泸溪县梁家潭乡话。陈晖（2016）认为梁家潭乡话中的否定词"不 $[pa^{24}]$"的本字是"不"，理由是，在语义以及韵母、声调的演变规律上看，$[pa^{24}]$ 与臻合一等没韵入声帮母的"不"和明母的"没"相合。但是从声母演变规律上看，梁家潭乡话的帮母今读 $[p]$，明母绝大多数读 $[m]$，舒声个别字读浊音 $[b]$，暂未发现明母读清音 $[p]$，因此，本书也暂将"$[pa^{24}]$"认定为"不"。

据陈晖（2016）指出，在湖南泸溪县梁家潭乡话中，"不 $[pa^{24}]$"类否定词呈现出"不、无、未"概念三位一体的现象。"不 $[pa^{24}]$"作副词，既可以与北

---

①陈洪迈. 海口方言词典 [M]. 南京：江苏教育出版社，1998：5, 94.
②邢福义. 否定形式和语境对否定度量的规约[J]. 世界汉语教学，1995（3）：5-11.

京话中的"不"相当，又可以表示"未"的概念，与北京话中的副词"没（有）"相当，此外"不曾 [pa²⁴tsɛi²⁴]"也可以表达副词"没有"义，在很多情况下可以替换"不 [pa²⁴]"。"不 [pa²⁴]"作动词在陈述句中表示"没有、无"，要用含否定语素"不 [pa²⁴]"的双音节动词"不有 [pa²⁴va⁵¹]"。① 例如：

（48）我明朝不去白沙。（我明天不去白沙。陈晖，P276）

（49）这条柑子不甘。（这橘子还不/没甜。陈晖，P277）

（50）天还不黑，不要开灯。（天还没黑，不要开灯。陈晖，P277）

（51）天黑了，还不开灯。（开黑了，还没有开灯。陈晖，P276）

（52）室头有人不（有）？——不有。（家里有人没有？——没有。陈晖，P277）

梁家潭乡话的单一否定标记类型以"不"类否定词为核心语素，与闽、粤、湘语中的单一否定标记类型以"冇"为核心否定语素有所不同，其原因有待今后进一步的研究。

从现有资料来看，"单一型"否定标记的方言有特定的地理区域，主要集中在四个区域：广西壮族自治区的大部分地区，包括南宁、柳州、桂林等地；湘黔桂粤四省交界的湖南西南部的绥宁、城步、嘉禾、溆浦、湘西一带和贵州省东南部一带；广东省的西北部地区和南部的雷州半岛；海南省的海口市、乐东县等地。

"单一型"否定标记的方言如下表所示：

表 3-1　南方方言"单一型"否定标记语言表（18 种）

方言点	不	没（有）¹（动）	没（有）²（副）	V 不 C
A. 湖南吉首方言（西南官话）	没 mi³⁵	没有 mi³⁵ iəu⁴²	没 mi³⁵	V 不 C
A. 贵州锦屏方言（西南官话）	没 mei³⁵	没得 mei³⁵ tɛ²¹	没（得）mei³⁵（tɛ²¹）	V 没 C
A. 广西柳州话（西南官话）	没 mɐi²⁴	没得 mɐi²⁴ tə³¹	没 mɐi²⁴	V 没 C
A. 湖南绥宁方言（湘方言）	冇 mau²¹	冇得 mau²¹ tə¹³	冇 mau²¹	冇 V 得 C

---

①陈晖. 湖南泸溪梁家潭乡话研究[M]. 长沙：湖南师范大学出版社，2016：276-279.

（续表）

方言点	不	没（有）^{1}（动）	没（有）^{2}（副）	V不C
A. 湖南城步方言（湘方言）	冇 mau^{22}	冇得 mau^{22} tə^{13}／冇有 mau^{22} iəu^{31}	冇得 mau^{22} tə^{13}	V不C
A. 湖南溆浦方言（湘方言）	冇 ma^{53}	冇有 ma^{53} iɤɯ^{23}	冇（得）ma^{53} tɛ^{13}／冇（有）ma^{53}（i^{23}）	V不C
A. 湖南道县祥霖铺土话	不① m ɤ^{21}	没得 m ɤ^{21} t ɤ^{33}	不（嗻）m ɤ^{21} t ɤ^{33}	V没C
A. 湖南双牌理家坪土话	没 m ɤ^{33}	没得 m ɤ^{33} t ɤ^{13}	没（得）m ɤ^{33}（·t ɤ^3）	V没C
A. 湖南嘉禾土话	没② mə^{22}	没□mə^{22}·kə	没（□）mə^{22}（·lə）	V没C
A. 湖南江永桃川土话	没③ mɯə^{33}	没（得）mai^{55}（·ləm）	没 muo^{21}	V没 mɯə^{33}C
A. 广西南宁平话（平话）	冇 me^{24}	冇（有）me^{24}（iəu^{24}）	冇 me^{24}	冇V得C/V冇C
A. 湖南宁远平话（平话）	勿④ mə^{21}	勿的得 mə^{21}·kə·tə	勿得 mə^{21}·tə	V勿C
A. 广西崇左新和蔗园话（平话）	没⑤ mi^{21}	没有 mi^{21} iəu^{31}	没 mi^{21}/没曾（合音）mɐŋ^{31}	V没C
A. 广西贺州本地话（粤方言）	无 mou^{24}	无得 mou^{24} lak^5→mak^5	无 mou^{24}／□□m^{21} taŋ^{132}⑥	无V得C

---

① 谢奇勇在《湖南道县祥霖铺土话研究》（2016）中，将同一个否定语素 m ɤ^{21} 根据具体语境分别记录为"不""没"，本书认为 m ɤ^{21} 就是"没"，因此将其统一归入单一型否定标记中。

② 卢小群在《嘉禾土话研究》（2002）中，将同一个否定语素 mə^{22} 根据具体语境分别记录为"不""没"，本书认为 mə^{22} 就是"没"，将其统一为"没"，并将其归入单一型否定标记中。

③ 鲍厚星在《湖南江永桃川土话研究》（2016）中，将桃川土话中的否定词 mɯə^{33}、mai^{55}、muo^{21} 都转写为"没"。这三个否定词的声母都是［m］，且韵母发音较为接近，本书将其视为同一否定语素的不同变体，并将其归入单一型否定标记中。

④ 张晓勤在《宁远平话研究》（1999）中，将否定语素 mə^{21} 记录为"勿"，本书将其与其他平话相比较，暂时归入"无"类否定词中。

⑤ 梁伟华、林亦在《广西崇左新和蔗园话研究》（2009）中，将否定词 mi^{21} 记为"□"，本书将其记为"没"。

⑥ 陈小燕在《多族群语言的接触与交融——贺州本地话研究》（2007）中认为"□□m^{21} taŋ^{132}"可能是"无曾"的合音。

（续表）

方言点	不	没（有）¹（动）	没（有）²（副）	V不C
A. 广西北海白话（粤方言）	冇 mɒu²³	冇（有）mɒu²³	冇 mɒu²³/□e³¹	冇 V 得 C/V 冇 C
A. 海南海口方言（闽方言）	无 vo²¹	无（有）vo²¹（u³³）	无（有）vo²¹（u³³）/□mun³³	V 无 C
A. 广东雷州话（闽方言）	无 bo¹¹	无有 bo¹¹ u³³	无 bo¹¹/未 mei¹¹	无 VC
B. 湖南泸溪梁家潭乡话	不① pa²⁴	不有 pa²⁴ va⁵¹	不 pa²⁴/不曾 pa²⁴ tsei²⁴	V 不 pu²⁴ C

二、"唔-冇（无）"对立型否定标记

"唔-冇（无）"对立型否定标记是指在某个方言中，"唔"与"无"类否定标记"冇"或其他否定标记在语音形式上有明显的区分，"唔"常常是自成音节的鼻辅音，"冇""无"往往是以［m］［b］为声母的音节。"唔"和"冇（无）"在否定功能上形成对立互补的格局，"唔"大致对应普通话中"不"的功能，表达单纯否定，"冇（无）"或"冇（无）"后加附缀表达有无否定，大致对应普通话中"没有"的功能。

"唔-冇（无）"对立型否定标记可以分为以下两个次类。

（一）"唔-冇（无）"对立，没有体的分化

"冇（无）"既可表达普通话中"没有（副词）"的意思，也可表达普通话中"尚未"的意思，二者不做形式上的区分。如湖南宜章土话、湖南桂阳六合土话等。

1. 湖南宜章土话

沈若云（1999）指出，宜章土话中，"唔［ŋ³³］（入声）"相当于普通话中的"不"，"冇［mau⁵³］（上声）"相当于普通话中的副词"没有"，"冇（得）［mau⁵³ tai²¹］"相当于普通话中的动词"没有"。② 例如：

（53）真格唔轻，重得连我都拿唔起嘞。（真的不轻，连我都拿不动。）

---

① 陈晖在《湖南泸溪梁家潭乡话研究》（2016）中认为否定词 pa²⁴ 就是"不"，本书也按原文记作"不"。
② 沈若云. 宜章土话研究[M]. 长沙：湖南教育出版社，1999：217-233.

(54) 真唔好看。（真不好看。）

(55) 真食唔得。（吃不得。）

(56) 真我实在冇得书赴嘚。（我实在是没有书。）

(57) 佢还冇食略吗？——还有呢。（他还没有吃完吗？——还没有呢。）

(58) 东边格房子冇住过人。（东边的房子没住过人。）

在宜章土话中，"唔－冇"的对立相当于普通话中"不－没"的对立，在"无"类否定词中，动词和副词性否定词共有"冇"这个核心要素，但形式上略有区别，副词性否定词用"冇"，动词性否定词要用"冇得"，"得"也可以省略，如"冇关系"。

2. 湖南桂阳六合土话

邓永红（2006）指出，湘南桂阳六合土话的否定词中，否定名词性成分用"冇得"或"冇"；否定谓词性成分用"唔""唔曾"。"唔"表达对主观意愿、习惯或某种状态的否定，对完成体的否定则用"唔曾"。[①] 例如：

唔高唔矮｜唔肥唔瘦｜唔长唔短

(59) 我唔做生意唻。（我不做生意了。）

(60) 开唔快就追唔倒。（开不快就追不上。）

(61) 佢冇得兄弟。（他没有兄弟。）

(62) □tɕiã⁴⁵日佢唔曾搭我□tʃʰ₁⁴⁵田。（昨天他没有帮我插田。）

(63) 话唔曾话完，就□uã³³佢骂得要死。（话还没说完，就被他狠狠地骂了一顿。）

在桂阳六合土话中，"唔曾"相当于现代汉语中的副词性"没（有）"，它既可以表示全部否定，否定整个事件，包括行为和结果，也可以表示部分否定，只否定行为的结果。

（二）"唔－冇（无）"对立，体的分化明显

"冇（无）"在表达普通话中副词性"没₂"的意义时，区分更为细致，可以分成表达动作没有实现的"没有"和表达动作尚未实现的"还没有"。"还没有"带有预设的性质，表示动作行为虽然现在没有实行但待会儿会实行或实现。如广东广州话（粤方言）、广东梅县话（客家方言）、广东潮州话（闽方言）、广东海

---

①邓永红. 湘南桂阳六合土话的否定词[J]. 语言研究，2006（2）：81-84.

丰话（闽方言）等。

1. 广东广州话（粤方言）

饶秉才、欧阳觉亚等（1997）指出，广州话的基本否定词有：唔、冇、未、唔曾。"唔"否定主观意愿或性质、状态，"冇"否定"领有、存在"和"动作完成"，"未"否定预设性"完成体"，"唔曾"否定"经验体"。① 例如：

唔去（不去）│唔赞成（不赞成）│唔知到（不知道）

冇人过问（没有人过问）│冇条件（没有条件）

（64）做事唔好冇搭霎。（做事情不要马虎。饶秉才等，P18）

（65）佢冇做乜嘢。（他没干什么。饶秉才等，P14）

（66）呢个问题未讨论过。（这个问题没有讨论过。饶秉才等，P20）

（67）你去过七星岩唔曾？（你去过七星岩没有？饶秉才等，P191）

（68）食饭唔曾？（吃过饭没有？饶秉才等，P191）

上例（64）中的"唔"否定属性，（65）中的"冇"客观否定过去时间行为的实现，（66）的"未"表达预设性的"还没有"，（67）（68）"唔曾"是对过去行为的询问。在粤语广州话中，如果动作没有完成，可以根据说话人的认知，用不同的否定词来表达。

2. 广东梅县话（客家方言）

据黄雪贞（1995），在广东梅县的客家话中，基本否定词为"唔［m̩¹¹］""无［mo¹¹］"。② "唔"相当于共同语中的"不"，"无"相当于共同语中的"没有"，此外，"唔曾"表达对经验体的否定。例如：

（69）佢唔食饭。（他不吃饭。）

（70）□ŋai¹¹唔会做個。（我不会做的。□ŋai¹¹：我。）

（71）□ŋai¹¹无去学堂。（我没去学校。）

（72）老王做事当阿强唔得。（老王做事比不上阿强。）

（73）你当佢一半唔得。（你比不上他的一半。）

在疑问句中，当询问将来行为时，用"V 唔 V?"，当询问过去行为时，用"V 了无?"。例如：

（74）你去唔去？（你去不去？）

---

①饶秉才，欧阳觉亚，周无忌. 广州话词典［M］. 广州：广东人民出版社，1997.

②黄雪贞. 梅县方言词典［M］. 南京：江苏教育出版社，1995：23—24.

（75）你食了饭无？（你吃了饭没有？）

"唔曾"是一个复合否定词，是对经验体的否定。

（76）□ŋai¹¹唔曾去过。（我没有去过。）

在梅县客家话中，"唔"与"无"形成单纯否定与有无否定的意义对立。副词性的"无"与副词性的"唔曾"一起承担普通话中"没²"的功能。

3. 广东潮州话（闽方言）

庄义友（2001）指出，"唔、无、未"是潮州话中用得最多的三个否定副词，"唔、无"大致跟普通话的"不、没有（动）、没有（副）"相对应，"未"相当于"还没有"。① 例如：

（77）小黄唔晓行（着）棋。（小黄不懂下棋。）

（78）伊到日唔开嘴。（他整天不开口。）

（79）伊个走仔生来唔到雅。（他的女儿长得不怎么漂亮。）

（80）厝内无人。（家里没有人。）

（81）伊天未光就去落田。（他天还没有亮就下田干活去了。）

（82）老李今日无来上班。（老李今天没来上班。）

例（77）（78）（79）中，"唔"否定性质或状态；例（80）中的"无"否定名词；从例（81）（82）中可以看出，存在否定词"未"与"无"的区别是说话人有预设和没有预设。

4. 广东海丰话（闽方言）

杨必胜等（1996）指出，广东海丰方言中基本否定词有三个：唔、无、未。"唔"用来否定主观意愿与性质、状态，"无"相当于共同语中的"没有"，"未"相当于共同语中的"还没有"。②

（83）天时唔好。（天气不好。杨必胜等，P25）

（84）这事伊无唔同意。（这事他没不同意。杨必胜等，P7）

（85）是咯！要我日日上夜班啊？我唔啊！（什么！让我天天上夜班？我可不干！杨必胜等，P126）

（86）你爱去唔？（你去不去？杨必胜等，P18）

（87）只间厝是阿陈娘全个唔是？（这间房子是不是陈娘全的？杨必胜等，P18）

---

① 庄义友. 潮州话的否定副词[J]. 语文研究，2001（3）：47—50.
② 杨必胜，潘家懿，陈建民. 广东海丰方言研究[M]. 北京：语文出版社，1996.

例（83）～（87）中，"唔"否定主观意愿和属性，相当于普通话中的"不"。

（88）内底无人。（里面没人。杨必胜等，P61）

（89）伊食无几嘴饭就走咯。（他没吃几口饭就走了。杨必胜等，P19）

（90）你相信我咯，我无做这事咯。（你相信我吧，我确实没做这个事。杨必胜等，P126）

（91）伊出发未？——伊未出发。/伊出发咯。（（他出发了吗？——他还没出发。/他出发了。杨必胜等，P57）

例（88）中，"无"是否定动词，相当于普通话中的"没有[1]"；例（89）（90）中的"无"是否定副词，客观地否定过去的行为；例（91）中的"未"的意思是"还没有"，意思是快要出发或打算出发，但说话时还没有出发。副词性的"无"和"未"有表义上的区别。

总之，从本书目前收集到的资料来看，"唔－冇"对立型方言主要分布在湘南土话、大部分粤方言和闽方言、客家话中。"唔－冇"对立型方言如下表：

表 3-2　南方方言"唔－冇"对立型方言表（7 种）

方言点	不	没有[1]（动）	没有[2]（副）	V 不 C
A. 湖南宜章土话	唔 $ŋ^{33}$	冇得 $mau^{53} tai^{21}$	冇 mau^{53}	V 唔 C
A. 湖南桂阳六合土话	唔 $ŋ^{45}$	冇（得）mo^{45}（$tiæ^{42}$）	唔曾 $ŋ^{45} tɕʰiã^{13}$	V 唔 C
A. 福建建瓯（闽方言）	唔 ein^{55}	无 mau^{21}	未曾 $mi^{55} nain^{21}$	燴 V 得 C
B. 广东梅县话（客家方言）	唔 $ŋ^{11}$	无 mo^{11}	无 mo^{11} 唔曾 $ŋ^{11} thien^{11}$	V 唔 C
B. 广东广州话（粤方言）	唔 $ŋ^{21}$	冇 mou^{12} / 冇 mou^{21}	冇 mou^{12} / 未 mei^{22}	V 唔 C
B. 广东海丰话（闽方言）	唔 $ŋ^{24}$	无 bo^{55}	无 bo^{55} /未 bue^{24}	V 燴 C
B. 广东潮州话（闽方言）	唔 $ŋ$	无 bo^5	无 bo^5 /未 ve^7	V 燴 C

三、"混合型"否定标记

"混合型"否定标记是指在表达单纯否定时，即对动词、形容词进行一般性否定时，可以使用两个或两个以上的否定词。这些否定词包括一般的以"不""唔"为代表的表单纯否定的否定词，还包括以"冇"为代表的有无否定词。这些否定词的混合使用范围有大有小，且因具体方言使用习惯的不同而有所不同。不同的否定词对某一个词进行否定时，有的具备区别意义的作用，有的不具备区别意义的作用。"混合型"否定标记的使用也可以分为以下五种次类型：

（一）"不""冇"混合型

"不""冇"混合型是指，普通话中由"不"充当的无界否定在该方言中可以由"不""冇"来共同承担。这些方言包括湘方言区的湖南娄底方言、武冈方言，湘南土话区的湖南东安土话，赣方言区的江西萍乡方言、湖南安仁方言等。下文将以方言点为例来进行论述。

1. 湖南娄底方言（湘方言）

在彭逢澍（1996）所列举的语料中，我们可以归纳出，娄底方言中的否定词"不［phu¹³］""冇得［mɤ¹¹te⁵］""冇［mɤ¹¹］"大致与普通话中的"不""没有（动）""没有（副）"对应。[①] 例如：

（92）街道不宽，大概怕只有丈把唧哎。（街道不宽，大概只有一丈。）

（93）孔圣庙现在冇得了，下拆咖来。（孔圣庙现在没有了，都拆了。）

（94）这课书只读咖三道，都冇读得熟。（这课书只读了三遍，都没有读熟。）

但是，在颜清徽等的《娄底方言词典》（1998）中专门列出了词条"冇是"，并释义为"相当于北京话的'不是'"。[②] 卢小群（2007）也指出娄底方言中"冇"可以否定"是"，存在"冇是"的说法。[③] 例如：

（95）我冇是大学生。（我不是大学生。）

（96）我冇是娄底人。（我不是娄底人。）

因此我们可以说，在娄底方言的单纯否定中，主要使用否定词"不"，但在否定判断动词"是"时，"不""冇"都可以使用，也就是说，在对判断动词"是"的否定上，"不""冇"呈现出混用状态。

2. 湖南武冈方言（湘方言）

向柠、贝先明（2007）指出，湖南武冈方言中，"冇［mau¹³］"兼有普通话

---

①彭逢澍. 娄底方言的动态助词［C］//伍云姬. 湖南方言的动态助词. 长沙：湖南师范大学出版社，1996：282-311.

②颜清徽，刘丽华. 娄底方言词典［M］. 南京：江苏教育出版社，1998：154.

③卢小群. 湘语语法研究［M］. 北京：中央民族大学出版社，2007：256.

"不""没有"的功能。① 例如：

（97）有盐冇油格菜他冇吃。（有盐没油的菜他不吃。）

（98）我俚冇看咧。（我们不看了。）

（99）他还冇么格哭。（他还没怎么哭。）

上例（97）（98）（99）中，"冇"可以修饰一般的动词或形容词，表达普通话"不"的意义，但表可能的能愿动词"得"必须用"不"来否定，形成"不得"的组合，表达主观上的坚决否定的态度。例如：

（100）我不得格。（我不会的。）

（101）我不得寻咧。（我不会找了。）

"不得"具有强烈的主观性，而"冇得"表达说话人对动作行为或事件的客观判断。例如：

（102）冇得听倒讲。（没有听说。）

（103）我冇得寻到。（我没有找到。）

此外，武冈方言中，副词"冇""不"都可以修饰表时间的"前"，意思是"时间还早"，中老年人大多说"冇前"，青年人大多说"不前"。从使用者的态度来看，都觉得"冇前"比"不前"更俗一些。例如：

（104）行得咧咧。——冇前哦/不前哦。（可以走了。——还早。）

由此可以看出，在武冈方言的否定词中，"冇"的使用范围很广，"冇"占主体地位，"不"只使用在如"得"这样的个别表情态的词语前，并且有区别意义的作用，当在无区别意义作用的词语如"冇前""不前"中，"冇"的使用更贴近中老年人的说话习惯，这可能是武冈方言中的固有成分，"不"可能是由于共同语的渗透作用而进入武冈方言的，因而更贴近年轻人的语言习惯。

3. 湖南祁东方言（湘方言）

胡静（2018）指出，祁东方言中的"不"与普通话中的"不"的语义大致相同，一般放在动词或形容词之前表示否定，用来否定某种行为或事物性状。"冇（有）"一般相当于普通话中的副词"没（有）"，"冇（得）"相当于普通话中的动词"没（有）"。② 例如：

---

① 向柠，贝先明．武冈方言否定副词研究［C］//伍云姬．湖南方言的副词．长沙：湖南师范大学出版社，2007：236-250．

② 胡静．湖南祁东县方言否定形式研究［D］．长沙：湖南师范大学，2018：11，17．

（105）箇隻橘子不酸，蛮好吃。（这个橘子不酸，很好吃。）

在否定性质或意愿时，普通话中一般用"不"，但在祁东方言中有的也用"冇"，例如：

（106）昨日买个大蒜冇好。（昨天买的大蒜不好。）

（107）甲：你要是不想在我屋，你就死出去！（你要是不想在我家，你就滚出去！）

乙：冇出去！（不出去！）

4. 江西萍乡方言（赣方言）

魏钢强（1998）指出，江西萍乡方言中的"不"大致相当于普通话中的"不"，但是否定动词"冒得 [mau¹¹ tɛ¹³]"除了否定领有和存在之外，还可以用在形容词、程度副词以及某些能受程度副词修饰的动词前面，表示否定，相当于"不"。① 例如：

（108）水冒得滚。（水不热。）

（109）该号辣椒冒得辣。（这种辣椒不辣。）

（110）□tɕia¹³晡有滴风仔，冒得热人。（今天有点风，不热。）

（111）固是扣肉嘚，冒得毒人。（这种扣肉不腻人。）

（112）还讲是两兄弟，□kɛ³⁵冒得像。（还说是两兄弟，全然不像。）

上例（108）～（112）中，普通话一般用"不"，但萍乡话中用表达有无否定的"冒得"，所以说江西萍乡方言中的"冒得"当共同语的"不"使用的范围主要体现在性质形容词上或与程度相关的动词性成分上，而没有体现在其他结构或成分上。

5. 湖南安仁方言（赣方言）

周洪学（2014）指出，安仁方言常用的否定词有"不 [pu²²]""冇 [mʔ²⁴]""曼 [mã²⁴]"三个，对主观的否定通常用"不"；否定谓词性成分通常用"曼"；否定名词性成分通常用"冇"。同时"曼"也可以表示主观否定，但在用法上和"不"相比存在一些差异。② 从声母来看，"冇 [mʔ²⁴]""曼 [mã²⁴]"的声母都是[m]，可能二者有同源关系，因此，本书推测认为"曼 [mã²⁴]"是"冇 [mʔ²⁴]"

---

① 魏钢强. 萍乡方言词典 [M]. 南京：江苏教育出版社，1998：220.
② 周洪学. 安仁方言三个否定词的用法及比较[J]. 华侨大学学报（哲学社会科学版），2014（2）：166－170.

的变体，并将"曼［maˇ²⁴］"归入"冇"类否定词中。

在安仁方言中，"不"表示主观否定，构成"不＋动词"的结构，表示对某种主观意愿、态度的否定。"不"后接的动词既可以是行为动词，也可以是心理动词，"不"否定的动作行为具有泛时性，可以指过去，也可以指现在和将来。例如：

（113）猪□tsæ⁴⁴日不吃潲。（猪昨天不吃食。）

（114）我不想再走哒，休息一下。（我不想再走了，休息一下。）

（115）我□mæ²⁴日不逛街去。（我明天不去逛街。）

"冇"相当于北京话中的动词"没有"。例如：

（116）教室里冇人。（教室里没有人。）

"曼"可以表达客观否定，相当于北京话的副词"没有"，还可以兼表"不"的功能，用来否定主观意愿，表示主观上不想或不愿意做某事，构成"曼＋动词"的结构。例如：

（117）你喊我我□A⁵¹曼来。（你叫我我也不来。）

（118）王老师今日下午有事，曼回来吃饭哒。（王老师今天下午有事，不回来吃饭了。）

当表达主观意愿否定时，"曼"和"不"既有混用的地方，又有区别的地方。当表示现在和将来的主观否定时，与行为动词搭配时，"曼"和"不"可以混用，意义差别不大。如"我□mæ²⁴日不去上课"（我明日不去上课），在安仁方言中也可以说成"我□mæ²⁴日曼去上课"（我明日不去上课），二者的意思差不多，相比而言"曼"比较常用，通常都用"曼"，用"不"则显得语气要强一些。

在安仁方言中"冇"构成的正反问句形式是"有冇……"，相当于普通话中的"有没有……"，例如：

（119）你现在有冇空？（你现在有没有空？）

（120）操场上有冇人？（操场上有没有人？）

这种正反问还可以说成"有不有"，不能说成"有曼有"。例如上述例句也可以说成如下：

（121）你现在有不有空？（你现在有没有空？）

（122）操场上有不有人？（操场上有没有人？）

在安仁方言中"不"构成的正反问句的形式有"V 不 V""VP 不 VP""V

161

（P）不""有不有……"四种。"有不有……"可能是根据其他动词"V不V"类推而来。

（二）"唔""冇"混合型

"唔""冇"混合型是指对主观愿望、属性等进行无界否定时，"唔"和"冇"都可以承担否定的功能，有时意义有别，有时意义没有差别。这些方言包括湘方言区的湖南双峰花门镇、新化、邵阳市方言和邵阳市辖的隆回、新宁、邵东等地方言，客家方言区的湖南茶陵秩堂方言、江西石城方言，赣方言区的江西永新方言，闽方言区的福建厦门方言等。

1. 湖南邵阳方言（湘方言）

李国华（2009）指出，在邵阳方言中，"唔"大致相当于普通话中的"不"，但在极少数词语前，如"是"前，"冇"也可以当"不"来使用。[①] 例如：

（123）我冇是邵阳人。（我不是邵阳人。）

此外，"冇"或"冇得"可以作否定动词，否定领有或存在。"冇"还可以否定动词，否定动作的实现，相当于副词性的"没有"。例如：

（124）他屋里冇得钱。（他家里没有钱。）

（125）我冇打他。（我没打他。）

（126）昨天咯只时候，他冇在看电视。（昨天这个时候，他没在看电视。）

邵阳市下辖的新邵、邵东、隆回、新宁等地，以及紧邻邵阳的新化县、双峰花门镇等地的否定词"唔""冇"的使用情况与邵阳市基本相近。

2. 湖南双峰花门镇方言（湘方言）

赵素轶（2008）指出，湖南省双峰县花门镇方言的否定副词中，"唔［n^{35}］"表示对动作、行为、状况、性质的否定，语义相当于普通话中的"不"。"唔"强调主观性，与事实无关。[②] 例如：

（127）今日个菜唔辣。（今天的菜不辣。赵素轶，P55）

（128）其屋前头隻山唔高。（他家前面的山不高。赵素轶，P55）

"冒［$mɒu^{33}$］""冒得［$mɒu^{33}ti^{31}$］"表达客观否定。例如：

（129）操坪里冒（得）人，下散哪学哩。（操场没有人，都放学了。赵素轶，P61）

---

①李国华. 邵阳方言否定副词"嗯"与"莫"［J］. 邵阳学院学报（社会科学版），2009（4）：33—37.
②赵素轶. 湖南省双峰县花门镇方言的副词研究［D］. 长沙：湖南师范大学，2008：55—63.

（130）行个时唧我冒买哩。（走的时候我没买。赵素轶，P61）

但"冒"也可以否定能愿动词，还可以否定判断动词"是"，相当于"不"。例如：

（131）莫讲恩隻学堂，其还冒想去呢。（别说那所学校，他还不想去呢。赵素轶，P61）

（132）你坐在恩里冒敢声半句唧。（你坐在那里不敢说半句话。赵素轶，P61）

此外，在一些习惯用语中，普通话用"不"的，花门镇方言只能用"冒"，不能用"唔"。例如：

冒声冒气（不声不响）/冒一下（不一会）/冒限局（不一定）/冒一定（不一定）/冒看起（看不起）/忙个冒停（忙个不停）/讲个冒歇气（讲个不停）

当否定状态形容词时，花门镇方言只能用"冒"。例如：

冒解白（不太白）/冒墨黑（不太黑）/冒卦绿（不太绿）/冒绯红（不太红）/冒笔直（不太直）。

从上述例句可以看出，花门镇方言否定词"冒"当"不"用时的否定范围比新化、邵阳方言"冇"的否定范围更广。

3. 湖南茶陵秩堂镇方言（客家方言）

笔者通过亲自调查，从茶陵秩堂镇发音人得知，茶陵方言除了祈使否定词外，还有三个基本否定词。

否定词"唔［ŋ³⁵］"表一般否定，类似于普通话中的"不"，表达无界否定。但是"冇［mau³⁵］"也可以在很多常见的性质形容词和状态形容词前表达无界否定。例如：

（133）我今日唔买火车票。（我今天不买火车票。）

（134）佢今日身体唔舒服。（他今天身体不舒服。）

（135）箇种青椒冇麻。（这种辣椒不辣。青椒：辣椒。麻：辣。）

例（133）（134）中的"唔"相当于普通话中的"不"，但是，例（135）中对性质形容词"麻"的否定普通话一般用"不"，茶陵客家方言中则用否定词"冇"。否定词"冇［mau³⁵］"也可以在名词前，表达对"领有、具有、存在"的否定，或是表达"没有达到某种程度"，相当于普通话中的动词"没有"。例如：

（136）屋里一个人都冇。（屋里一个人都没有。）

（137）佢冇佢□·ki爹箇高。（他没有他爸爸那样高。）

否定词"□lən³³"，可能是"唔曾"的合音词，它位于动词前，否定动作的完成，是对完成体的否定。例如：

（138）我□lən³³看过箇只电视剧。（我没看过这个电视剧。）

（139）佢昨日夜里□lən³³回屋。（他昨天晚上没回家。）

茶陵秩堂镇方言的否定词将在后一小节中再专文详细论述。另据龙安隆（2016）所提供的语料，江西永新方言（赣方言）的否定词与茶陵秩堂乡的极为相近，在一些常用的性质形容词前，"唔"和"冇"都可以进行否定，且意义没有什么差别。[①] 此外，曾毅平（2010）指出江西石城客家方言也是同样如此。在江西石城话中，一些普通话用"不"否定的性质形容词，石城客家方言可以用"冇"，也可以用"唔"，且以用"冇"为常，如"冇便宜、冇要紧、冇划算、冇熟悉、冇团结"等。[②]

4. 福建连城客家话

项梦冰（1997）指出，在福建连城客家话中，常见的否定词副词有两个。

一个是"唔［ŋ³⁵］"，阴入声调：相当于"不"，不仅仅表示对意愿的否定，还可以对经常性或习惯性的动作状况进行否定，对人来说就是某人没有某种习惯或癖好。[③] 例如：

（140）□kuə¹¹地方一年四季都唔落雨。（那个地方一年四季都不下雨。□kuə¹¹：那。）

（141）我唔食馒头。（我不吃馒头。）

（142）佢再都唔食烟个。（他从来不抽烟的。）

另一个是"无［mau⁵⁵］"，阳平声调：在连城客家话中，"无"可以作动词，否定名词性成分，相当于"没有"；还可以作副词，否定动作客观上的可能性，相当于"不会"；还可以否定预设的性质状态，与单纯否定性质的"唔"意义有所区别。

"无"相当于"没有"，例如：

---

①龙安隆．赣语永新方言的否定词和反复疑问句[J]．井冈山大学学报，2016（1）：115-121.
②曾毅平．客家方言（石城话）疑问范畴研究［C］//邵敬敏，等．汉语方言疑问范畴比较研究．广州：暨南大学出版社，2010：89.
③项梦冰．连城客家话语法研究[M]．北京：语文出版社，1997：223，215，274，348.

（143）好时好，可惜我无□kuə⁵¹解多钱。（好是好，可惜我没有那么多钱。）

"无"相当于"不会"，例如：

（144）最丑个时佢无理佢个□e³⁵。（最丑的她当然是不会理睬他的。）

（145）佢夜晡有事无来。（他晚上有事不会来。）

"唔""无"都可以否定性质形容词，但意义有别，例如：

（146）a. 唔靓/红/得人惜。（不漂亮/红/可爱）

b. 无靓/红/得人惜。（不漂亮/红/可爱）

（147）a. 唔伶俐（不干净）

b. 无伶俐（不干净）

项梦冰认为，"唔 A"或"无 A"的语法性质不同，前者是偏正结构，后者是述宾结构，意味有所不同。"唔"只是简单否定，"无"则含有希望 A，但不 A 的意味，如果别人夸自己 A，为了表示谦虚，就说"无 A"，不能说"唔 A"。

5. 福建福州方言（闽方言）

据冯爱珍（1998），福州方言的基本否定词有三个。

一个是"伓"，阳去声调，调值242，不能单说。"伓"有四种读音，一般在唇音声母［p］［ph］［m］前读为［m̩］；在舌尖声母［t］［th］［n］［l］［ts］［tsh］［s］读为［n̩］；在舌根声母［k］［kh］［ŋ］［h］与零声母前读为［ŋ̍］；强调否定语气时读为［iŋ］，不受后字声母制约。① 例如：

伓去（不去）｜伓做（不做）｜伓好看（不好看）｜伓高伓矮（不高不矮）

一个是"无［mo⁵³］"，阳平调类，动词"没有"的意思，否定领有或存在，也可以当"不"使用。例如：

无时（运气不好）｜无味（没有意思，不好意思，没有滋味）（冯爱珍，P111）

无相干（不相干）｜无要紧（不要紧）

（148）汝爱去汝囷去，反正我无去。（你爱去不去，反正我不去。）

（149）有去上海无？（去上海了吗？）

（150）无管三七二十一。（不管三七二十一。）

（151）无着厝。（不在家。）

---

① 冯爱珍. 福州方言词典［M］. 江苏：江苏教育出版社，1998：9，362，111.

从上例（148）～（150）来看，福州方言中，"伓"可以表达普通话"不"的含义，有无否定词"无"也可以表达普通话"不"的含义。

一个是"未［muoi²⁴²］"，阳去声调，意思是"没有，未曾"。例如：

未讲（还没讲）│未来（还没来）

（152）食饭啊未？（吃饭了没有？）│未拍先啼。（没打先哭。）

6. 福建厦门方言（闽方言）

周长楫、欧阳忆耘（1998）指出，厦门方言中，常见的否定副词有无、伓、未三个，分别表达普通话中的"没有""不""尚未"的意义。① 例如三者在与自主动词"吃、睏、来"的组合中，意义形成明显的对立：

（153）a. 伓食（不吃）│伓睏（不睡）│伓来（不来）

b. 无食（没吃）│无睏（没睡）│无来（没来）

c. 未食（还没吃）│未睏（还没睡）│未来（还没来）

（154）身躯淡薄无爽，较伓爱出来。（身子有点不舒服，不大喜欢出门。）

（155）真久无看着你略。（很久没看到你了。）

"伓+自主动词"表示"不想"，"无+自主动词"表示没有实现某种行为，"未+自主动词"表示计划实施某种行为但暂未实施。但在书后的语法例句、对话语料中，我们可以发现，在对惯常行为动词、属性形容词发挥否定作用时，"无"也可以出现并表达"不"的否定功能。例如：

（156）薰即迈无食略，多谢。（近来不抽烟了，谢谢。）

（157）主要是食薰对身躯无好。（主要是抽烟对身体不好。）

（158）要达到即号水平，俗是相当仔无容易。（要达到这样的水平，是相当不容易的。）

但"伓"与"无"的语义各有侧重，在疑问句中二者用法有别，例如：

（159）做阵行好伓？（一起走好吗？）

（160）今年生理好做伓？（今年生意好做吗？）

（161）恁公司生理好伓？（你们公司生意好吗？）

（162）有共伊掠起来无？（把他抓起来了吗？）

（163）明仔有伫咧无？（阿明在家吗？）

---

① 周长楫，欧阳忆耘. 厦门方言研究[M]. 福州：福建人民出版社，1998：379，431-436.

（164）有伤着骨无？（伤到骨头了吗？）

（165）有去互医馆的先生看无？（有去医院请医生看吗？）

从上述例句来看，"冇"和"无"在无特定需要时可以混用，但当需要强调时，二者在用法上还是有一些差别。"冇"和"无"的区别在于："冇"主要用于主观否定，能否定心理动词和性质形容词，"冇"还常常是一些虚词的构成成分，如"冇过（不过）""冇但（不但）"；"无"与"有"相对，否定动词和性质形容词时具有很强的客观性，如"找无着"的意思是"找不到，找了而没有结果"，肯定式是"找有着（找着了）"，而"找冇着"的意思是"找错了，找而结果与愿望相背"，肯定式是"找着咯（找对了）"。

（三）"不""唔""冇"混合型

"不""唔""冇"混合型是指在该方言中，用"不""唔""冇"三个否定词来共同承担普通话中"不"的否定功能，例如湖南洞口方言、湖南双峰甘棠镇方言等。

1. 湖南洞口方言（湘方言）

据胡云晚（2010）的研究，洞口方言中，"唔""不""没"三个否定词都可以充当共同语中"不"的功能。否定词"唔 [ŋ⁴⁴]"是纯口语的，用于动词性词语或形容词性词语前面，是说话的人从主观意愿、主观态度或主观认识上对动作行为、性质状态进行否定，"唔 [ŋ⁴⁴]"与普通话"不"的意义大致相同；同时，一般用"唔 [ŋ⁴⁴]"的地方不排斥用"不 [pu⁴⁴]"；"没 [mai⁴⁴]"表示有无否定，既可作"动词"，也可作"副词"，有些时候"没"也可以承担部分"唔"的功能。[①] 例如：

（166）我唔买东西个。（我不买东西。胡云晚，P131）

（167）箇个衣衫唔大，恰恰合适。（这件衣服不大，正合适。胡云晚，P131）

（168）不是我想管其。（不是我想管他。胡云晚，P131）

（169）去年仔箇个时候我大学还没毕呱业。（去年这时候，我大学还没有毕业。胡云晚，P153）

（170）我没撕烂呱其个书。（我没有撕烂他的书。胡云晚，P154）

（171）下来，没下来我没等你个呢。（快下来！不下来我不等你的。胡云晚，

---

①胡云晚．湘西南洞口老湘语虚词研究[M]．南昌：江西人民出版社，2010．

P154)

（172）除你脾气哪家好个人，也没可能受倒起你箇唵个话。（不管脾气多好的人，也不可能受得了你这种话。胡云晚，P170）

（173）没是路远着，我早就来呱哩。（要不是路远，我早就来了。胡云晚，P174）

（174）箇家易得个事，没只你晓得，连三岁娃娃都晓得。（这么容易的事情，不只你知道，连小孩子都知道。胡云晚，P163）

从上述例句可以看出，洞口老湘语中，"唔""不""没"常常处于混用的状态。

2. 湖南双峰甘棠镇方言（湘方言）

朱娟（2011）指出，湖南双峰甘棠镇方言中，能表达普通话"不"的含义的否定词有三个："唔""不""冇"。甘棠镇方言口语中既可以用"唔"，也可以用"不"表示单纯否定，其用法大致相当于普通话的"不"，并且在绝大多数情况下，"唔""不"可以互换而不影响语义。[①] "冇"是双峰甘棠镇方言中最常用的否定副词，其意义、用法大致相当于普通话中的否定副词"不"和"没"，主要用于否定客观事实、主观意愿和性状。例如：

（175）井里唔/不出水哩。（水井不冒水了。）

（176）他昨天冇去读书。（他昨天没去读书。）

（177）昂明日冇去赶场。（我明天不去赶集。）

但是，"冇"还可以位于表示意愿的能愿动词前，组成"冇想、冇心愿、冇要"等词组，用于否定主观意愿，相当于普通话的"不想、不愿意、不要"。例如：

（178）他盐冇想读书。（他一点都不想读书。）

（四）不同层次的多个"不"混合型

不同层次的多个"不"混合型是指表达单纯否定时，可能有两个或两个以上不同来源、不同功能的"不"：一个可能是早期层次的某方言固有的否定词"不¹"，这个"不¹"在方言中是最常用的；另一个可能是来自普通话的现代层次的"不²"，这个"不²"不太常用或仅在年轻人口中使用。如湘西古丈瓦乡话、

[①]朱娟.湖南双峰方言否定副词研究[D]，长沙：湖南师范大学，2011：12，23.

湖南沅陵乡话、湖南城步巡头乡话等。

1. 湘西古丈瓦乡话

据伍云姬（2010），湘西古丈瓦乡话中有两个"不"："不¹〔pa¹³〕"和"不²〔pu¹³〕"。二者都可以在形容词前否定性质形容词，且意义不对立，"不¹〔pa¹³〕"既可用作动词，也可用作副词。"不²〔pu¹³〕"只能作副词，在动补结构中，只能用"不²〔pu¹³〕"。① 例如：

（179）我认为不¹/不² 好就是不¹/不² 好。（我认为不好就是不好。）

（180）天□sai⁵⁵还不¹/不² 冻。（天气还不冷。）

（181）我不¹/不² 喜欢饮药方。（我不喜欢吃药。）

（182）我口不¹ 味。（我口中无味。）

（183）我不¹ 得子。（我没有儿子。）

（184）我不¹ 听明白。（我没听明白。）

也就是说，在古丈瓦乡话中，"不¹"除了在动补结构之间不能用之外，其他结构都可以用，使用范围非常广，是一个全能性的否定词，大致相当于普通话中的"不"和"没"。"不²"的使用受到很大的局限，它不能表达"有无"否定，只能承担普通话中的"不"的部分功能。伍云姬认为，"不¹〔pa¹³〕"和"不²〔pu¹³〕"有共同的来源，它们都来源于否定词"不"，"不¹〔pa¹³〕"是底层形式，"不²〔pu¹³〕"是从西南官话中借入的新形式。此外，据杨蔚（1999）语料，湖南沅陵乡话中有 3 个"不"，带有喉塞尾的"不¹〔paʔ⁵³〕"是最早期形式，"不²〔pa¹³〕"是现在最常用的单纯否定词，"不³〔pu²²〕"从西南官话中借入，能表意愿否定，还能用在动补结构中间，但不能表存在否定，其形成过程与湘西古丈乡话的"不²〔pu¹³〕"极为相似。②

2. 湖南城步巡头乡话

据郑焱霞、彭建国（2016），湖南城步巡头乡话中，"不"有三种读音，用法不同。③

"不¹〔pa⁴²〕"用在形容词或动词前，相当于普通话的"不、没有、没"。例如：

---

①伍云姬，沈瑞清. 湘西古丈瓦乡话调查报告[M]. 上海：上海教育出版社，2010：86−96.

②杨蔚. 沅陵乡话研究[M]. 长沙：湖南教育出版社，1999：192−194.

③郑焱霞，彭建国. 湖南城步巡头乡话研究[M]. 长沙：湖南师范大学出版社，2016：183−194.

（185）阿姐今天不［pa⁴²］想行亲戚。（姐姐今天不想走亲戚。）

（186）电视不［pa⁴²］闭。（电视没关。）

"不²［pa¹³］"表示对举的否定一方。例如：

（187）是那么做，不［pa¹³］是这么做。（是那么做，不是这么做。）

（188）不［pa¹³］要那么多，只要这么多。（不要那么多，只要这么多。）

"不³［·pu］"用在动结式或动趋式中充当补语，表示否定。例如：

（189）听不［·pu］到（听不见）｜食不［·pu］得（吃不得）

湖南城步巡头乡话中"不¹"与"不²"的差别是由于语用强调的不同而引起的，"不³"在动结式或动趋式中作否定补语的用法与其他乡话和很多湘方言都极为类似。

（五）其他混合型

其他混合型是指难以归入以上四种类型的否定标记混用状态，其特点是：表单纯否定的否定词由几个词共同承担，但其中至少一个否定词的来源根据目前的资料还难以考证其来源，如湖南永州岚角山土话中的最常见的单纯否定词"□a¹³"目前还难以知道其语源；湖南东安土话中的常用否定词"□ɣa²⁴"、广西灌阳话的单纯否定词"勿［u³³］"的语源目前还不清楚。

1. 湖南永州岚角山土话

李星辉（2016）指出，"□［a¹³］""不［pu³³］"合起来相当于普通话的"不"。"□［a¹³］"比"不［pu³³］"更常用。在动词、形容词或个别副词前表示否定时，一般用"□［a¹³］"。"不［pu³³］"出现的频率较低，只在较书面化的成语中，或者在正反问句中，或者在动词和补语之间表示否定时出现。[①] 例如：

□a¹³去（不去）｜□a¹³讲（不讲）｜□a¹³硬（不硬）

听不［pu³³］懂｜上不［pu³³］来

（190）□a¹³早了，快去哩。（不早了，快点去吧！）

（191）那也□a¹³一定。（那也不一定。）

（192）我该不［pu³³］该来？

（193）他敢不［pu³³］敢去？

（194）我讲他不［pu³³］过。（我讲不过他。）

---

① 李星辉.湖南永州岚角山土话研究［M］.长沙：湖南师范大学出版社，2016：176−177.

从上例来看，岚角山土话中的单纯否定词"□〔a¹³〕"的来源有待进一步的考证。

2. 湖南东安土话

鲍厚星（1998）提到，北京话否定副词"不"的功能在湖南东安花桥土话中用"□〔ɣa²⁴〕"和"不〔pu⁴²〕"两个词来承担。"不〔pu⁴²〕"主要运用在正反问句、成语和部分答问之中，"不〔pu⁴²〕"还可构成"不得〔pu⁴²·ti〕"，"不得〔pu⁴²·ti〕"相当于北京话中的"没有"。其他语言环境中一般用"□〔ɣa²⁴〕"。① 例如：

(195) a. 去不去？│开不开会？│该不该来？是不是？│好不好？

b. □ɣa²⁴去。│□ɣa²⁴开。│□ɣa²⁴该。│□ɣa²⁴好。

(196) 你食呱饭不得？（你吃了饭没有？）

例（195）中的正反问句中否定词用"不〔pu⁴²〕"，但在答句中要用否定词"□〔ɣa²⁴〕"。提问如果问"他晓不晓得？"，回答时不能单用□〔ɣa²⁴〕或"不"，而要说"他晓不得。"或"他□〔ɣa²⁴〕晓得。""□〔ɣa²⁴〕"和"不〔pu⁴²〕"如果出现在一个句子里，它们分工明确，例如：

(197) 我□ɣa²⁴管你去不去，你去也好，□ɣa²⁴去也好。（我不管你去不去，你去也好，不去也好。）

东安土话中的单纯否定词"□〔ɣa²⁴〕"的来源也有待进一步考证。

3. 广西贺州铺门话（粤方言）②

据邓玉荣（2016），广西贺州话的否定词"□〔ȵia²³¹〕"相当于普通话的"不、没有¹、没有²"，当表达"不"的含义时，不能单独回答问题。例如：

(198) 我喜欢行路，□ȵia²³¹喜欢骑摩托。（我喜欢走路，不喜欢骑摩托。）

(199) 渠可能□ȵia²³¹来。（他可能不来。）

(200) 渠块田□ȵia²³¹啥害虫。（他的田里没有什么害虫。）

(201) 渠去了，我□ȵia²³¹去。（他去了，我没去。）

此外，否定词"唔〔ŋ̍²³³〕"也相当于北京话的"不"。

(202) 屋里唔见脱两头鸡。（家里不见了两只鸡。）

(203) □kai⁵¹条山路唔好走。（这条山路不好走。）

---

① 鲍厚星. 东安土话研究〔M〕. 长沙：湖南教育出版社，1998：214-215.
② 邓玉荣. 贺州铺门话的否定词〔J〕. 贺州学院学报，2016（1），42-44.

邓玉荣推测"□〔ȵia²³¹〕"是铺门话中"唔有"的合音。如果是"唔有"的推论成立的话，那么灌阳话的否定类型与上文的 B 类"唔""冇"混合型否定标记在深层语义上极为相似，"唔有"在深层语义上相当于"无有"，属于"无类"否定词，但在表层形式上依然有区别，因为"唔有"也可以理解成"不有"。

4. 广西灌阳话（湘方言）

黄启良[①]（2009）指出，在广西灌阳话中，否定词"勿〔u³³〕""不〔pu³³〕"基本用法一致，"勿〔u³³〕"主要是老年人使用，是灌阳话中的早期固有否定词，"勿"究竟来自"不"，还是"无"，文中并没有提及，其来源有待考证。"不〔pu³³〕"主要是年轻人使用，应该是受普通话的影响后产生的否定词。例如：

勿去｜勿看电视｜勿做；勿干净｜勿规则｜勿好｜勿少｜拿勿动

也可以说成：

不去｜不看电视｜不做；不干净｜不规则｜不好｜不少｜拿不动

灌阳话的"没〔məi²⁴〕"除了用在名词、动词前与普通话的"没有"意义相似之外，还可以用在动词前充当"不"来使用，表达主观上的"不想"或"不愿"。例如：

（204）他们都到街上耍去过了，我没去。（他们都上街玩了，我不想去。）

（205）嘴巴点味道没得，没吃饭。（嘴巴没有味道，不想吃饭。）

灌阳话中的单纯否定词"勿〔u³³〕"的来源也有待进一步的考证。

综上所述，根据现有资料，"混合型"否定标记的方言主要分布在湘方言、湘南土话、客家方言、赣方言、闽方言中。"混合型"否定标记方言如下表：

表 3-3　南方方言"混合型"否定标记方言表（28 种）

方言点	不	没（有）¹（动词）	没（有）²（副词）	V 不 C
A. 湖南娄底方言（湘方言）	不 phu¹³/冇 mɤ¹¹	冇（得）mɤ¹¹(te⁵)	冇 mɤ¹¹	V 不 C
A. 湖南武冈方言（湘方言）	冇 mau¹³/不 pu¹³	冇（得）mau¹³(tə¹³)	冇（得）mau¹³(tə¹³)	V 不 C
A. 湖南祁东方言（湘方言）	不 pu³⁴/冇 mau²¹³	冇（得）mau²¹³(te⁰)	冇（有）mau²¹³(iəu⁴⁵)	V 不 C

①黄启良. 广西灌阳话几个语法现象[J]. 广西民族大学学报（哲学社会科学版），2009（4）：134-139.

（续表）

方言点	不	没（有）[1]（动词）	没（有）[2]（副词）	V不C
A. 江西萍乡方言（赣方言）	不 pu^{13}/冒得 mau^{11} tɛ^{13}	冒（得）mau^{11}（tɛ^{13}）	冒 mau^{11}	V不C
A. 湖南安仁方言（赣方言）	曼 mã^{24}/不 pu^{22}	冇 mʔ^{24}	曼 mã^{24}	V不C
B. 湖南双峰花门镇方言（湘方言）	唔ŋ̍^{35}/冒 mɒu^{33}	冒得 mɒu^{33} ti^{31}	冒 mɒu^{33}	V唔C
B. 湖南新化方言（湘方言）	唔ŋ̍^{45}/冇 mɔ^{33}	冇（得）mɔ^{33}（ti^{33}）	冇（有）mɔ^{33}（iəu^{21}）	V唔C
B. 湖南邵阳市方言（湘方言）	唔ŋ̍^{35}/冇 mo^{35}	冇得 mo^{35} tɛ^{13}	冇 mo^{35}	V唔C
B. 湖南邵东方言（湘方言）	唔ŋ̍^{35}/冇 mau^{55}	冇得 mau^{55} tɛ^{13}	冇（有）mau^{55}（iəu^{21}）	V唔C
B. 湖南隆回方言（湘方言）	唔ŋ̍^{44}/冇 me^{44}	冇得 me^{44} tɛ^{44}	冇 me^{44}	V唔C
B. 湖南新宁方言（湘方言）	唔ŋ̍^{45}/冇 mau^{35}	冇得 mau^{35} tə^{35}	冇（有）mau^{35}（iəu^{21}）	V唔C
B. 江西永新方言（赣方言）	唔 ŋ̍^{35}/冇 mɔ^{35}	冇 mɔ^{35}	□lẽ^{35}	V唔C
B. 江西石城话（客家方言）	唔ŋ̍^{24}/冇 mau^{24}	冇 mau^{24}	冇 mau^{24}	V唔C
B. 湖南茶陵秩堂镇方言（客家方言）	唔 ŋ̍^{35}/冇 mau^{35}	冇 mau^{35}	□lən^{33}	V唔C
B. 福建连城客家话	唔 ŋ̍^{35}/无 mau^{55}	无 mau^{55}	无 mau^{55}/唔（曾）ŋ̍^{35}（tshaŋ^{55}）	V唔C
B. 闽西永定客家话	唔 en^{33}/无 mou^{24}	无 mou^{24}	无 mou^{24} 㬟 maŋ^{33}/㬟有 maŋ^{33} iəu^{33}	V唔C
B. 湖南江华寨山话（粤方言）	唔 ŋ̍^{13}/冇 mao^{13}	冇□mao^{33} la^{51} 冇有 mao^{13} iou^{33}	冇 mao^{13}	V唔C

（续表）

方言点	不	没（有）¹（动词）	没（有）²（副词）	V 不 C
B. 福建福州方言（闽方言）	怀m̩²⁴² / n̩²⁴² / i̯²⁴² / in⁵⁵ / 无 mo⁵³ /	无 mo⁵³	怀曾 ein⁵⁵ nain²¹	V 𣍐 C
B. 福建厦门方言（闽方言）	唔m̩¹	无 bo³⁵	无 bo³⁵ 未 be¹¹	V 𣍐 C
C. 湖南洞口方言（湘方言）	唔n̩⁴⁴ / 不 pu⁴⁴ / 没 mai⁴⁴	没 mai⁴⁴	没得 mai⁴⁴ tə¹³	V 不 C
C. 湖南双峰甘棠镇方言（湘方言）	唔n̩⁵⁵ / 不 pu³⁵ / 冇 m ɤ³³ / 冇得 m ɤ³³ k ɤ²¹	冇（得）m ɤ³³（ti⁵⁵）	冇 m ɤ³³ / 冇以 m ɤ³³ i²¹	V 唔 / 不 C
D. 湖南沅陵乡话	不 paʔ⁵³ / 不 pa¹³ / 不 pu²²	不（得）paʔ⁵³（tə¹³）/ 不（得）paʔ⁵³（tə¹³）	不 pa¹³ / 不 pu²²	不 pa¹³ VC / V 不 pu²² C
D. 湘西古丈瓦乡话	不¹ pa¹³ / 不² pu¹³	不¹ 得 pa¹³ t ɤ¹³	不¹ pa¹³ / 不² pu¹³	V 不² pu¹³ C
D. 湖南城步巡头乡话	不¹① pa⁴² / 不² pa¹³ / ·pu	不¹ 得 pa⁴² te²⁴	不¹ pa⁴²	V 不³ ·puC
E. 湖南永州岚角山土话	□a¹³ / 不 pu³³	没得 mei³³ ta³³	莫（□）mo³³（do³³）	Vpu³³ C
E. 湖南东安土话	□ɣa²⁴ / 不 pu⁴²	冇（得）mau⁵⁵（ti⁴²）	冇（有）mau⁵⁵（ɣau²⁴）不得 pu⁴² ·ti	V 不 C
E. 广西灌阳话（湘方言）	勿 u³³ / 不 pu³³ / 没 məi²⁴	没（得）məi²⁴（tə³³）	没（得）məi²⁴（tə³³）	V 勿 u³³ C / V 不 pu³³ C
E. 广西贺州铺门话（粤方言）	□n̻ia²³¹ / 唔 i̯²³³	□n̻ia²³¹（i̯²³³ ia²³¹ 唔有的合音）	□n̻ia²³¹ / 唔曾 i̯²³³ tan³³	V □n̻ia²³¹ C / V 唔 C

---

① 郑焱霞，彭建国在《湖南城步巡头乡话研究》（2016）中将否定词 pa⁴² 转写为"不"，由于 pa⁴² 与"冇"的声母读音差别较大，目前也没有足够的证据证明其是表达有无否定的"无"或"冇"，因此本书也将否定词 pa⁴² 记作"不"。同样如此，湖南沅陵乡话、湘西古丈瓦乡话的否定词 pa¹³ 本书也根据原文记作"不"。

四、南方方言否定标记的类型学特征

从现有的资料来看，我们可以将南方方言否定标记的类型学特征总结成如下四点。

（一）有无否定标记词以［m］为声母 > 有无否定标记词以［b］为声母

这一特征是指：有无否定的优势标记词是以［m］为声母的标记词，其语源是"无"，有无否定标记词以［b］为声母只有少数方言点。

在本书所涉及的53种南方方言中，无论其单纯否定的声母是［m］，还是自成音节的鼻辅音或其他成分，绝大部分方言的有无否定标记词都以［m］为声母，一般方言著作依据普通话的读音将其转写为"没""冇""冒""莫"等。罗杰瑞（1995）、潘悟云（2001）、覃远雄（2007）、张敏（2002）皆认为"冇""冒"是"无有"的合音，潘悟云（2001）认为现代汉语中的"没"是由古汉语中的"无"促化而来。

南方方言中有无否定标记词也有以［b］为声母的，以［b］为声母表有无否定的方言数量不多，主要集中在闽方言区的方言中，如厦门话中的［bo²²］、海丰话中的［bo⁵⁵］、潮州话中的［bo⁵］，这些否定词都表达"无"或"没有（动）"的意思。从语音演变规律来看，厦门话中的明母字如"毛、帽、磨、亩、牡、母、姥、某"今声母都读为［b］，[1] 海丰话中的中古明、疑二母字中的有些字白读为声母［b］，文读为［m］或［ŋ］，如：马［ma］～［be］，苗［miau］～［bio］，牙［ŋa］～［ge］，牛［ŋiu］～［gu］，[2] 三十多年前海丰北片的公平话里，中古明母字大多读为全浊双唇音［b］，如"明、眠、忙、密、蜜、味、蚊、磨、莽"等字的声母均为［b］，但三十年后，海丰公平话中的这些字的声母大多为鼻辅音声母［m］代替。因此，闽方言区的方言中以［b］为声母的否定词表达的是有无否定，"［bo］"正是明母字"无"的读音在闽方言中的较早层次，其来源并不是"不"。

（二）有无否定向一般否定延伸 > 一般否定向有无否定延伸

这一特征是指：否定词的优势演化趋势是有无否定逐渐向一般否定延伸，这种演化具有显著的地域特征。同时，一般否定向有无否定演化处于明显劣势

---

[1] 周长楫，欧阳忆耘. 厦门方言研究[M]. 福州：福建人民出版社，1998：45，46.
[2] 杨必胜，潘家懿，陈建民. 广东海丰方言研究[M]. 北京：语文出版社，1996：66，154.

地位。

在很多汉语南方方言中，一般否定与有无否定并非完全对立，有无否定也可以表达单纯否定的意义，即"无"类否定词可以承担"不"类否定词的功能。Croft（1991）提出语言中的"存在否定形式的演化圈"，他认为有些语言中有一种循环式的演变：假定某个语言或方言里的存在否定形式是"无"，一般的动词否定词是"不"，那么这个"无"有可能发展出一般否定的功能，从而取代原有的一般否定词"不"。存在否定词发展出一般否定用法之后，要表达存在否定则可能会带上"有"以示区别。而当"无有"连用时间长了之后，可能出现合音现象，产生出一个新的存在否定形式。这个新的存在否定形式又可能像其前身"无"那样，又发展出一般否定的用法，其后，若要再表达存在否定，后面又可能加上一个"有"。这样的演化过程理论上可以再三反复地出现，形成一个周而复始的"演化圈"。

本书统计的南方方言中，否定词演化的趋势绝大部分是由存在否定逐渐向一般否定延伸，但延伸的进程在各种方言中并不完全一致。总体来说，可以分为三种情况：①存在否定标记词已经完全演化为一般否定标记词，并与一般否定标记同形，上文的大部分"单一型"否定标记的方言即是如此，如南宁平话、贵州锦屏方言、湖南绥宁方言等，只用一个"冇"或"没"就可以表达一般否定与存在否定；②存在否定标记词演化为一般否定标记词后，与原有的存在否定标记在形式上有所区别，原有的存在否定可能会加上一些附缀性成分，如上文中的"唔－冇（无）"对立型语言。据覃远雄（2007），"唔"的本字即是"无"，"冇"是"无有"的合音，二者在形式上形成对立，这种情况以湖南宜章土话、湖南桂阳六合土话等为代表；③存在否定标记词"无"演化为一般否定标记词后，其后形成的存在否定又演化为新的一般否定标记，如上文中的湖南茶陵方言、永新方言，存在否定标记词"唔（无）"演化为一般否定标记后，存在否定用"无有"来表达，以示区别，但"无有"逐渐合音成"冇"，现在"冇"又开始新一轮的演化进程，开始部分地充当一般否定标记。

有无否定逐渐向一般否定延伸具有明显的地域选择性。根据目前的资料，有无否定标记向一般否定标记延伸主要发生在汉语南方方言中，包括湖南南部、西部，贵州东南部，江西西南部，广东、广西、福建省的部分地区。

有无否定向一般否定演化在否定词的演化中占优势地位。一般否定向有无否定演化处于明显劣势地位，这类方言只有少数几种，如湖南泸溪梁家潭乡话、湖南沅陵乡话、湘西古丈乡话、湖南城步巡头乡话，此外，还有云南昆明、腾冲等地，这些地方将普通话中的"没有"说成"不有"。

（三）"无"类语音形式≥"未"类否定词语音形式≥"不"类否定词的语音形式

这一特征是指：从语音形式来看，"不"类否定词的语音形式最为简单，其次是"未"类否定词，"无"类否定词的语音形式最为复杂。

在本书统计的53种汉语南方方言中，否定词的语音形式根据其语义和功能的不同而不同。"不"类否定词普遍只有一个音节，且音节结构简单，很多是一个鼻辅音自成音节，音节最长的也只有三个音素，如"冇［mau］"；"无"类否定词大部分有两个音节，多数为"没有"或"没得"，最多的有三个音节，如宁远平话中的"勿的得"；"未"类否定词大部分只有一个音节，如"未"，有的有两个音节，如"不曾"，并且极易形成合音简化为一个音节，如闽西永定客家话中的"盲"可能是"无曾"的合音，茶陵客家方言中的"lən³³"可能是"唔曾"的合音。

究其原因，可能是与它们的句法地位有关。"不"类否定词是副词，意义较虚，它黏附在动词之前，读音容易被弱化，因此语音形式最简单。"无"类否定词是动词，在句子中处于核心地位，读音需要强化，因此要用两个音节来强化其句法地位。"未"类否定词也是副词，在动词前处于依附地位，读音也容易被弱化。

（四）南方方言完成体否定词数量≥普通话完成体否定词数量

这一特征是指：南方方言完成体否定词在数量上可能比普通话完成体否定词多，在语义表达上要比普通话完成体否定词区分更为细致。

普通话中的完成体否定词只有一个，即"没有²"，如"他没有来"是对完成体"他来了"的否定，或者用添加"还"的方式表达对预设的否定，如用"他还没有来"，表达"他现在没来但待会儿会来"的意思。但在有些南方方言中，"未"类否定词不止一个，这些方言除了用"无"类否定词表达动作行为尚未完成之外，还存在一个表达"还没有"或"尚未"意义的否定词，这个否定词除了用"未"表达之外，还常常用复合否定词来表达，包括"没曾""无曾""冇曾""唔曾""未曾""不曾"等。比如粤方言广州话中对已然的否定分为"冇"和

"未","冇"客观地说明没有发生，"未"表示应该发生而到说话时还没有发生，含有说话人的预设。① 闽方言潮州话中，"无"表示客观说明事实，"未"表示预期中的动作行为或状态没有发生，"饭无煮熟"表示煮饭这个行为已经结束，但结果是饭煮得不够熟；"饭未煮熟"表示"饭正在煮"，但还没有煮好，"煮"这个行为还在进行。② 所以，从所表达的时体意义上来说，南方方言如粤方言、闽方言的否定词比普通话要区分得更为细致严密。

第三节　南方方言否定词和否定式的个案研究

本节内容以茶陵客家方言为个案，对南方方言否定词和否定式进行分析。茶陵县位于湖南省东部，北接攸县，南达广东，东接江西省井冈山市，西邻郴州市的安仁县。陈晖、鲍厚星（2007）指出，茶陵县城话属赣语，茶陵县秩堂、桃坑、高垅、八团等乡镇为客家话分布区域，属于湖南省境内客家话的湘东片炎茶小片。③ 茶陵客家方言区位于茶陵县东北，与江西交界，古代又称茶乡，客家话在当地又称为"茶乡话"。茶乡话与茶陵县城话差别很大，初次交流相互很难听懂。

谭穆喜（2007）的《三大学士故里》中记载，茶乡一带，古代人烟稀少，唐五代以后，陆续有人从开发较早的江西、安徽、福建一带，向西经湘赣边界进入茶陵定居，同时，茶水下游及洣水流域也有人沿江而上开发农耕，两方汇合交流逐渐形成了茶乡方言。茶乡地处偏僻，交通不便，历史上长期处于半封闭状态，使得茶乡话在一定程度上成为赣客方言的"化石"。④

茶乡宗族观念浓厚，祠堂林立，每个家族都有自己完整的族谱。本书发音人为秩堂镇人，据其彭姓族谱记载，其家族自元末即开始定居秩堂镇，世代繁衍，至今已有六百多年的历史。本书即以秩堂镇的客家话为例，探讨茶陵客家方言否定词与否定格式的用法。

---

① 詹伯慧. 广东粤方言概要[M]. 广州：暨南大学出版社，2002：62—80.
② 庄义友. 潮州话的否定副词[J]. 语文研究，2001（3）：47—50.
③ 陈晖，鲍厚星. 湖南省的汉语方言（稿）[J]. 方言，2007（3）：250—259.
④ 谭穆喜. 三大学士故里[M]. 北京：中国文史出版社，2007：461.

一、茶陵客家方言的否定词

刘丹青（2005）从汉语方言否定词的类型角度指出，汉语古今南北普遍具有普通否定与有无否定（存在否定）的词项差异，客家话属于否定词类型中的华南型，其特征是普通否定和有无否定为同源词，都含有声母［m］（或其他鼻音变体）。[①] 这一断定并不能完全概括所有客家方言否定词的类型，如茶陵客家方言的普通否定词和有无否定词是同源的，都含有鼻音声母［m］（或其他鼻音变体），但二者在分布和功能上，既有区别，又有相通之处。茶陵客家方言共有四个否定标记，分别是：唔［ŋ³⁵］、冇［mau³⁵］、□［lən³³］、□［le⁴¹］。下文将分别举例论述其用法与意义。

（一）唔［ŋ³⁵］

唔，否定副词。在茶陵客家话中，有两个功能：

第一，用在动词前，否定主观意愿或某种习惯性行为。例如：

（1）我今日唔买火车票。（我今日不买火车票。）

（2）我唔听你咯。（我不听你的。）

（3）佢唔吃烟，也唔打牌。（他不抽烟，也不打牌。佢：他或她。）

第二，用在形容词前，否定某种性质或状态。例如：

（4）佢今日身体唔舒服。（他今天身体不舒服。）

（5）箇只□lai⁴¹□·li唔老实。（这个小伙子不老实。箇：这。□lai⁴¹□·li：男孩或男青年。）

（6）箇条河唔宽，也唔深。（这条河不宽，也不深。）

（二）冇［mau³⁵］

冇，有两种词性，一是否定动词，记作"冇¹"，通常用在名词前，表达对"领有、具有、存在"的否定，或是表达"没有达到某种程度"，相当于普通话中的动词"没有"。例如：

（7）我□·ki冇钱，也冇权。（我们没有钱，也没有权。□·ki：复数标记。）

（8）老王一点办法都冇。（老王没有一点办法。）

（9）屋里一个人都冇。（屋里一个人都没有。）

---

① 刘丹青．汉语否定词形态句法类型的方言比较[J]．（日）中国语学，2005（252）：1—22．

（10）佢冇佢□·ki 爹箇高。（他没有他爸爸那样高。）

此外，冇¹还可以用在动词前，作助动词，表达对行为可能性的否定。例如：

（11）佢今日冇来。（他今天不会来。）

二是否定副词，记作"冇²"，用在形容词前，表达对性质、状态的否定。例如：

（12）箇种青椒冇麻。（这种辣椒不辣。青椒：辣椒。）

（13）我今日脑壳冇痛。（我今天头不痛。）

（三）□ [lən³³]

□ [lən³³]，为记录方便，本书记作"嘚"，否定副词，根据其他南方方言的否定词进行推理，有可能是"唔曾"或"无曾"的合音。"嘚"位于动词前，否定动作的完成，是对完成体的否定。例如：

（14）我嘚看过箇只电视剧。（我没看过这个电视剧。）

（15）佢昨日夜里嘚回屋。（他昨天晚上没回家。）

（16）柑子红哩嘚？——还嘚红。（橘子红了吗？——还没红。）

（四）□ [lε¹⁴]

□ [lε¹⁴]，为记录方便，本书记作"嘞"，禁止副词，应当也是否定词和助动词的合音产生的。龙安隆（2016）认为，江西永新方言的表禁止的否定词"勒"是"唔得"的合音。①本书推测茶陵客家方言中的"嘞"也可能是"唔得"的合音，其功能相当于普通话中的否定副词"别"。例如：

（17）嘞割哩手拐！（别割到手了！手拐：手。）

（18）你嘞叫！（你别哭！）

禁止副词除了用"嘞"之外，还可以用"唔要"，但用"嘞"更常见，说话时显得干净利落、简洁有力。

（19）你嘞操心！（不用你操心！）

（20）唔要你操心！（不用你操心！）

例（19）中用"嘞"，例（20）中用"唔要"，二者相比，例（19）更加简洁有力。

---

① 龙安隆. 赣语永新方言的否定词和反复疑问句[J]. 井冈山大学学报（社会科学版），2016（1）：115－122.

二、否定词的用法比较

茶陵方言中，否定词"唔、冇、嚒"的用法既有差异，又有相通之处。

（一）"唔"与"冇²""嚒"的差异

"唔"与"冇²""嚒"的差异主要体现在主客观性、时间性的不同上，此外，还体现在搭配的对象上。

1. 主客观性、时间性存在差异

"唔"否定主观意愿，具有泛时性；"冇²"否定可能性，时间常常指向将来；"嚒"否定完成或经验，时间指向过去，句子的动词具有过程性。例如：

（21）佢唔来。（他不想来。）

（22）佢冇来。（他不会来。）

（23）佢嚒来。（他没来。）

（24）佢唔睏。（他不想去睡。）

（25）佢冇睏。（他没有睡意/他一下都没睡。）

（26）佢嚒睏。（他还没睡。）

例（21）（24）中，"唔"侧重表达主观上的不想或不愿，即"不想来"或"不想睡"。例（22）中的"冇"表达"没有来的可能"，侧重强调客观上的不可能。例（23）（26）用"嚒"表示"他没来"或"他没睡"的既定客观事实。例（25）中则可能有两种意思，一是"没有睡意"，二是从前一种意思推理出的"一下都没睡"。因此，"唔""冇²""嚒"三者的侧重点不一样。例如：

（27）打佢做得，佢唔走哩。（就算你打她，她也不想走了。）

（28）佢养哩两个崽咯，佢冇走哩。（她生了两个小孩，她不会走了。崽咯，小的，即小孩。）

例（27）（28）的结果都是"不走"，但意义有细微的差别。例（27）的"唔"侧重主观上的"不想走"，例（28）的"冇"侧重外部客观条件上的"不可能走"，所以"不会走"。当动词后有"过"或结果补语时，即使是假设句，也必须用"嚒"。例如：

（29）嚒失败过，就冇成功。（不经历失败，就不会成功。）

（30）嚒到黄河唔死心。（不到黄河心不死。）

例（29）在普通话中，"不经历失败"也可以说"没经历失败"，但在秩堂方

言中，只能说"嗯失败过"，不能说"唔失败过"或"唔经历失败"。在回答问句时，"唔"不能单用，"冇""嗯"都可以单用，可以说"冇/冇啦"或"嗯/嗯啦"，但不能说"唔/唔啦"。

2. 否定对象存在差异

"冇²"可以否定状态形容词，"唔""嗯"都不能。形容词是表示事物属性的词语，可以分为性质形容词和状态形容词。很多学者认为，性质形容词大多有否定形式，状态形容词不能被否定，因而没有否定形式。如李宇明（2000）指出，"一般的性质形容词都有否定式"，"状态形容词没有否定式"。石毓智（2001）从否定的语义规律出发也认为："定量形容词或高程度形容词不能被否定。"[①] "自然语言的否定规律是：语义程度越高，越不容易被否定；语义程度越低，越容易被否定。"状态形容词语义程度普遍较高，因此普通话中不能说"不雪白"或"没雪白"，因为"雪白"本身已经带有高程度的语义成分。[②]

汉语方言中，状态形容词也很少能受否定，如蒋协众（2015）指出，湘方言邵阳话中，表状态的形容词重叠式一般不能被否定副词"唔"或"冇"修饰，下面的例子在短语层面一般不说：

冇乖乖他他（没漂漂亮亮）　　冇幽清幽清（没很清澈）

冇臭款臭款（没特别臭）　　唔黄晴晴哩（不特别黄）

但是在句子层面，又存在一些形容词重叠式可以受到否定副词否定的情形，除了祈使句和虚拟句之外，在问话的答句中，某些状态形容词可以受相当于普通话"没、没有"的否定副词"冇""冇有"否定。[③] 例如：

甲：你又拿隻屋弄得焦统统湿哩！（你又把个屋子搞得湿漉漉的！）

乙：摆起冇焦统统湿！（明明没有湿漉漉的！）

在茶陵秩堂客家话中，"冇²"可以修饰状态形容词。对高程度状态形容词的否定，也就是对形容词低程度的肯定。高程度的状态形容词不能用"唔"或"嗯"来否定，但是能用"冇"来否定。无论是短语层面还是句子层面，表达都很自然，例如：

冇冰冷（不是很冷）　　冇墨黑（不是很黑）

---

①李宇明. 汉语量范畴研究[J]. 武汉：华中师范大学出版社，2000：58，259.

②石毓智. 肯定和否定的对称与不对称[M]. 北京：北京语言文化大学出版社，2001：122.

③蒋协众. 湘方言重叠研究[D]. 长沙：湖南师范大学，2015：165.

冇鲜红（不是很红）　　　　　冇鲜黄（不是很黄）

冇□mei⁴¹烂（不是很烂）　　　冇梆硬（不是很硬）

冇喷香（不是很香）　　　　　冇喷臭（不是很臭）

冇□sa²¹¹酸（不是很酸）　　　冇□sa²¹¹苦（不是很苦）

冇□pho⁴¹满（不是很满）　　　冇恶麻（不是很辣）

冇恶忙（不是很忙）　　　　　冇恶痛（不是很痛）

（31）佢画个圆圈冇□lei³³□lan³⁵。（他画的圆圈不很圆。）

（32）箇只壁头冇雪白。（这堵墙壁不太白。）

上述的状态形容词的前一个音节都是修饰性成分，有些有比喻义，如"冰冷""墨黑"中的"冰""墨"；有些只是衬音成分，没有实际意义，如"□sa²¹¹酸""□sa²¹¹苦"中的"□sa²¹¹"；有些是程度副词，如"恶麻""恶忙"中的"恶"。"恶"在秩堂话中是个常见的程度副词，意思是"特别、极其"。"冇²"对状态形容词的否定实质上是对高程度量的否定。

（二）"唔"与"冇²"的相通之处

当对性质形容词进行否定时，对有些词语而言，"唔"和"冇²"的意义差别不大，都相当于普通话中的"不"，例如：

唔甜——冇甜　　　唔新鲜——冇新鲜　　　唔整齐——冇整齐

唔好吃——冇好吃　　唔好看——冇好看　　唔勤快——冇勤快

唔喜欢——冇喜欢

还有些常见的性质形容词习惯上只受"冇²"的否定，例如：

冇麻（不辣）　　　　冇咸（不咸）　　　　冇暖和（不暖和）

冇直道（不直爽）　　冇贵（不贵）　　　　冇热闹（不热闹）

冇壮冇瘦（不胖不瘦）

当对动词进行否定时，"唔"与"冇²"的主客观差异受到主语人称的影响，当主语是第三人称时，主客观的差异较为明显，如上例（21）（22），但当主语是第一人称时，主观与客观的差异较为模糊，受第一人称的主语施动控制的影响，"冇²"也带上了一定的主观性。例如：

（33）我唔得你吃。（我不想给你吃。得：给。）

（34）我冇得你吃。（我不可能给你吃。）

例（33）与（34）几乎没有差别，因为"我没有给你吃的可能"很大程度上已经涵盖了"我不想给你吃"的意思，并且表义更为宽泛，还包括了其他客观条件所造成的"不能给你吃"。

三、几种特殊的否定格式

（一）可能补语的否定

茶陵客家话中的可能补语"V 得 C"的否定式一般采用"V 唔 C"格式，例如：

担唔起（挑不起）　　走唔动（走不动）　　吃唔完（吃不完）

听唔到（听不见）　　看唔懂（看不懂）　　搞唔清（搞不清）

想唔出（想不出来）　收唔回来（收不回来）

此外，茶陵客家话中还有一种能性述补结构的否定式：V 唔得 OC。

普通话中的能性述补结构的否定式采用"V 不 CO"的格式，如：打不赢他。有的方言可以有三种语序，如项梦冰（1997）的连城客家话中可以说：喊佢唔醒/喊唔醒他/喊不他醒；[①] 有的方言有两种语序，如邓永红（2007）的湘南桂阳六合土话中可以说：吓我唔倒/吓唔倒我。[②] 但是茶陵客家话中，主要采用一种在普通话和其他方言中都很少见的"V 唔得 OC"的格式，例如：

A	B	C
打唔得佢赢（打不赢他）	*打唔赢佢（打不赢他）	？打佢唔赢（打他不赢）
请唔得佢到（请不到他）	*请唔到佢（请不到他）	？请佢唔到（请他不到）
喊唔得佢应（喊不应他）	*喊唔应佢（喊不应他）	？喊佢唔应（喊他不应）
吃唔得佢消（吃不消他）	*吃唔消佢（吃不消他）	？吃佢唔消（吃他不消）

上述能性述补结构的三种否定式中，A 式最为常见，普通话中所常见的 B 式在秩堂方言中基本不说，其他南方方言常见的 C 式在茶陵客家方言中很少说，发音人觉得很别扭。

（二）"有""冇"句

茶陵秩堂客家话中，"有""冇"都可以作动词，形成"有"和"无"的对立，表示在"拥有""存在"上的对立。例如：

（35）佢有钱，我冇钱。（他有钱，我没钱。）

---

①项梦冰 . 连城客家话语法研究［M］. 北京：语文出版社，1997：178.

②邓永红 . 湘南桂阳六合土话的否定词［J］. 语言研究，2007（2）：81—84.

（36）你还有粮食冇？（你还有粮食吗？）

但是，茶陵方言中动词"有"的组合能力比普通话的"有"组合能力更强，"有"可以跟某些形容词组合，意思是"有某种属性"。例如：

（37）佢有蠢，话起一句箇话。（她很蠢，说出一句这样的话。）

（38）佢有猛。（他很猛。猛：做事冲动。）

（39）□kaŋ³⁵咯水有甜。（那里的水有些甜。□kaŋ³⁵：那里。）

（40）灵姑娘话话有灵。（神婆说话很灵。）

例（37）～（40）的"有"表存在或拥有、具有，并且这些"有"也可以理解成程度加深，相当于普通话的程度副词"很"。

与"有"相对的"冇"也可以与形容词组合，即上文所说的"冇²"。例（37）的否定式是"佢冇蠢"，"蠢"在秩堂方言中是一个常见词，即"不聪明"。"蠢"专门针对女性而言，针对男性的不聪明则称之为"憨"，因此有"蠢婆憨公"的四字格式。女性不蠢为"冇蠢"，男性不蠢则称之为"冇憨"。与例（39）的"有甜"相对立的是"冇甜"，可以说"箇只西瓜冇甜"。由此可以看出"冇²"是由"冇¹"发展而来，都是与"有"相对的概念，"冇¹""冇²"都是对"无"的表达，只不过搭配对象的词性不同而已。

"有"还可与动词组合，表示行为存在可能性，"冇"则表示不存在这种可能性。例如：

（41）佢箇高个价钱买进来，佢还有赚。（他这么高的价钱买进来，他还会赚钱。）

（42）你今日回来哩，老二也有回。（你今天回来了，老二也会回来。）

（43）本子唔要买，学堂里有发。（本子不用买，学校里有发。"有发"即"会发"。）

（44）佢□suo⁴¹□kai³³咕有变。（他说不定会变。□suo⁴¹□kai³³咕：说不定。）

（45）雨落哩几工哩，今日总有停。（雨下了几天了，今天总会停下来。）

（46）先时候，崽人有带，箇下带唔倒哩。（以前，小孩能收养，现在不能收养了。崽人，小人，即小孩。）

（47）唔晓得箇只病有好冇好。（不知道这个病会好还是不会好。）

（48）佢屋里咯田冇出，还有进。（他家里的田没有分出去的，还有分进来的可能。）

例（41）～（46）的"有"都表示存在某种可能性，例（47）"有好冇好"表示"会好"或者"不会好"，例（48）"冇出"表示"不存在分出去的可能"，"有进"表示"存在分进来的可能"。

"有"和"冇"还可以分别出现在动词前和动词后，构成正反问句，询问行为、状态的可能性。如下表：

表3-4 茶陵客家方言的"有冇"正反问句

茶陵秩堂客家话	普通话
（49）今日夜里有来开会冇？ ——有来。 ——我冇来，我冇日工来。	今天晚上来不来开会？ ——我会来。 ——我不会来，我没时间来。
（50）你有去佢□·ki屋吃饭冇？ ——我有去。 ——我冇去。	你去不去他们家吃饭？ ——我会去。 ——我不会去。
（51）后日有来打禾冇？ ——我冇来。	后天来不来收稻谷？ ——我不会来。
（52）你明日有送佢来冇？ ——冇啦，我明日唔得闲。	你明天送不送他来？ ——不会啦，我明天没空。
（53）你明日有来卖西瓜冇？ ——我冇来。	你明天来不来卖西瓜？ ——我不会来。
（54）你明日有帮佢□·ki做事冇？ ——冇啦。	你明日帮不帮他家做事？ ——不会啦。
（55）你今年等下有结婚冇？ ——冇啦，冇结婚。	你今年过一阵子结不结婚？ ——不会，还不会结婚。
（56）你箇下有痛冇？ ——有痛。/——冇痛哩。	你现在还痛不痛？ ——还痛。/——不痛了。

这种"有冇"句在时间上往往指向将来，"有"后一般接行为动词，这些行为动词前很多都可以加上"来"或"去"表示行为的趋向，如例（49）～（53）。在回答的时候，答话人用"有+动词"进行肯定性回答，用"冇+动词"或"冇+啦"进行否定性回答。

茶陵客家话的"有冇"句与其他地区的客家话有区别，黄雪贞（1994）指出，梅县客家方言的"有"字句可以表已然，如"佢有来电话。（他来电话了。）"
"你有着寒衣无？（你穿了冬衣没有？）"而茶陵客家方言只能说"佢来哩电话"
"你穿哩棉衣嘞？"，此外，黄雪贞并没有指出梅县客家方言的"有"是否可以表
将来可能。①

与"有冇"句相似的"有无"句在闽南话中广泛存在，李如龙（1986）②、陈
法今（1987）③对闽南话中的"有""无"句进行了详细的描写，但闽南话中的
"有无"句在时间上可以适用于"过去、现在和将来"，茶陵方言中的"有冇"只适
用于将来。下面以表格的形式将茶陵客家方言与闽南话"有"的时间性列举出来。

表 3-5　茶陵客家方言与闽南话"有"的时间性比较表

茶陵秩堂客家话	闽南话	普通话
佢有来。（将来）	伊有来。	他会来。
佢昨日写紧哩。（过去）	伊昨方有写好。	他昨天写好了。
佢在□kaŋ³⁵写。/佢正倒写。（□kaŋ³⁵：那里。）（现在）	伊唧久有咧写。	他现在正在写。

（注：闽南话例句转引自李如龙文）

李如龙（1986）指出，上述三例中，闽南话的"有"都可以转换成"无"，
但茶陵客家方言中只有第一句可以转换成"冇"字句，后两句要用"嘞"来否
定，说成"佢嘞写完。（他没写好。）"和"佢嘞写哩。（他没写了。）"

秩堂方言中的"有冇"式问句也可以用"V唔V"的形式来提问，回答问题
的人一般直接回答自己的主观态度，用"唔"来作否定性的回答，但"唔"不能
单用。例如：

（57）你明日来唔来卖西瓜？

肯定回答：明日我来。

否定回答：明日我唔来（哩）。

（58）你今年等下结唔结婚？——我唔结婚。（你今年结不结婚？——我不
结婚。）

"有冇"问句侧重询问行为的可能性，而"V唔V"格式侧重询问行为的主

---

①黄雪贞. 客家方言的词汇和语法特点［J］. 方言，1994（4）：268-276.
②李如龙. 闽南话的"有"和"无"［J］. 福建师范大学学报（哲学社会科学版），1986（2）：76-83.
③陈法今. 闽南话"有"和"无"字句式［J］. 华侨大学学报（哲学社会科学版），1987（2）：113-120.

观性。例如：

(59) 佢还有养冇？（她还能生小孩吗？）

肯定回答：还有养。（还能生。客观能力）

否定回答：冇养哩，箇大年纪还有养喽！（不能生了，这么大年纪还能生喽！客观能力限制）

否定回答：冇养哩，佢养哩两个还有养喽！（不能生了，她生了两个还能生喽！客观外部条件限制）

(60) 佢还想唔想养崽？/佢还想养崽唔？（她还想生小孩吗？）

肯定回答：还想养。（还想生。主观意愿）

否定回答：佢唔想养哩。（她不想生了。主观意愿）

例（59）中，问"还有没有能力生"，通过对其能力的提问，以实现对可能性的询问，造成用"冇"进行否定性回答的原因既可能是自身的客观能力，也可能是客观的外部条件。例（60）中，问主观意愿"想不想"，答语中用"唔"来否定主观意愿。

（三）否定词与"是"的组合

普通话陈述句中"是"与否定词的组合有两种：表判断的"不是"与表不情愿推测的"莫是"。但在茶陵客家话中，"是"与否定词的组合有四种形式：唔是、冇是、嗯是、嘞是。

1. "唔是"：表否定性判断

"唔是"表否定性判断，相当于普通话中的"不是"，即对事物的类属或同一性进行否定性的断定。例如：

(61) 佢唔是长沙人。（他不是长沙人。）

(62) 我唔是村长。（我不是村长。）

2. "冇是"：表否定性推测和否定性对比

"冇是"后加"箇（这样）"可以表推测，即"不可能会是"，对"是"后内容的可能性进行否定，例如：

(63) 佢冇是箇坏。（他不会这样坏。）

(64) 佢冇是箇做。（他不会这样做。）

例（63）（64）中，表对可能性的否定性推测，"箇（这样）"表程度，如果没有"箇（这样）"的话，"是"也可以省略，说成"佢冇坏（他不可能坏）"，但不能说"＊佢冇是坏"。

在"冇是＋箇（这样）＋动或形"句式中，如果句中有"从来"，则是与过去进行比较，说明现在有所不同，出现了新的变化。例如：

（65）佢从来冇是箇不务正业。（他从来没有这样不务正业。→他原来务正业。）

（66）箇只狗从来冇是箇咬人。（这只狗从来没有这样咬人。→这只狗原来不咬人。）

3. "嘢是"：表客观比较

"嘢是＋箇＋动"句式中，将动作行为与他人进行比较，可以带经验体标记"过"。例如：

（67）我嘢是箇打过佢。（我没有这样打过他。→你怎么能这样打他?）

（68）我嘢是箇吃过烟。（我没有这样抽过烟。→你怎么抽这么多烟?）

如果要将动作行为与自己进行比较，则在"嘢是"前加一个"先"字。例（67）可以说"我先嘢是箇打过佢。（我以前没有这样打过他。→但是我今天这样打了他。）"

4. "嘞是"：表禁止

"嘞是＋箇＋动"句式主要表达禁止。例如：

（69）你嘞是箇打佢！（你别这样打他！→你别打他打得这么厉害!）

（70）你嘞是箇吃烟！（你别这样抽烟！→你别抽这么多的烟!）

这种禁止句也含有比较的意味，在口语中还可以经常说："嘞是箇!"即"别这样!"如果没有表程度的"箇"的话，则只能说"你嘞打佢!""你嘞吃烟!"

总之，"唔是、冇是、嘢是、嘞是"听上去层次相似，但实际语义语法层次还是有区别的。"唔是"的"是"表判断，"唔"否定的是"是"，"是"的意义较为实在。"冇是、嘢是、嘞是"中的"是"意义虚化，对表程度的"箇（这样）"有很大的依赖性，"箇（这样）"在句中重读，且音调可以拖长，"是"在句中依附于否定词之后，读音较轻，主要起加强语气的作用。"冇是、嘢是、嘞是"＋"箇"在语义语法上的组合层次应该是"冇、嘢、嘞"＋"是箇"，"冇、嘢、嘞"否定或禁止的是"是箇"，但在语言节奏和韵律的影响下，人们习惯将"冇是、嘢是、嘞是"组合在一起形成一个双音节的音步，使发音更为顺口。

以茶陵客家方言的否定词和否定式为个案来看，汉语南方方言的否定范畴比

189

普通话更为复杂。张敏（2002）从动态（历时）类型学方面提出解释——存在否定词向普通否定词用法引申是人类语言常见现象，而且是可以循环发生的机制。① 茶陵客家方言的存在否定词"冇"与普通否定词"唔"的用法存在大量交叉现象，这种交叉主要表现在对性质形容词的否定中。这种现象应该也是存在否定词"冇"向普通否定引申的演化机制的体现，但这种演化机制并非孤立进行的，应该是在其肯定形式"有"的语义演化的影响下形成的。

最后，茶陵客家方言否定词的主要功能总结如下表：

表 3-6　茶陵秩堂客家方言否定词的主要功能总表

否定词	功能	例句		
		肯定	否定	疑问
唔	否定意愿	我来。 （我来。）	我唔来。 （我不来。）	你来唔来？ （你来不来？）
	否定性质	今日咯菜好吃。 （今天的菜好吃。）	今日咯菜唔好吃。 （今天的菜不好吃。）	今日咯菜好唔好吃？ （今天的菜好不好吃？）
冇¹	否定存在	屋里有人。 （家里有人。）	屋里冇人。 （家里没有人。）	屋里有人冇？ （家里有人没有？）
	否定领有	佢有钱。 （他有钱。）	佢冇钱。 （他没有钱。）	佢有钱冇？ （他有钱没有？）
	否定可能	佢明日有来。 （他明天会来。）	佢明日冇来。 （他明天不来。）	佢明日有来冇？ （他明天会不会来？）
冇²	否定性质	箇只苹果有甜。 （这个苹果很甜。）	箇只苹果冇甜。 （这个苹果不甜。）	箇只苹果有清甜冇？ 箇只苹果甜唔甜？ （这个苹果甜不甜？）
	否定意愿	我喜欢佢。 （我喜欢他。）	我冇喜欢佢。 （我不喜欢他。）	你喜唔喜欢佢？ （你喜不喜欢他？）

---

① 张敏.上古、中古汉语及现代南方方言里的"否定-存在"演化圈 [C] //余霭芹. Proceedings of the international symposium on the historical aspect of the Chinese language： commemorating the centennial birthday of the late professor Li Fangkuei, vol II. Seattle：University of Washington，2002：571—616.

（续表）

否定词	功能	例句		
		肯定	否定	疑问
嚟	否定完成	我去哩。 （我去了。）	我嚟去。 （我没去。）	你去哩嚟？ （你去了没有？）
	否定经验	我去过北京。 （我去过北京。）	我嚟去过北京。 （我没去过北京。）	你去哩北京嚟？ （你去过北京没有？）
嘞	禁止	—	嘞去！（别去！）	—

第四节　南方方言否定判断的类型比较

从语言表达的角度来看，否定实际上是与肯定相反的一种断定，因此，否定必然与判断关系非常密切，我们可以从广义和狭义两个方面来探讨否定与判断的关系。

从广义上来说，一个否定性的陈述本身就在一定程度上蕴含了一个判断。这体现在如下三点上：一是否定可以表示说话者对某种属性、关系的认知，比如"他不算英雄"就是一个否定性判断，这句话是说话人根据"英雄"的标准对"他"进行的一种断定；二是否定也可以表达说话人对某事的可能性的判断，如"他来不了"就是对"他来"的可能性进行否定判断；三是否定还可以对某物不具有某种属性进行判断，比如"今天不冷"就是对"天气的冷热程度"进行否定性的断定。因此，一个否定性的陈述本身往往就意味着一种判断。

从狭义上来说，在一个句子中，当否定词后接判断动词"是"来否定名词性成分、谓词性成分或小句时，我们可以认为这是对一个判断的明确的否定，如"他不是我哥哥"是对"他是我哥哥"这个判断的否定，"柠檬不是甜的"是对"柠檬是甜的"这个判断的否定，"不是我想去"是对"是我想去"的否定。

为了明确本书的研究范围，本书将否定判断限定在狭义的"否定词＋是"结构上，这样可以使否定判断有形式上的可靠依据，将否定判断的语义特征表述得更加明确。

根据目前本人搜集到的资料来看，在汉语长江以北的官话区、晋语区、徽语区、吴语区中，要表达对判断的否定，基本上都是在判断动词"是"前加上否定词"不"，形成"不是"的组合，这些方言与普通话的否定判断基本一致，因此不在本书的研究范围之内，本书暂不讨论。本书主要讨论与"唔是""冇是"相关的否定判断，因此，本书主要讨论与本书密切相关的前文列举的南方方言的否定判断。

根据否定词与判断动词"是"的组合情况，前述 53 种南方方言的否定判断可以归纳为以下 7 种类型。

一、"冇是"型

在单一型否定标记的语言中，如果是以"没""冇""无"为核心否定语素，那么它们的否定判断一般都只会说"无是"或"冇是""没是"，为了表达简洁，本书将三者统称为"冇是"。例如：

普通话中的句子：是这么做，不是那么做。湖南宁远平话、溆浦方言、吉首方言、嘉禾土话等方言的表达分别如下：

宁远平话：（1）勿［mə²¹］是那什做，是这什做。（不是那么做，是这么做。张晓勤，P269）

溆浦方言：（2）冇是妹子做，要果子做。（不是那样做，要这样做。贺凯林，P253）

吉首方言：（3）没是□laŋ³⁵□·muŋ 搞，是□tsuŋ³⁵□·muŋ 搞的。（不是那么做，是要这么做的。李启群，P336）

嘉禾土话：（4）没是那么做，是要这么做。（不是那么做，是要这么做的。卢小群，P145）

双牌理家坪土话：（5）没是那么个做，是要咯样么个做。（曾春蓉，P192）

道县祥霖铺土话：（6）没是样咯做，是要样咯做咯。（谢奇勇，P214）

在单一型否定标记的语言如贵州锦屏方言、湖南吉首方言、广西南宁平话、海南海口方言、广东雷州话等方言中，无论是在陈述句中还是在正反问句中，其否定判断都是在判断动词"是"前加"无"类否定词。例如：

贵州锦屏、黔东南方言：

（7）他没是学生。（他不是学生。肖亚丽，2010）

（8）是没是你的书？——没是。（是不是你的书？——不是。肖亚丽，P36）

海南海口闽方言：

（9）夜头伊无是望书，就是望电视。（晚上他不是看书，就是看电视。陈洪迈，P94）

（10）是无是甲［ka^{55}］？（是不是？陈洪迈，P17）

广东雷州话：

（11）这扇也无是你做，都是用钱□na^{55}买来。（这扇也不是你做，只是用钱才买来。林伦伦，P242）

（12）伊是无是你□ni^{33}兄？（他是不是你哥哥？林伦伦，P197）

湖南宁远平话：

（13）大儿子勿是之养起的，小儿子是之养起的。（大儿子不是她亲生的，小儿子是她亲生的。张晓勤，P296）

因为单一型否定标记只有一个核心否定语素，没有别的不同形式的否定语素形成多项选择，因此，除了极少数几个"不"类否定词充当核心否定语素的语言外，大部分单一型否定标记方言只能采用判断动词"是"前加"无"类否定词的结构形式。还有个别方言的否定词类型虽然本身是单一型否定标记，否定判断用"没是"，但是由于受到普通话"不"的用法影响，也产生了"不是"的说法。例如在湖南吉首方言中，"没"大致相当于北京话的副词"不"和"没有、没"，一般都说"没是"，由于共同语的影响非常强大，偶尔也说"不是"，但是"没"的口语色彩更浓，"没"的使用频率要高得多。[1] 例如：

（14）去没去？（去不去？李启群，P290）

（15）你会没会讲英语？（你会不会讲英语？李启群，P290）

（16）你是没是湘西人？（你是不是湘西人？李启群，P290）

以上三句"没"也可以说成"不"，也就是说在正反问句中，"是没是"也可以说成"是不是"。

广西南宁平话：

在南宁平话中，"是"的否定形式就是"没是"，"没是"还可以虚化成假设连词，覃远雄等（1997）《南宁平话词典》中指出，"冇是［me^{24} si^2"］也相当于"要不然，否则"。例如：

---

①李启群. 吉首方言研究［M］. 北京：民族出版社，2002：293.

（17）你快哟，冇是我冇等你啊。（你快点，要不然我不等你了。覃远雄等，P30）

（18）好彩渠来喇，冇是有有人帮我。（幸亏他来了，否则没有人帮我。覃远雄等，P63）

（19）红灯亮喇要停车，冇是罚款啊。（红灯亮了要停车，否则要罚款了。覃远雄等，P63）

（20）冇惹渠，冇是佢打你啊。（别惹他，不然他打你了。覃远雄等，P30）

（21）你快滴，冇是我冇等你啊。（你快点儿，不然我不等你了。覃远雄等，P30）

二、"唔是"型

"唔是"型是指在某个方言中，否定判断只说"唔是"。否定判断为"唔是"的方言主要来自两种：一是"唔"和"冇"对立型的语言，二是某些"唔""冇"混合型语言。

（一）"唔"和"冇"对立型

在否定标记类型为"唔"和"冇"对立型的语言中，其否定一般都有表主观意愿和客观存在之别，其否定判断一般都只会说"唔是"。例如：

1. 广东梅县话（客家方言）

黄雪贞的《梅县方言词典》中有"係"词条：係，he^{53}，去声，是。举例如下：

（22）□ŋai^{11}係学生。（我是学生。黄雪贞，P23）

"係"的否定形式为"唔係 [m̩^{11}he^{53}]"，即"不是"，"唔係"中的"係"受前字"唔"的影响，读作me^{53}。例如：

（23）这兜东西係你个，唔係佢个。（这些东西是你的，不是他的。黄雪贞，P64）

（24）你係唔係听唔识？（你是不是听不懂？黄雪贞，P23）

林立芳（1990）指出梅县方言中的"唔系（不是）"还相当于"不然"，其后还可以接"咯话（的话）"加强假设语气。

（25）佢好得医生及时抢救，唔系就无命□e^2。（他好在医生抢救及时，不然就没命了。）

（26）好得佢□an³ 即伶，撞快拨开你，唔系咯话你就会分车撞倒。① （好在他很机灵，赶快推开你，不然的话你就会被车撞倒。）

2. 广东广州话（粤方言）

欧阳觉亚等（1997）在《广州话词典》中列出粤语广州话中"系"词条，系 [hei²²]：是。② 举例如下：

（27）系就话系。（是就说是。）｜系唔系？（是不是？）｜你系边人个？（你是谁？）

粤语中的否定判断基本用"唔系 [m̩¹¹ hei²²]"，并且可以合音成" [mei⁶]"用在句末。例如：

（28）系就系，唔系就唔系，誓愿都冇用。（是就是，不是就不是，发誓也没有用。）

（29）唔系佢就有鬼。（不是他才怪。）

"唔系"还形成了一些固定短语，例如：

唔系几快（不是特别快）｜唔系几似（不是特别像）｜唔系手脚（不是对手）

唔系路（不对头）｜唔系噉话（不是这么说）｜唔系唧话（不然的话，否则）

"唔系喇"还可以作为话语标记，出现在句首，提示说话人改变了主意，下文的语义可能有所转折。例如：

（30）唔系喇，都系噉好。（不，还是这样好。）

在广州方言中，"唔系"还可用于反诘语气，相当于"不就，不就是，可不是"，此时，"唔系"合音作" [mei²²]"。例如：

（31）噉唔系得啰！（这不就成了吗？）

（32）噉唔系，我早就话咯！（可不是，我早就说了。）

（33）你想去唔系去啰！（你想去就去呗。）

3. 广东海丰话（闽方言）

（34）伊拍我，唔是拍伊。（他打我，不是打他。杨必胜等，P49）

（35）阿国英姐，你讲是做生个道理是唔是啊？（国英姐，你说是不是这样的

---

① 林立芳. 梅县方言口语副词汇释[J]. 韶关大学学报，1990（4）：1—8.
② 欧阳觉亚，等. 广州话词典 [M]. 广州：广东人民出版社，1997：192，339，187.

道理啊？杨必胜等，P53)

(36) 搞建设唔是爱会刻苦？（搞建设不也要有这种刻苦精神？杨必胜等，P55)

(37) 是买人细，唔是卖人细。（是买东西，不是卖东西。杨必胜等，P57)

(38) 是干社会主义，唔是食社会主义。（是干社会主义，不是吃社会主义。杨必胜等，P57)

（二）"唔"和"冇"混合型

在有些否定词的类型为"唔""冇"混合型的方言中，否定判断也用"唔是"，而不用"冇是"或其他。例如：

1. 湖南茶陵客家话

(39) 佢唔是我咯姐夫。（他不是我的姐夫。)

(40) 你是唔是茶陵咯？（你是不是茶陵人?)

2. 福建连城客家话

(41) 唔系恁多。（不是很多。项梦冰，P216)

(42) 尔唔系恁喜欢狗子 a^3？（你不是挺喜欢小狗的吗？项梦冰，P276)

(43) 这唔系尔钢笔 a^3？（这不是你的钢笔吗？项梦冰，P383)

(44) 尔系唔系老师？（你是不是老师？项梦冰，P394)

3. 福建福州方言（闽方言）：

(45) 怀是看书，就是看电视。（冯爱珍，P362)

(46) 怀是形：不像样。（冯爱珍，P363)

在同样是闽方言的广东潮州话中，庄义友（2001）指出，"唔是"可以合音虚化为"□[mi^6]"，"□[mi^6]"很少单独使用，必须与"是"一起出现在正反问句中，其功能类似于一个疑问语气词。例如：

(47) 你睇是只个人啊□mi^6？（你看是这个人不是?)

(48) 你呾是啊□mi^6？（你说是不是?)

如果是否定的陈述，则必须说"唔是"或"唔□mi^6"。例如：

(49) 只个花旦生做唔□mi^6若好娣。（这个花旦长相不是很好看。)

庄义友推测这种习惯大概与语音的清晰度和音节的和谐性有一定的关系。

由于资料有限，"唔""冇"混合型方言中，否定判断用"唔是"是普遍现象，但究竟说不说"冇是"还很难统计，只能根据现有的资料将与"冇是"并用的方言放到下文中论述，现有的资料没发现说"冇是"的一律归入只说"唔是"中，将来如有新的语料出现再来修正结论。

三、"不是""冇是"并用型

混合型否定标记方言中，当一般否定标记为"不""冇"共用时，有时会出现"不是""冇是"并存的情况。

例如湖南祁东方言。胡静（2018）指出，在祁东方言中，大部分情况下副词"不""冇"的功能与普通话中的副词"不""没"相当，但是"冇"在少数情况下比普通话"没"的功能更强大。如"不""冇"都可以否定判断动词"是"。

（50）昨日看倒个不是那隻。（昨天看到的不是那个。胡静，P12）

（51）我守倒在那当也冇（得）用，我又不是医生。（我守在那也没有用，我又不是医生。胡静，P12）

（52）你袋子里是不是还有蛮多钱？得我！（你口袋里是不是还有很多钱？给我！胡静，P21）

（53）渠冇是昨日那隻人。（他不是昨天那个人。胡静，P18）

（54）你奶奶个钱你也偷啊，你硬冇是隻人。（你奶奶的钱你也偷啊，你真的不是人。胡静，P18）

在对话中"冇"还可以否定意愿，并且比"不"否定意愿的语气更强烈。例如：

（55）甲：你要是不想在我屋，你就死出去！（你要是不想在我家，你就死出去！）

乙：冇出去！（不出去！胡静，P17）

再如湖南娄底方言。卢小群（2007）指出，湖南娄底方言中存在"我冇是娄底人（我不是娄底人）"的说法。[1] 颜清徽等在《娄底方言词典》中专门列出了词条"冇是"。冇是：相当于北京话的"不是"。[2] 例如：

（56）"是他话赐你簚吧？——冇是簚。"（是他告诉你的吧？——不是的。颜清徽等，P154）

不过，从《娄底方言词典》中的例句来看，"不是"也可以说，例如：

---

[1] 卢小群. 湘语语法研究［M］. 北京：中央民族大学出版社，2007：256.
[2] 颜清徽，刘丽华. 娄底方言词典 ［M］. 南京：江苏教育出版社，1998：154.

（57）他俩（们）屋里连冇得，你又不是个有得筒。（他们家里一点钱都没有，你又不是很穷。颜清徽等，P154）

（58）他不是打牌，就是下棋。（颜清徽等，P31）

所以，在娄底方言中，"不是"与"冇是"的意义差别不大，很多情况下可以自由替换。根据彭逢澍（1996）提供的发音人于1995年讲述《娄底的来历》的长篇语料中，"不是"出现了3次，"冇是"1次都没有出现。3次使用"不是"的例句如下：①

（59）原先我们娄底这里是个叫做竹山排，不是个"娄底"……（原先我们娄底这里，是一个叫"竹山排"的地方，不叫"娄底"……）

（60）这只"娄星、氐星"咧也不是个么子吉星。（这个娄星、氐星也不是什么吉星。）

（61）这些和尚呢，不是天天守在庵堂里求神拜佛咯，他们是专门种咯营业性质。（这些和尚，不是天天在庵堂里求神拜佛的，他们是一种专门的营业性质。）

这些语言事实说明，《娄底方言词典》中虽有"冇是"的词条，但是在实际口语中，很多人已经不说"冇是"，而说"不是"了。唐玉环等（2017）指出，"冇"对"是"的否定在南部湘语中随着地理位置的北移呈逐步衰减的态势，"冇是"的说法在北部湘语如湘潭、长沙、益阳一带则几乎彻底消失了。②

四、"唔是""冇是"并用型

混合型否定标记方言中，当一般否定标记为"唔""冇"共用时，有时会出现"唔是""冇是"并存的情况。"唔是""冇是"并用的方言在湖南西南部的娄底、邵阳一带较多，有的方言著作中作者并没有详细论述，但从其例句中可以看出存在"唔是""冇是"并用的现象，如湖南江华寨山话中的例句：

（62）冇是那块样办，是要咯块办的。③（不是那样做，是这样做。曾毓美，P288）

（63）唔是爷娘教会我，自己聪明会唱歌。（不是爷娘教会我，自己聪明会唱

①彭逢澍. 娄底方言的动态助词［C］//伍云姬. 湖南方言的动态助词. 长沙：湖南师范大学出版社，1996：300－311.
②唐玉环，储泽祥. 南部湘语中的"冇是"［J］. 湖南师范大学社会科学学报，2017（2）：135－141.
③曾毓美. 湖南江华寨山话研究［M］. 长沙：湖南师范大学出版社，2005.

歌。曾毓美，P291)

有些学者对其方言中的"唔是""冇是"并用现象进行了较为详细的论述，如新化方言、邵阳方言、双峰花门镇方言、江西石城客家话等。

第一，湖南新化方言。罗昕如（1998）指出，新化方言中，普通话的"不"一般用"唔"来表示，但有两种情况下"不"可用"冇"来表示：①

一是在动词"要"前，普通话用"不"，新化话用"冇"（也可用"唔"），例如：

(64) 冇要筛茶，我唔口干。(不用倒茶，我不渴。罗昕如，P269)

(65) 今天冇要做作业。(今天不要做作业。罗昕如，P269)

"不要紧"新化话也说"冇要紧"，不说"唔要紧"。

二是判断动词"是"前，"冇""唔"都可以用，但其他属性动词前不能用"冇"。例如：

(66) 我唔是长沙人。/我冇是长沙人。(我不是长沙人。罗昕如，P269)

(67) 其是冇是个医生？冇是唧。(他是不是一个医生？不是的。罗昕如，P269)

(68) 唔是你样格做格，而是要咯样格做。(不是那么做，是要这么做的。罗昕如，P315)

在新化民间故事的讲述中，"唔是"也说成"冇是"。例如：

(69) 冇是怀恶心，教教懒婆子。(不是怀有坏心，只是想教训懒婆娘。罗昕如，P332)

从上述例句来看，新化方言中的"唔是""冇是"共用，并且意义差别很小。②

第二，湖南邵阳市方言。李国华（2009）指出，邵阳话中，"莫"和"嗯"

---

① 罗昕如. 新化方言研究[M]. 长沙：湖南教育出版社，1998：269.

② 笔者曾就新化方言否定判断"唔是""冇是"的使用情况当面请教了新化籍的方言研究专家罗昕如教授，作为老派发音人的代表，罗昕如教授指出：一般情况下，在陈述句中，"唔是""冇是"都可以使用，但首选"冇是"；在正反询问句"你是不是新化人"和反问句"你还是不是新化人？连紫鹊界梯田都不知道！"中，"是不是"都可以说成"是唔是"或"是冇是"，但首选"是冇是"；在"要不是……""不是……就是……"中，"唔是""冇是"都可以使用，但首选"冇是"。但在有些表达明显负面情绪并带有反问语气的句子中，只能用"唔是"，如"你家里不是有很多钱吗？你还找别人借钱？""你不是买了车吗？""还不是你说了算！"这些句子只能用"唔是"。由此可以看出，虽然在陈述句中"唔是""冇是"表义几乎没有差别，但二者在反问句中用法上还是有细微的区别，"唔是"比"冇是"更主观化。

都可以用来否定"是","莫"与"嗯"的使用几乎是自由的。① 例如：

莫/嗯是（不是）　莫/嗯是的（不是的）

莫/嗯是人（不是人）　莫/嗯是他（不是他）

李国华文中的"莫"即是本书的"冇"，"嗯"即是本书的"唔"，也就是说邵阳话中"唔是"与"冇是"并行，在很多情况下可以相互替换，但是根据本人的调查，邵阳方言的"唔"和"冇"对"是"的否定正在逐步分化之中，呈现出既对立又中和的状态，具体论述见前文第二章。

邵阳方言中"唔是"可以表达否定性判断，很容易虚化成表假设关系的连词，相当于普通话中的"要不然"或"否则"。在假设句中否定前述语句的同时，引进表示结果或结论的小句。蒋协众（2014）所举出的邵阳县方言例句中，就有这样的例子：②

（70）我也是底子好咯话，唔是早就冇得人咧。（幸亏我体质好，否则早就没命了。）

（71）昨日我冇在那里咯话，唔是你唔得吃咯大咯亏。（可惜昨天我没在场，否则你不会吃这么大个亏。）

"唔是"还可以用于反问句中，加强反问语气。例如：

（72）还唔是你讲底？（还不是你说的。即：就是你说的。）

（73）唔是你是哪个？（不是你是哪个？即：不是别个，就是你。）

第三，湖南双峰花门镇方言。赵素轶（2008）指出，湖南省双峰县花门镇方言的否定副词中，"唔［n̩³⁵］"的语义相当于普通话中的"不"，"唔"强调主观性，与事实无关；"冒［mɒu³³］"表达有无否定。③ 二者都可以否定判断动词"是"。例如：

"唔"与判断动词"是"连用成"唔是"，表示否定判断，相当于普通话中的否定判断"不是"，此时，"唔是"表单纯的否定判断。

（74）讲起唔是好哈个，你要听好啦！（说起不是好玩的，你要听好呀！）

（75）我唔是咯里个。（我不是这里的。）

当否定判断动词"是"时，在陈述句中，"唔""冒"可以通用，例如：

---

①李国华. 邵阳方言否定副词"嗯"与"莫"[J]. 邵阳学院学报（社会科学版），2009（4）：33—37.

②蒋协众. 湖南邵阳方言"咯话"的否定与转折功能[J]. 中国语文，2014（2）：174—175.

③赵素轶. 湖南省双峰县花门镇方言的副词研究[D]. 长沙：湖南师范大学，2008：55—63.

（76）其唔/冒是我哩叔唧。（他不是我叔叔。）

（77）你唔/冒是我俚咯里个人。（你不是我们这里的人。）

（78）我看其唔/冒是隻读书个料。（我看他不是个读书的料。）

但是双峰花门镇的"唔是"还有一些其他的用法，例如：

①表示在多种选择的条件下权衡之后所做出的一种选择，相当于普通话的"要不""要不然"。例如：

（79）唔是莫在屋里吃早饭哩，到哩恩里再吃。（要不别在家里吃早餐，到了那里再吃。）

（80）快滴唧，唔是落大雨哩。（快一点，要不然下暴雨了！）

②用于问句中反问对方，表示不相信对方说的话。例如：

（81）唔是你还热？开起风扇哩哒！（怎么你还热？开了风扇了呀！）

（82）唔是其还饿？吃呱三碗饭哩！（怎么他还饿？吃了三碗饭了！）

③用于反问句，表示对对方陈述的事实加以肯定及强调。如：

（83）李老倌昨夜里半夜个时唧死呱哩。——唔是？其几隻崽下收到电报，听倒讲今日会到屋。（李大爷昨晚半夜的时候死了。——不是吗？他几个儿子都收到电报，听说今天会到家。）

④用于反问句中，相当于普通话中的"难道"，当表"难道"义时，"唔是"隐含有说话人很不服气或极度不满的语气。例如：

（84）唔是你还敢打我？我俚爷在现头。（难道你还敢打我？我爸爸在面前。）

（85）行头你讲呱跟我去个，唔是现唧你又唔去哩？（一开始你说好和我去，难道现在你又不去了。）

"唔"还可以置句末表疑问，相当于疑问词"吗"。

（86）等下唧看电影去唔？（等一下看电影去吗？）

（87）咯段时间你一个人唧在外头过得好唔？（这段时间你一个人在外面过得好吗？）

赵素轶（2008）的语料说明，在双峰花门镇方言的判断性陈述句中，"唔是"与"冒是"意义差别不大，但在反问语气和选择性虚拟句中，一般会用"唔是"，也就是说"唔是"的主观性更强，可以传递说话人的主观感情色彩，虚化程度更高。

第四，江西石城客家话。据曾毅平（2010），江西石城客家话中，"是"的否定有"唔係［n²¹ xei³¹］""蛮係［man²⁴ xei³¹］"两种方式，两者可互换，"唔係"语感上较土，"蛮係"使用频率更高。"蛮"本字未明。[①] 例如：

唔係/蛮係渠（不是他）｜唔係/蛮係老师（不是老师）

唔係/蛮係话你（不是说你）｜唔係/蛮係讲口（不是吵架）

"蛮係"的"蛮"并非表有无否定的常用否定词"冇［mau²⁴］"，但联系福建连城客家话中也有一个类似的"曼［ma³］"，项梦冰（1997）认为"曼"在连城客家话中是一个遗迹式的词，只见于五种组合：曼见｜曼知｜听曼知｜曼得闲｜曼曾。[②] 江西石城客家话的"蛮"的性质与福建连城客家话中的"曼"相类似，也是一个遗迹式的词，本人推测可能来自"冇"或"无"。

五、"不是""冇是""唔是"并用型

在混合型否定标记方言中，当一般否定标记为"不""冇""唔"共用时，有时会出现"不是""冇是""唔是"并存的情况。

第一，湖南双峰甘棠镇方言。朱娟（2011）指出，在双峰县甘棠镇方言中，"唔""不"都可用于简单否定，"冇（以）"相当于副词性的"没有²"，"冇得"相当于动词性的"没有¹"。"冇"可以否定意愿，还可以否定"是"和"想""心愿（愿意）""敢"等能愿动词。"冇是"的意义相当于普通话的"不是"，在甘棠方言中，也可以用"唔是"和"不是"，三种说法语义相同，可以互换而听话者感觉不出差别。[③] 以下例句中"冇是"都相当于"唔/不是"。例如：

（88）□aŋ³³冇是只贼枯子。（我不是贼。□aŋ³³：我。）

（89）他冇是只人。（他不是人。）

在"冇是……就是"结构中，表示非此即彼的选择。例如：

（90）他冇是睏眼闭，就是在处打流。（他不是睡觉，就是到处闲逛。）

（91）他冇是在学校里，就是在自家屋里。（他不是在学校里，就是在自家屋里。）

（92）今天冇是你死在这里，就是□aŋ³³死在这里。（今天不是你死在这里，就是我死在这里。）

---

① 曾毅平. 客家方言（石城话）疑问范畴研究［C］//邵敬敏，等. 汉语方言疑问范畴比较研究. 广州：暨南大学出版社，2010：90.

② 项梦冰. 连城客家话语法研究［M］. 北京：语文出版社，1997：225.

③ 朱娟. 湖南双峰方言否定副词研究［D］. 长沙：湖南师范大学，2011：25-32.

"冇是……是……"相当于普通话的"不是……而是……"。例如：

（93）冇是咯只树，是尔只树。（不是这棵树，是那棵树。）

有些习惯性的说法，甘棠方言中只用"冇"，而不用"唔"或"不"。如普通话常说的"走不几步""不一会""不几天"等，甘棠方言不说"行唔几步""唔一会""唔几日"，而说"冇行几脚""冇好久""冇几日"。

第二，湖南洞口方言。从胡云晚（2010）所提供的语料来看，洞口老湘语中呈现出"不是""没是""唔是"共用的状态。在陈述句中用"没是"居多，在假设句中用"唔是"居多。例如：

在一般的陈述句中，可以用"不是"，也可以用"没是"。

（94）王师父不是简里个人。（王师父不是这里的人。胡云晚，P132）

（95）不是我想管其。（不是我想管他。胡云晚，P132）

（96）王师傅没是简里个人，我才是简里个人。（王师父不是这里的人，我才是这里的人。胡云晚，P147）

（97）你没是其人娘，当然你不着急。（你不是他的娘，当然你不着急。胡云晚，P147）

（98）我唔得四季把你讲啦，你一没是我侪爷老子。（我不会经常让你说，你又不是我父亲。胡云晚，P100）

（99）扯常没是其来放水个，今日其人偷摸声仔换呱一个人。（往常不是他来看水的，今天他们偷偷地换了一个人。胡云晚，P101）

（100）我是骑车去个，没是行路去个。（我是坐车去的，不是走路去的。胡云晚，P101）

洞口方言中，"唔是"还可以虚化成假设连词。在假设句中，"除开"后接的分句表示必要条件，相当于"除非"，后一分句用"要不然""唔是"，表示一定要这样，才能产生某种结果。例如：

（101）除开你自家去请其，唔是其没得来。（除非你亲自去请他，否则他不会来。胡云晚，P171）

此外，湖南洞口方言中，"没是［mai⁴⁴ zɿ²¹］"也可以虚化成假设连词。"没是"后接分句，表示假设条件，引导条件分句，后接与事实相反的结果句，后一分句通常用"早就""还没"与之搭配，表达由此条件产生的相反的结果。例如：

（102）没是路远着，我早就来呱哩。（要不是路远，我早就来了。胡云晚，

P174）

（103）没是日日仔淋倒水个话，尔里花早死呱哩。（要不是天天浇水，这些花早就死掉了。胡云晚，P174）

（104）没是其，我侪屋底早就没得饭吃得哩。（要不是他，我家早就没饭吃了。胡云晚，P174）

（105）没是你，我还没晓得在哪里呢。（不是你，我还不知道在哪里呢。胡云晚，P174）

由此可以看出，在洞口方言中，"唔是"与"没是"的功能极为接近，其功能分化还不明显。

六、其他并用型

其他并用型是指某个方言中，由于当前资料有限，与"是"组合的否定词我们还无法确认其到底是"无"类，还是"不"类，因此，难以归入前文所述类型中，还有待今后的研究来完善。

第一，湖南城步巡头乡话。据郑焱霞、彭建国（2016），在湖南城步巡头乡话中，否定判断有如下四种组合：

其一，不是[1] [pa^{42}tɕhie^{24}]，主要用在简单的陈述句中。例如：

（106）□e^{24}本书不是吾的。（这本书不是我的。郑焱霞等，P193）

其二，不是[2] [pa^{13}tɕhie^{24}]，主要用在对举句子中。例如：

（107）是那么做，不是这么做。（是那么做，不是这么做。郑焱霞等，P184）

其三，不是[3] [tɕhie^{24}·pa tɕhie^{24}]，主要用在正反问句中。例如：

（108）明朝是不是星期天？（明天是不是星期天？郑焱霞等，P193）

其四，不是[4] [tɕhie^{24}·pu tɕhie^{24}]，主要用在正反问句中。例如：

（109）是不是话到□e^{24}□·ta算了？（是不是谈到这里就算了？郑焱霞等，P193）

一般情况下，在简单陈述句中，否定判断用"不是[1] [pa^{42}tɕhie^{24}]"，例如，在例（106）中，因为巡头乡话中的否定词"不 [pa^{42}]"兼有"不、没、未"三种功能。在表对举的句子中，在"是……不是……"结构中，用"不是[2] [pa^{13}tɕhie^{24}]"，就像例（107）。"不是[1]"与"不是[2]"中的两个"不"声母韵母相同，仅仅声调不同，二者形成意义上的对立。在正反问句中表达"是不是"时，"不"

是轻声,可以看成是前两个否定词的对立消失,都可以使用,比如例(108)。但同时,正反问还受到普通话正反问表达方式的类推影响,所以在正反问句中否定词还出现了与普通话音近的"不[·pu]"的读音,比如例(109)。

第二,湖南东安土话。据鲍厚星(1998),在东安土话中,否定判断有如下两种组合:

其一,□[ɣa²⁴]是,出现在陈述句中。"□[ɣa²⁴]"在花桥土话中,是一个非常本土的否定词,相当于"不",但其来源究竟是什么有待今后考证。"□[ɣa²⁴]"用在动词或形容词前面表示否定,如"□[ɣa²⁴]是"即"不是"。

其二,不[pu⁴²]是,在正反问句中,要说"是不[pu⁴²]是",但在正反问的否定性答句中,又要说"□[ɣa²⁴]是"。从其读音与普通话"不"的读音相近来看,东安土话中的"是不[pu⁴²]是"显然是从普通话"是不是"借用而来。

这种陈述句与反复问句中的否定判断形式不同的现象,除了东安土话之外,还有沅陵乡话。

因此,我们可以看出,在湖南城步巡头乡话、湖南东安土话、湖南沅陵乡话中,否定判断有多种表达形式,但根据目前的语料,还无法准确断定这些方言中最常用的否定词的来源究竟是"不"类,还是"无"类,还是其他类,本书只好暂时将其归为其他并用型。

七、两个不同的"是"型

在本书所调查的方言点中,还有一种较为特殊的类型,即在湖南宜章土话中,用两个不同形式的"是"来表达判断的不同功能。据沈若云(1999),在宜章土话中,"是"是一个判断动词,主要功能是表示判断,如"我是学生"。但它有时也起语气副词作用,表示某种强调语气,如"他那天是没去"。这两种不同功能的"是"在宜章土话中用两种不同的读音来区别表达。[①]

第一,表判断的"是"[hai²¹],去声。例如:

(110)你是[hai²¹]什么人?(你是什么人?)

(111)那隻老人家就唔是[hai²¹]吕大仙?(那个老人不是吕大仙?)

(112)神仙话弹棉花决绝唔是[hai²¹]真格弹棉花。(神仙讲弹棉花绝不是

---

①沈若云.宜章土话研究[M].长沙:湖南教育出版社,1999:215.

真的弹棉花。）

第二，表强调的"是"［sai⁵³］，上声。例如：

（113）唔管你赴唔赴，我是［sai⁵³］要赴。（不管你去不去，我是要去。）

（114）你格崽是［sai⁵³］好乖。（你的崽是好乖。）

（115）那东西贵是［sai⁵³］贵，但是紧结（结实）。（那东西贵是贵，但是结实。）

从读音来看这两个"是"的来源不同，表判断的"是"可能是方言固有的，表强调的"是"可能是来源于普通话。表判断的"是"的否定形式是"唔是［hai²¹］"，表强调的否定形式目前还没有找到相关例句，是不是"唔是［sai⁵³］"还有待考证，在此存疑。

南方方言各方言点的否定判断类型如下表：

表 3–7　南方方言否定判断的类型表

否定判断组合	方言点或方言
1. 冇/无/没是	湖南吉首、贵州锦屏、广西柳州、湖南绥宁东山、湖南城步、湖南溆浦、湖南道县祥霖铺土话、湖南双牌理家坪土话、湖南嘉禾土话、湖南江永桃川土话、广西南宁平话、湖南宁远平话、广西崇左新和蔗园话、广西贺州本地话、广西北海白话、海南海口方言、广东雷州话
2. 唔是	湖南桂阳六合土话、广东广州话、福建建瓯话、厦门话，广东海丰、潮州话，广东梅县客家话，湖南茶陵客家话，福建连城客家话
3. "不是""冇是"并用	湖南娄底、祁东、武冈
4. "唔是""冇是"并用	湖南双峰花门镇、新化县、邵阳市、邵东市、隆回县、新宁县，江西永新县、石城县，福建福州方言，湖南江华寨山话
5. "不是""冇是""唔是"并用	湖南洞口老湘语、湖南双峰甘棠镇方言
6. 其他并用	湖南巡头乡话、湖南东安土话、湘西古丈瓦乡话、湖南沅陵乡话、广西灌阳话
7. 两个不同的"是"	湖南宜章土话

第五节　南方方言否定判断的特征

一、否定判断的形式分布具有不均衡性

南方方言否定判断的形式有"唔是""冇是""没是""无是""不是"等多个形式。这些不同的否定判断形式在各方言中的分布具有不均衡性，如上表所示，有的方言只有一种形式，有的方言两种形式并用，有的方言三种形式并用。造成这种不均衡现象的原因有以下两个：

第一，某种方言自身否定词的演化作用。南方方言中有存在否定向普通否定演化的趋向，因此，形成了"无"类否定词"唔""冇""无"与"是"组合表否定判断的现象，"唔"已经从存在否定词演化成普通否定词，"冇"在有的方言中也完成了演化，但在有的方言中才开始，所以，出现"唔是""冇是"并用的现象，因此，各种方言自身内部否定词的演化进程不一致，导致否定判断形式的分布具有不平衡性。

第二，共同语对方言产生了巨大影响。不同方言或语言之间的接触也可能对否定词的演化产生影响。随着书面语的普及，大众传媒的广泛使用，普通话对汉语方言产生了巨大的影响，否定词也不例外，否定词"不"逐渐进入年轻人或文化层次较高的人口中，从而发挥越来越大的影响。如胡云晚（2010）认为洞口方言中，"不"一般出现在文化程度较高的人口中；伍云姬（2010）指出湘西古丈瓦乡话中，发音人在［Neg＋Adj］结构中首选［pa¹³］，当问及能否用"不［pu¹³］"替换［pa¹³］时，年纪较轻、受教育程度较高的人倾向于可以，年纪较长、受教育程度较低的倾向于说不可以；湖南吉首方言中，有时也用"不"，但说话人还是觉得用"没"更加口语化。因此，由于共同语的影响，"不"也逐渐进入到一些南方方言的否定词系统中，从而形成"不是"与"唔是""冇是"多个否定判断形式并存的复杂局面。

二、否定判断的意义区分具有多样性

南方方言中有些方言多个否定判断形式并存，这种并存的否定判断形式有的意义没有差别，如娄底方言的"不是"和"冇是"几乎没有差别，新化方言的

"唔是"和"冇是"也看不出明显的差别；有的意义大体上有区分，如邵阳方言、东安土话。否定判断的意义区分具有多样性，主要表现为以下两种情况：

第一，主观与客观的区分。如邵阳方言中，"冇是"主要用在陈述句中，表达否定性判断；当在反问句或带有一定的消极情绪的句子中，说话人则倾向于使用"唔是"；"唔是"可以进一步虚化成假设连词，"冇是"则缺少这个功能。类似的还有双峰花门镇方言，在一般的陈述句中，"唔是"与"冇是"并不形成对立，但在虚化的过程中，由于否定词"唔""冇"存在主客观的差异，"唔是"与"冇是"也表现出差异，主观化程度更高的"唔是"更容易虚化，因此，"唔是"可以表达反问语气、虚化成假设连词，"冇是"则不行。

第二，正反问句与其他句类的区分。如东安土话中，在正反问中"是"的肯定否定形式连用，则用"是不 [·pu] 是"，但是在其他句类中，如陈述句中则用"□ [ɣa²⁴] 是"。东安土话中的正反问一般都可以用"V 不 [·pu] V"或"A [·pu] A""V 不 [·pu] VO"来表达。[①] 例如：

(1) 你去·pu 去？——□ɣa²⁴去。（你去不去？——不去。）

(2) □e³³朵花香·pu 香？——□ɣa²⁴香。（这朵花香不香？——不香。）

(3) 开·pu 开会？——□ɣa²⁴开。（开不开会？——不开。）

但在否定性的答话中，要用否定词"□ɣa²⁴"，比如例（1）（2）（3）句中的答语。由此，我们可以推测东安土话中的"是不 [·pu] 是"可能是受到普通话正反问句的影响后类推形成的。

第六节　邵阳方言"唔是""冇是"并存的成因探讨

从南方方言的否定词类型来看，邵阳方言属于"唔""冇"混合型。从否定判断的类型来看，邵阳方言属于"唔是""冇是"并用型。"唔是""冇是"并用现象的形成正是发生在南方方言否定词"唔""冇"并用的大背景之下。邵阳方言的"唔"主要用于主观否定，"冇"主要用于客观否定，但在对判断动词"是"的否定上，却呈现出并存的状态。本章从跨方言比较的角度分析其原因有以下几点：

---

① 鲍厚星. 东安土话研究[M]. 长沙：湖南教育出版社，1998：214-215.

一、外部动因：南方方言存在否定向普通否定延伸

从现有语言材料来看，很多南方方言中出现了存在否定向普通否定的延伸。覃远雄（2003）论证了南方方言中客家方言和粤语中单纯否定词"唔［m̩］／［n̩］"的来源，客家方言和粤语中的"唔"声调来自古平声，声母来自古明母或古微母，韵母来自遇摄，其本字是遇摄合口微母去声的"无"，读音由［mu］脱落韵母［u］后自成音节而成，或是由［ən］脱落韵腹［ə］而成。其他方言的"唔"由于方言间的渗透与影响也可能来源于"无"或与"无"密切相关。罗杰瑞（1995）、覃远雄（2007）均认为，普遍存在于南方方言的存在否定词"冇"是"无有"的合音。

南方方言否定的共性特征是"存在否定"向"普通否定"的延伸，"唔"来自"无"，最初也是表存在否定，随着时间的流逝，很多方言中的存在否定词"唔"已经固化为普通否定词，而"冇"又开始新一轮的"存在否定"向"普通否定"的延伸，这种延伸在南方方言中具有不均衡性，即有的方言普通否定彻底用"无"类否定词"冇"或"没"来行使否定的职能，如南宁平话、柳州话等；有的方言只在部分情况下普通否定由"冇"来充当，如永新赣语、江西石城客家话、邵阳方言等。

二、内部动因：否定词并存竞争后的语义分化

当存在否定词向普通否定词延伸后，很有可能形成存在否定词与普通否定词共同否定某些语言成分，从而导致了方言中的否定并存现象，如上文中的"唔""冇"混用的否定类型。邵阳方言中的"唔是""冇是"的并存现象也正是在"唔""冇"混用的背景下形成的。

"唔是""冇是"并存形成后，最初二者意义可能没有差别，用法相混，但势必会增加人们的记忆负担，在语言经济原则的影响下，二者形成竞争，结果有两种：或者淘汰其中一个，或者两者分工，意义各有侧重。在"唔是""冇是"并用的语言中，语义分化的速度与内容并不一致，如在湖南洞口方言中二者基本上没有分化，处于混用状态；双峰花门镇方言、新化方言中语义分化较少，混用居多，湖南双峰花门镇方言中主要是将假设句、反问句中的"唔是"分化出来，新化方言主要是将反问句中的"唔是"分化出来；邵阳方言中，"唔是""冇是"分

化较多，在陈述句与疑问句、确定事实与非确定事实等表义上形成了"冇是""唔是"的对立与分化。

因此，在邵阳方言中，"唔是""冇是"并存后产生竞争，最终形成两者并存、总体分工、局部纠缠的格局。否定判断形式"唔是""冇是"并存竞争后的语义分化是这种格局形成的内部动因。

三、演变方式：高频词的优先词汇扩散

王士元等（1991）指出，词汇扩散理论是指音变对于词汇的影响是逐渐的，也就是说，一个音变在发生时，所有符合音变条件的词是在时间里逐个变化的，即整个音变是一个在时间上以变化词汇由少到多的一个连续过程。这个变化过程会有词汇上的不规整的现象出现，有的先变，有的后变，只有当整个过程结束后，才形成规整的音变。① 词汇扩散理论同样也可以解释语法演变过程，语法演变也常常是一个渐进的连续过程。这一理论很好地解释了邵阳方言中的存在否定词"冇"为什么仅仅否定"是""要""好"这几个高频动词、形容词上。因为语法演变的渐进性使得存在否定向普通否定的演变往往从最高频的词开始，然后扩散到其他词上。

张敏（2002）指出，很多南方方言里正进行着否定词第二轮的从"唔"到"冇/无"的"存在-否定"演化（第一轮是从"无"到"唔"）。不同的方言在这一演变过程中处于不同的阶段，不同方言的演变内容也有所不同。张敏指出，演变的初始阶段里，往往只有一个谓词进入演变，即使用频率最高的系动词"是"，如闽北的石陂话里，一般的谓词否定词用 [n̩]，但"是"的否定不用 [n̩]，而要用已然否定词 [nain⁴²]；吴语玉山话里，一般的谓词否定形式是 p−系的 [foʔ⁵]，但"是"的否定不能用 [foʔ⁵]，要用 m−系的 [mɐi²²]。初始阶段之后，其他高频动词也接受了用存在否定词来表达一般否定，如福建邵武话中"是"和"能"可以看成是首先进入演变的两个谓词，福建莆仙话中，来自存在否定的"冇[mo²]"可与高频助动词"要"共现。接下来再扩散到其他谓词和形容词中。

在否定词的"存在-否定"演化过程中，湖南邵阳方言的存在否定词"冇"正处在初始阶段之后，其功能正好如福建莆仙话一样，扩散到判断动词"是"和

---

① 王士元，沈钟伟.词汇扩散的动态描写[J].语言研究，1991（1）：15−33.

能愿动词"要"、高频性质形容词"好"上。高频词的优先词汇扩散是"唔是""冇是"并存现象形成的重要方式。

本章小结

本章重点在于将相关南方方言点的否定词与否定判断进行比较研究，在这种跨方言否定判断比较的背景下，更加系统深入地破译邵阳方言否定判断组合"唔是""冇是"并存现象的本质。

汉语南方各地方言否定词的语音形式纷繁复杂，研究者们对它们的记录转写也极不统一。否定词纷繁芜杂的写法容易导致理解的误区，为了表达的一致性，本章根据否定词的意义与功能对"唔""冇/没/无""是"分别进行了确定。"唔"主要包括以自成音节的鼻辅音为语音形式的否定词。"冇"包括粤、湘、赣、平话、客家方言中以［m］为声母的否定词；"没"包括西南官话区的柳州、吉首等方言中以［m］为声母的否定词；"无"包括福建厦门、海南海口和广东雷州等闽方言以［b］［v］为声母的否定词。"是"即南方方言中的判断动词，粤方言、客家方言中一般记为"系"或"係"，其他方言中一般记为"是"。

从否定词的语音形式与功能来看，我们可以把南方方言的否定词分为三种类型："单一型"否定标记、"唔－冇（无）"对立型否定标记、"混合型"否定标记。南方方言否定标记的类型学特征有四个：第一，有无否定的优势标记词是以［m］为声母的标记词，其语源是"无"，有无否定标记词以［b］为声母只有少数方言点；第二，否定词的优势演化趋势是有无否定逐渐向一般否定延伸，这种演化具有显著的地域特征；第三，从语音形式来看，"不"类否定词的语音形式最为简单，其次是"未"类否定词，"无"类否定词的语音形式最为复杂；第四，南方方言完成体否定词在数量上要比普通话完成体否定词多，在语义表达上要比普通话完成体否定词区分更为细致。本书还以茶陵客家方言为个案对其否定词和否定式进行了细致的描写，因为茶陵方言代表了存在否定词向普通否定词延伸的另一种类型，这种类型的特征是存在否定词优先扩散到常见的性质形容词。

根据否定词与判断动词"是"的组合情况，本书中的 53 种南方方言的否定判断可以归纳为七种类型："'无'类否定词＋是"型、"唔是"型、"不是""冇是"并用型、"唔是""冇是"并用型、"不是""冇是""唔是"并用型、其他并用型、两个不同的"是"型。南方方言否定判断的形式有"唔是""冇是""没是""无是""不是"等多个形式。这些不同的否定判断形式在各方言中的分布具有不平衡性,造成这种不平衡性的原因有两个:第一,某种方言自身否定词的演化作用;第二,共同语对方言产生了巨大影响。在有些南方方言中,并存的否定判断形式意义没有差别,如娄底方言的"不是"和"冇是"几乎没有差别;有的差别很小,如新化方言中的"唔是"和"冇是"之间差别很小;有的意义大体上有区分,但局部有交叉,如邵阳方言、东安土话。否定判断形式的意义区分具有多样性,主要表现为两种:第一,主观与客观的区分;第二,正反问句与其他句类的区分。

从南方方言的否定词类型来看,邵阳方言属于"唔""冇"混合型。从否定判断的类型来看,邵阳方言属于"唔是""冇是"并用型。"唔是""冇是"并用现象正是建立在南方方言否定词"唔""冇"并用的大背景之下。

本章从跨方言的角度分析"唔是""冇是"并存的理据有以下三点:

第一,外在动因:南方方言存在否定向普通否定延伸。南方方言否定的共性特征是"存在否定"向"普通否定"延伸,在"唔-冇"分化的大背景下,有的方言在部分情况下普通否定又由"冇"来充当,如永新赣语、江西石城客家话、邵阳方言等。这直接导致了邵阳方言中出现"唔是""冇是"并存现象。

第二,内部动因:否定词并存竞争下的语义分化。在否定词"唔""冇"混用的背景下,邵阳方言中出现了"唔是""冇是"并存现象。这种并存现象形成后,最初二者意义可能没有差别,用法相混,但这势必会增加人们的记忆负担,在语言经济原则的影响下,二者很可能形成竞争,或者淘汰其中一个,或者两者分工表义。邵阳方言中并没有淘汰其中的任何一个,而是形成了总体分工、局部中和的局面。

第三,演变方式:高频词的优先词汇扩散。词汇扩散是语法演变的重要方式。在否定词的"存在-否定"演化过程中,湖南邵阳方言的存在否定词"冇"正处在否定词演化的初始阶段之后,首先扩散到高频使用的判断动词"是"和能愿动词"要"、高频性质形容词"好"上。高频词的优先词汇扩散是"唔是""冇是"并存现象形成的重要方式。

第四章　从跨语言比较看"唔是""冇是"并存的理据

现代汉语方言中的"冇"一般都是对"有"的否定，同时，北方方言"是"的否定基本上都用"不"类否定词。但在汉语南方方言中存在用"无"类否定词否定"是"，出现"冇是/没是/无是"的说法。此外，在云南方言中，还存在"不有"的说法，涂良军（2001）调查指出，云南安宁、建水、蒙自、文山、西畴、广南、大理、丽江等 43 个方言点说"不有"。① 如何看待方言中的"冇是"与"不有"的否定错配现象？显然，就汉语方言论汉语方言是难以找到令人信服的依据的。我们不妨打开视野，从与汉语关系密切、类型近似的汉藏语系的诸多少数民族语言"是""有"的否定类型中探讨其存在的理据。因此本章重点探讨两个问题：

第一，从跨语言的角度来看，"是"与"有"究竟如何否定？汉语普通话中，只能说"不是"与"没有"，不能说"没是"和"不有"，"是""有"前的否定标记有所不同。为此，沈家煊（2010）②、（2017）③ 从语言哲学的高度得出结论：汉语注重"是""有"的分立。那么我们能否从跨语言的视角来探究其他少数民族语言的"是"与"有"的否定是否一定分立，如果不分立，其分布情况怎样。

第二，邵阳方言"冇是"与"唔是"并存的否定判断类型在汉藏语系中属于何种类型？这种并存现象是不是一种普遍存在？我们必须通过与其他民族语言的比较，才能回答是否存在类似汉语方言"冇是/没是/无是"的"存在否定副词"

---

① 涂良军. 云南方言词汇比较研究[M]. 昆明：云南大学出版社，2001：193.
② 沈家煊. 英汉否定的分合和名动的分合[J]. 中国语文，2010（5）：387－399.
③ 沈家煊. 从语言看中西方的范畴观[J]. 中国社会科学，2017（7）：131－144.

与判断动词的组合。

需要说明的是，本书所选取的少数民族语言主要是位于我国西南、东南地区的汉藏语系的少数民族语言，暂不涉及北方各少数民族语言。因为在汉语方言中，"冇是/没是/无是"主要存在于湘方言、湘南土话、平话、白话、闽南话、西南官话中，使用这些方言的地域位于我国的西南、东南地区，汉藏语系诸民族语言在这一区域分布也很广泛，这些民族语言与上述汉语方言接触较多，且类型上更为接近，更具有地理类型学上的对比意义。因此，本书主要探讨位于我国西南、东南地区的汉藏语系包括汉语在内的 54 种语言的否定词及否定判断。

第一节　"是""有"与否定标记的界定

"是""有"是世界语言中普遍存在的多义多功能词。孙文访（2015）指出，"是（be）""有（have）"在世界语言中基本上都有对应的形式。"是""有"表达的多个义项中，判断、存在、领有都是人类认知世界和日常交际中高频使用的基本概念。但是不同的语言在表达这三个基本概念时可能采用不同的编码策略。孙文访对 70 种样本语言进行了全面的统计和概括，她将这 70 种语言"有""是""在"的类型归纳为 6 种基本类型："是"型语言、"有在"型语言、"有是"型语言、"是有"型语言、"有在是"型语言、"有"型语言。① 孙文访的研究内容主要是"有、是、在"的肯定情况，对"有、是、在"的否定编码情况并没有加以探讨。本章则欲对汉藏语系各民族语言中"是""有"否定的编码策略进行深入考察。

一、"是"的界定

"是"的基本语义功能是"判断"，即对两个事物之间的等同、类属等关系进行断定。判断作为基本概念一般使用判断句表达。汉藏语系语言判断句的构成有两个方面的特征。

（一）判断句的种类多样

张军（2005）指出，汉藏语系词判断句形态各异，但多数汉藏语都有体词判断句和系词判断句，如汉语、藏语、苗语等，有些语言还有助词判断句，如嘉戎

---

① 孙文访. 基于"有""是""在"的语言共性与类型[J]. 中国语文，2015（1）：50-63.

语。很多汉藏语系语言肯定句中系词并非强制性出现，但在否定句中，系词"是"必须强制性地出现。[①] 如毕苏语（藏缅语族彝语支）中，肯定性判断句不用出现判断动词，判断动词"a^{31}"只有否定形式，专用于否定判断句和否定疑问句中，同否定副词"ba^{31}"组成"$ba^{31}a^{31}$（不是）"的否定判断式，位于判断句末尾，表示对事物性质或关系的否定判断或否定疑问。[②] 例如：

(1) xi^{55} $tuŋ^{31}$　na^{31}　xau^{33}　$xɤ^{33}$. （那块田是别人的。徐世璇，P138）

　　那处　　田　　人家　的。

(2) $zoŋ^{33}$　$aŋ^{33}li^{31}lin^{31}$　$ba^{31}a^{31}$. （他们不是学生。徐世璇，P77）

　　他们　学生　　　不是。

(3) $niŋ^{55}$　$kaŋ^{31}ba^{33}ba^{33}kha^{31}$　$ba^{31}a^{31}$. （这个不是苦菜。徐世璇，P77）

　　这个　苦菜　　　　　不是。

例（1）是肯定句，句中不需要出现判断动词，例（2）（3）是否定句，必须出现否定副词和判断动词的组合"$ba^{31}a^{31}$（不是）"。

1. 黎语（侗台语族黎语支）

黎语口语中肯定判断句一般不用系词"man^{53}"，如果判断句较为复杂时，系词就必须出现，不能省略。例如：

(4) na^{53}　　$tho:ŋ^{11}khum^{53}$　hou^{53}. （他是我的朋友。欧阳觉亚等，P16）

　　他　　朋友　　　　我。

(5) na^{53}　$gwai^{55}$　$fo:i^{55}$　hou^{53}　ve^{53}. （他不是我叔叔。欧阳觉亚等，P45）

　　他　不是　叔　我　的。

(6) $toŋ^{55}kok^{55}$　man^{53}　$tsɯ^{55}hom^{53}$　$kok^{55}ke^{11}$　$ɬo:i^{53}$　$mi:n^{11}tok^{55}$.

　　　　中国　　是　　一个　　国家　多　民族。

（中国是一个多民族的国家。欧阳觉亚等，P17）

例（4）是一个结构简单的肯定句，判断动词"是"可以不出现；例（5）是一个否定句，判断动词"是"必须出现；例（6）是一个复杂的肯定句，判断动词"是"也必须出现。

---

①张军．汉藏语系语言判断句研究[M]．北京：中央民族大学出版社，2005：69．

②徐世璇．毕苏语研究[M]．上海：上海远东出版社，1998：76．

2. 大坪江勉语（苗瑶语族瑶语支）

（7）je¹ loŋ²nin². （我是农民。毛宗武等，P51）

我 农民。

（8）tson¹ toŋ²tsei⁵ n̩tsei⁴ sai¹·²tje⁵. （钟同志不是师傅。毛宗武等，P38）

钟 同志 不是 师傅。

勉语中，例（7）是肯定性判断句，名词性成分"农民"直接作谓语，判断动词可以不出现，例（8）是否定性判断句，否定词和判断动词都必须出现。

3. 畲语（苗瑶语族苗语支）

（9）pa²² hɔ³³ne³¹. （我们是畲族。张军，P66）

我们 畲族。

（10）ne³ti¹ zu⁶taŋ¹ vɔŋ² su⁶ vɔŋ²， ha⁶tshi⁴ p ɤ⁴ kwan¹. （这些柚子大就大，但不是很甜。毛宗武，P82）

这些 柚子 大 就 大， 不是 几 甜。

4. 傣语（侗台语族台语支）

（11）mu¹¹niʔ³³ van⁵¹kaːt³⁵. （今天是赶集日。张军，P62）

今天 街日。

（12）to¹xa³ bau⁵tsai⁶ mɔ¹ja¹. （我不是医生。喻翠容等，P60）

我 不是 医生。

在畲语和傣语的肯定性判断句中，判断动词是否出现是非强制性的，如上例（9）（11）；在否定性判断句中，判断动词和否定词的出现是强制性的，如上例（10）（12）。

（二）判断动词的数量多样

在各民族语言中，判断动词的数量也不尽相同。汉语普通话中的判断动词只有一个"是"，与汉语有所不同的是，汉藏语系里的诸多少数民族语言中，判断动词的数量表现出很强的多样性。判断动词可以只有一个，如浪速语只有一个判断动词"ŋat³¹"；① 也可以有多个，如车江侗语有三个判断动词：taŋ³、ɕin⁵、ɕi⁶。②

① 戴庆厦. 浪速语研究[M]. 北京：民族出版社，2005：53.
② 梁敏. 侗语简志[M]. 北京：民族出版社，1980：59.

二、"有"的界定

我们以普通话"有"的含义为参照对汉藏语系表达"有"的功能的词语进行界定。汉语普通话"有"的基本意义是"存在"或"领有"。例如：

(13) 山上有很多树。（存在）

(14) 我有一本书。（领有）

当主语是无生命的空间处所时，汉语的使用者常常将"有"解读为"存在"，如上例（13）；当"有"的主语是有生命的人或动物时，"有"往往被解读为"领有"，如上例（14）。因此我们将汉藏语系语言中表达"领有"或"存在"的词界定为"有"。

"存在"是事物的基本属性之一。一切存在的基本形式是空间和时间，人们在语言中通常用存在句来表达事物的时空存在。在存在句中，人们常常用存在动词标记处所与存在物的存在关系。"存在"与"领有"有相通之处，其共同基础是表示某种空间关系，"领有"关系（甲有乙）往往是"存在"关系（甲中存在乙）的一种引申用法。[1] 结合学界其他学者如郭锐、张敏、刘丹青等的研究，本书将普通话的"有"的"领有"义归入"存在"义中，并将"有"的基本功能界定为表达"存在"义，领有义为其引申义。

各种语言对"存在"或"领有"的表达方式不尽相同，汉藏语系里的诸多少数民族语言中，表"领有""存在"的动词可以只有一个，如畲语只有一个表存在的动词"ma^2"；也可以有多个，如浪速语中，有 8 个存在动词，分别是：$\gamma\text{ɔ}^{55}$ 表示人有什么事物，na^{31} 表示人和动物的存在，ʧɔʔ^{31} 表示无生命物体或植物的存在，po^{31} 表示一事物存在于另一事物的内部，lauŋ^{55} 表示人或动物存在于某个范围内，l̠auŋ^{55} 表示使人或动物存在于某个范围内，是 lauŋ^{55} 的使动态，na̠^{31} 表示使人或动物存在，tuŋ^{35} 表示有路或脚印。[2]

需要指出的是，汉语的"在"既可以表处所，也可以表存在，但由于本书选题范围的限制，本书暂不涉及诸如"乙在甲"之类的处所句或存在句。此外，汉藏语系藏缅语族的语言中，很多语言存在多个动词表示处所、存在、领有概念的

---

[1] 胡坦. 藏语存在句［C］//藏语研究文论. 北京：中国藏学出版社，2002：477-504.

[2] 戴庆厦. 浪速语研究［M］. 北京：民族出版社，2005：52。少数民族语言资料中对"存在动词"的表述比汉语更为宽泛，有些包括了表示处所关系的"在"类动词，由于"在"类动词的数量并不影响"存在动词"的否定方式，因此本书也不作严格区分。

现象，根据现有参考文献及孙文访（2015）[①] 的研究，本书对"有"的界定标准为：仅表示"领有"义的动词为"有"动词，表示"存在""领有"两个概念的动词也归为"有"动词。如果动词表示"居住"义和"处所"义并虚化为"持续体标记"时，则认定其为动词"在"，"在"不纳入本书研究范围之内。

三、否定标记的界定

本书的否定标记以汉语普通话为参照，因此不可避免地要以汉语普通话的否定标记来表达汉藏语系其他语言的否定标记。汉语普通话的否定标记有两个："不"和"没"。但从语法属性和功能上我们可以将二者区分为三个标记：①单纯否定标记"不"，词性为副词；②存在否定标记"没[1]"，词性为动词；③完成体或经历体否定标记"没[2]"，词性为副词。本章将对这三个标记逐一进行界定。

第一，"不"的界定。"不"在汉语普通话中是一般否定标记，主要语法功能是单纯否定，否定性质或状态、行为。当某种语言的否定标记只有一个时，我们无法认定它是"不"还是"没"或"未"，此时，我们就把这个否定标记界定为最常见的一般否定标记"不"，如彝语泸西话只有一个否定标记 ma^{21}，对译成中文时，我们将 ma^{21} 译作"不"，即把 ma^{21} 界定为"不"。当某种语言有两个或两个以上的否定标记时，类似汉语普通话的否定性质或状态、行为的否定标记，我们界定为"不"，如布依语有两个否定标记，其中 mi^2 否定性质或状态、行为，即将 mi^2 界定为"不"。

第二，"没[1]"的界定。动词性的"没[1]"在汉语普通话中的主要功能是否定存在，其后接名词性成分。因此，当某种语言中的动词具有否定存在的功能时，本书一般记作"没"。汉藏语系语言的"没"的表达方式有三种：一是"否定标记＋有"，如汉语的"没有"，载瓦语的"$a^{31}nji^{51}$（不有）"；二是专名的形式，也就是说，在现有的形式中难以分析出"有"的语音形式，但历史上是否有语音或语义上的关联还有待进一步的考证，如嘉戎语的"有"是 ndo，"没有"是 mi；三是屈折手段，如居都仡佬语的"有"是 $aŋ^{31}$，"没有"则是在 $aŋ^{31}$（有）的形式上变调成 $aŋ^{33}$。

第三，"没[2]"的界定。为了以示与"没[1]"的区分，本章将"没[2]"记作

---

①孙文访. 基于"有""是""在"的语言共性与类型[J]. 中国语文，2015（1）：50-63.

"未"。当某种语言有两个或两个以上的否定标记时，表达对过去动作完成的否定标记我们记作"未"，如布依语有两个否定标记，其中 fi⁶ 否定动作的完成，我们将 fi⁶ 界定为"未"；嘉戎语有三个否定标记：ma 否定性质或状态、将来的动作行为，mə⁵⁵ 否定过去的动作行为，mi 否定现在的动作行为，在这三个否定标记中，本书将否定过去的动作行为的 mə⁵⁵ 界定为"未"。

第二节　"是""有"否定的类型

汉藏语系可以分为汉语、藏缅语族、侗台语族、苗瑶语族四个语族[1]。多方面的资料表明，"是""有"与否定词的组合类型受到否定标记的数量制约。从否定标记的数量来看，每个语族都有单一否定标记、双否定标记、多个否定标记（即有两个以上否定标记）的语言。概括起来说，按照"不是－没有¹－没有²"的顺序，"是""有"与否定标记的组合类型有 9 种：①"不是－不有－不"型；②"不是－不有－不 X"型；③"专名－专名－不"型；④"不是－不有－未"型；⑤"不（未）是－不有－未 X"型；⑥"不是－无有－无有"型；⑦"不－不－未"型；⑧"是（变调）－有（变调）－未"型；⑨"专名－专名－未"型。

一、单一否定标记语言"是"与"有"的否定类型

对于单一否定标记而言，"是""有"的否定方式有下面三种类型：

（一）"不是－不有－不"型

在"不是－不有－不"型中，"是"的否定是"不是"，"有"的否定为"不有"，"未"的否定也用"不"来表达，在本书统计的 54 种语言中，"不是－不有－不"型的语言占到了 24 种，是所有类型中语言最多的，包括藏语拉萨话、藏语拉卜楞话、羌语曲谷话、珞巴语、景颇语、独龙语、阿侬语、遮放载瓦语、梁河阿昌语、临高语、侗语等。

1. 藏语拉萨话（藏缅语族藏语支）

（1）ŋa¹² lop⁵⁴ tʂhuʔ⁵² jin.（我是学生。张军，P48）

　　我　　学生　　　　是。

---

①孙宏开，胡增益，黄行．中国的语言[M]．北京：商务印书馆，2007.

（2）ŋa¹² phø²¹²pa⁴³ mɛ̃（ma¹² jĩ¹¹³）．（我不是西藏人。吴铮，P13）

  我 西藏人 不是。

（3）ŋa¹² tʂhom⁴⁴ la ma⁴⁴（ma¹²） tɕhi⁵³．（我没上街去。吴铮，P13）

  我 街市 （助)不   去。

（4）tha¹²sa¹² ja²⁴³jo²¹² ma¹²re²¹²．（现在没有吃的。吴铮，P13）

  现在 吃的 不有。

藏语的"是"与"有"意义有纠缠的情况，但其否定形式都是"不"加"是"或"有"。

2. 临高语（侗台语族台语支）

临高位于海南省北部地区，临高语中只有一个否定标记"mən²"，也可以省略为"m̩²"，① 我们可以将之对译成普通话的一般否定词"不"。临高话的判断动词是"ti⁴"，其否定形式为"mən² ti⁴"；表达"尚未"的意思也用"mən²（未）"；临高话的"有"为"lai³"，其否定形式为"mən² lai³（不有）"。例如：

（5）kə² ti⁴ də² tsiaŋ⁴， mən² ti⁴ hui² ki²．（他是队长，不是会计。梁敏等，P81）

  他 是 队 长， 不 是 会 计。

（6）nia² mən² fa² in¹ jəu³．（田还没有耙完。梁敏等，P90）

  田 不 耙 完 还。

（7）mən² lai³ ban³ fap⁷．（没有办法。梁敏等，P304）

  不 有 办 法。

动词还可以用肯定否定连用的方式表示疑问。

（8）tək⁷ mən² tək⁷？ ti⁴ m̩² ti⁴？（懂不懂？是不是？梁敏等，P81）

  懂 不 懂？ 是 不 是？

（9）lai³ mən² lai³？ bəi¹ m̩² bəi¹？（有没有？去不去？梁敏等 P81）

  有 不 有？ 去 不 去？

3. 村语（侗台语族黎语支）

村语的主要使用人群居住地为海南东方和昌江两个黎族自治县，具体而言，包括海南岛西部昌化江下游的南北两岸地区，南部的东方市的四更镇、新街和三

---

①梁敏，张均如．临高语研究［M］．上海：上海远东出版社，1997：83.

家乡，北部的昌江黎族自治县的昌城乡、昌化镇以及保平乡的部分地区。村语的系属目前还不明确，但较为接近侗台语族的黎语支。①

村语的一般否定标记为 vɛn³，禁止性否定标记为 a²muŋ¹。例如：

（10）tshə⁵ tsĕŋ⁵ vɛn³ tθen¹ la⁵.（蒸的饭不好吃。欧阳觉亚，P106）
　　　饭　　蒸　　不　　好　　吃。

（11）hɛi³ lət⁵ tθen¹, hɔ⁵ lət⁵ vɛn³ tθen¹.（这个好，那个不好。欧阳觉亚，P117）

　　　这　　个　　好，　那　　个　　不　　好。

（12）na⁵ kan³ vɛn³ bən⁴ tsa⁵.（他还没来呢。欧阳觉亚，P132）
　　　他　　还　　不　　来　　（着）。

（13）na⁵ kan³ vɛn³ ka⁵ tsan¹ tsa⁵.（他还没睡着呢。欧阳觉亚，P132）

　　　他　　还　　不　　睡　　着　　（着）。

（14）kə⁵ vɛn³ la（i）³ kuə³ nɛi³hɛn³ di² ŋaːu¹.（我没见过这样的人。欧阳觉亚，P123）
　　　我　　不　　见　　过　　这样　　的　　人。

（15）kə⁵ vɛn³ bən⁴ nɛi³di² kuə³.（我没来过这里。欧阳觉亚，P132）

　　　我　　不　　来　　这里　　过。

村语的判断动词有两个：si⁵ 和 man¹。"是［si⁵］"的否定形式是 vai⁵si⁵，一般句子的否定判断用 vai⁵si⁵，判断动词"是［man¹］"多用于疑问句中。例如：

（16）kə⁵ vai⁵si⁵ ŋaːu¹ eŋ¹hən⁵.（我不是英显村人。欧阳觉亚，P107）
　　　我　　不是　　人　　英显。

（17）si³ ki¹ di² tθɯək² vai⁵si⁵ na⁵.（书记的儿子不是他。欧阳觉亚，P119）

　　　书记　　的　　儿子　　不是　　他。

（18）hɛi³ man¹ ki¹ mɵ⁵ si⁵ vɛn³?（这是不是你的？欧阳觉亚，P107）
　　　这　　是　　的　　你　　还是　　不？

———————————
①欧阳觉亚. 村语研究［M］. 上海：上海远东出版社，1998：1.

村语的存在动词是 dok² (有)，其否定形式是前加否定标记的 vɛn³ dok² (不有)。

(19) mɔ⁵ dok² sok² bɛk² si⁵ vɛn³? (你有没有兄弟？欧阳觉亚，P151)

    你 有 兄弟 还是 不?

(20) ŋaːu¹ sok² vɛn³ dok² tθin² sɛn⁴ di³ fo (i)¹ tsa⁵. [病人没有精神（无精打采）地走着。欧阳觉亚，P132]

    人 病 不有 精神 地 走 着。

(21) kə⁵ kan³ vɛn³ la (i)³ tsɛŋ¹ na⁵ kua³ tsa⁵. (我还没见过他呢。欧阳觉亚，P133)

    我 还 不 见 脸 他 过 （着）。

下面是"不是-不有-不"型的语言总表。

表 4-1 类型 1 "不是-不有-不" 型（单一标记）

语言		不	未	是	不是	有	没有（动）	系属	位置	语序
1. 藏语拉萨话	自称	ma¹²	ma¹²	ȷĩ¹¹³	ma¹² ȷĩ¹¹³ (mɛ̃¹¹³)	jøʔ¹²	ma¹² reʔ¹² (mɛʔ¹³)	藏语支	动后	SOV
	他称	ma¹²	ma¹²	reʔ¹²	ma¹³² reʔ¹²	tuʔ¹²	mĩ¹² tuʔ¹²			
2. 藏语拉卜楞话	自称	ma	ma	jən	ma jən (mən)	jot	ma jot (met)	藏语支	动后	SOV
	他称	ma	ma	rə (re)	ma-rə	jot-kə	met-kə			
3. 羌语曲谷话		ma 等	ma 等	ɦū	ma-ɦū	ʂə	ma- ʂə	羌语支	动前	SOV
4. 珞巴语		moŋ	moŋ	ko/ɦɛː /loŋ	moŋ/ ɦɛː moŋ	daː	daː moŋ	藏缅语族	动后	SOV
5. 景颇语		n⁵⁵	n⁵⁵	ʒe⁵¹	n⁵⁵ ʒe⁵¹	lu⁵¹	n⁵⁵ lu⁵¹	景颇语支	动前	SOV
6. 独龙语		muɯ³¹/ mǎn⁵⁵	muɯ³¹/ mǎn⁵⁵	e⁵³/ iŋ⁵⁵	muɯ³¹ e⁵³/ muɯ³¹ iŋ⁵⁵	ǎl⁵³	muɯ³¹ ǎl⁵³	景颇语支	动前	SOV
7. 阿侬语		m³¹	m³¹	ie³³/ zɿŋ⁵⁵	m³¹ zɿŋ⁵⁵	a³¹ɖa⁵⁵ 等	ma³¹ɖa⁵⁵ 等	景颇语支	动前	SOV

（续表）

语言	不	未	是	不是	有	没有（动）	系属	位置	语序
8. 遮放载瓦语	a^{31}	a^{31}	ŋ ut^{55}	a^{31} ŋ ut^{55}	nji^{51} 等	a^{31} nji^{51}	缅语支	动前	SOV
9. 梁河阿昌语	n^{31} / m^{31}	n^{31} / m^{31}	ŋɛ?^{55}	n^{31} ŋɛ?^{55}	pa^{35}	m^{31} pa^{35}	缅语支	动前	SOV
10. 浪速语	mʑ^{31}	mʑ^{31}	ŋat^{31}	mʑ^{31} ŋat^{31}	pɔ^{31}	mʑ^{31} pɔ^{31}	缅语支	动前	SOV
11. 仙岛语	n^{31} / ma^{31} / ŋ^{31}	n^{31} / ma^{31}	ŋjɛ?^{55}	n^{31} ŋjɛ?^{55}	pɔi?^{55}	n^{31} pɔi?^{55}	缅语支	动前	SOV
12. 波拉语	a^{31}	a^{31}	ŋɔt^{55}	a^{31} ŋɔt^{55}	ɣa^{35} 等	a^{31} ɣa^{35} 等	缅语支	动前	SOV
13. 彝语 喜德话	a^{21}	a^{21}	ŋɯ^{33}	a^{21} ŋɯ^{33}	dʑo^{33} 等	a^{21} dʑo^{33} 等	彝语支	动前	SOV
14. 彝语 泸西话	ma^{21}	ma^{21}	ŋa^{44}	ma^{21} ŋa^{44}	dʑo^{33}	ma^{21} dʑo^{33}	彝语支	动前	SOV
15. 怒苏语	ma^{55}	ma^{55}	ui ã˨^{53} / ʔne^{53} / ta^{31}	ma^{55} ui ã˨^{53}	khui^{31} 等	ma^{55} khui^{31}	彝语支	动前	SOV
16. 傈僳语	ma^{31}	ma^{31}	ŋa^{33}	ma^{31} ŋa^{33}	niɛ^{35}	ma^{31} niɛ^{35}	彝语支	动前	SOV
17. 哈尼语	ma^{31}	ma^{31}	ŋɯ^{55}	ma^{31} ŋɯ^{55}	dʑo^{55} 等	ma^{31} dʑo^{55} 等	彝语支	动前	SOV
18. 拉祜语	ma^{53}	ma^{53}	xe^{54}	ma^{53} xe^{54}	tsɔ^{31}	ma^{53} tsɔ^{31}	彝语支	动前	SOV
19. 桑孔语	a^{31}	a^{31}	ŋg ɤ^{55} / ɤ^{55}	a^{31} ŋg ɤ^{55} / a^{31} ɤ^{55}	tɕ a^{33} 等	a^{31} tɕ a^{33} 等	彝语支	动前	SOV
20. 基诺语	mʌ^{44}	mʌ^{44}	ŋ ɤ^{44}	mʌ^{44} ŋ ɤ^{44}	tʃa^{31}	mʌ^{44} tʃa^{31}	彝语支	动前	SOV
21. 毕苏语	ba^{31}	ba^{31}	a^{31}	ba^{31} a^{31}	tsa^{33}	ba^{31} tsa^{33}	彝语支	动前	SOV
22. 临高语	mən^{2} / m^{2}	mən^{2}	ti^{4}	mən^{2} ti^{4}	lai^{3}	mən^{2} lai^{3}	台语支	动前	SVO

（续表）

语言	不	未	是	不是	有	没有（动）	系属	位置	语序
23. 西双版纳傣语	bau⁵ / m̥⁵	bau⁵ / m̥⁵	pin¹ /pen⁶（肯）tsai⁶ /tsaɯ⁶（否）	bau⁵ tsai⁶	mi²	bau⁵ mi²	台语支	动前	SVO
24. 村语	ven³	ven³	si⁵	vai⁵ si⁵	dok²	ven³ dok²	黎语支	动前	SVO

（二）"不是－不有－不 X"型

在"不是－不有－不 X"型中，"是"的否定形式是"不是"；"有"的否定形式是"不有"；"未"的否定形式是否定标记"不"后加其他成分，这些其他成分有可能是体标记或其他成分。这种类型与类型 1 的区别是"未"的表达方式不同，类型 1"未"由单音节的"不"表达，类型 2 的"未"由"不"加上其他附加成分"X"表达，但在具体的语言使用过程中可能出现多种语流音变现象：第一，"不 X"可以形成合音，如藏语德格话 ma¹³ jøˀ²³¹（没有、未曾）合音成"meˀ²³¹"；第二，"不 X"中的"X"被省略，如常宁塔山勉语的 ŋ̍⁵⁵mei³¹（没有、未曾）中否定标记的后附成分"mei³¹"可以省略；第三，"不 X"中的"不"被省略，如仫佬语中"ŋ⁵taŋ²（尚未）"中的否定标记"ŋ⁵"可以省略。类型 2 的语言包括藏语德格话、错那门巴话、羌语桃坪话、畲语等 10 种语言。下面分别举例说明。

1. 羌语桃坪话（藏缅语族羌语支）

羌语桃坪话中，一般否定标记是 mi⁵⁵，"尚未"的表达形式是 mi⁵⁵ tsʅ³³ 或 mi⁵⁵。① 例如：

mi⁵⁵ kə³³（不去）　mi⁵⁵ tsʅ³³ kə³³（还没有去。）
不 去　　　　　　未　　去
(22) ŋa⁵⁵ sʅ³¹ mi⁵⁵ tsʅ³³ thia⁵¹！（我还没有吃呢！）
　　　我 （前加）不 （仍行）吃！

---

① 孙宏开. 羌语简志[M]. 北京：民族出版社，1980：133.

2. 畲语（苗瑶语族苗语支）

据毛宗武等（1986）的调查，绝大多数畲族人使用汉语客家方言，只有广东博罗、增城、惠东和海丰一小部分畲族说畲话。广东省惠东县陈湖村的畲话中，否定标记有 ha^6（不）、ha^6ma^2（没有、未曾），其中 ha^6ma^2（没有、未曾）是一般否定标记 ha^6（不）与表存在的 ma^2（有）的组合，由于 ha^6（不）属于"不"类否定标记，因此本书把这两个标记归入一类，只算一个。畲语的禁止性否定标记为 e^3（别）。[1] 例如：

ha^6　　$njuŋ^1$（不坐）　　　　　　ha^6　　$phɔ^6$（不肯）

不　　　坐　　　　　　　　　　　　不　　　肯

畲语的判断动词只有一个 $tshi^4$（是），其否定形式是 ha^6tshi^4（不是）。畲语的存在动词是 ma^2（有），其否定形式是 ha^6ma^2（不有）。完成体的否定与存在动词的否定同形，都是 ha^6ma^2（不有）。例如：

（23）$nuŋ^4$　　$tshi^4$　　$tui^4tsoŋ^5$.（他是队长。毛宗武等，P40）

　　　　他　　　是　　　队长。

（24）ne^3　ti^1　$zu^6taŋ^1$　$voŋ^2$　su^6　$voŋ^2$，ha^6　$tshi^4$　$pɤ^4$　$kwan^1$.（这些柚子大就大，但不是很甜。毛宗武等，P82）

　　　这　些　柚子　大　就　大　不　是　几　甜。

（25）$vaŋ^4$　niu^2　$ka^1pɔ^4$　ma^2　$ŋin^2$　$fuŋ^3$　$taŋ^1$.（我家前面有条小河。毛宗武等，P32）

　　　　我　家　前面　有　根　河　仔。

（26）ka^6tha^2　ha^6ma^2　$nuŋ^2$　ha^6ma^2　nji^4.（从前没有吃没有穿。毛宗武等，P61）

　　　　从前　不有　吃　不有　穿。

（27）pa^1　i^6　sji^6　ha^6ma^2　$kuŋ^3$　kwa^5　ka^5　ti^6ni^4.（我们一辈子没有讲过假话。毛宗武等，P41）

　　　　我们　一　世　不有　讲　过　假　话。

（28）$vaŋ^4$　ha^6ma^2　$nuŋ^2$　kwa^5　$nɔ^3me^6$　$kwei^2$.（我没有吃过老虎肉。毛宗武等，P41）

---

[1] 毛宗武，蒙朝吉. 畲语简志[M]. 北京：民族出版社，1986：52.

我　　不有　　吃　　过　　老虎　　肉。

此外，"不 X"在表达"尚未"的语义功能时，否定标记"不"在有些语言中可能会出现脱落的现象，如在仫佬语（侗台语族侗水语支）中，一般否定标记有两个："ŋ⁵"和"khɔːŋ¹（不）"，其中 ŋ⁵ 更为常见；"未"的表达形式是：ŋ⁵ taŋ² 或 taŋ²。[①]

（29）paːi¹　ŋ⁵　paːi¹?　mɛ²　ŋ⁵　mɛ²?（去不去？有没有？王均等，P37）

　　　去　　不　去?　有　不　有?

（30）taŋ²　thəu⁵.（没有到。王均等，P38）

　　　未曾　到。

（31）hu³kɔk⁷　taŋ²　ŋaːn³.（稻子没有黄。王均等，P40）

　　　稻　　　未曾　黄。

（32）chi¹　lai³　ljeu⁶.（梳好了。）

　　　梳　　得　　了。

taŋ²　chi¹　lai³.（没有梳好。王均等，P69）

未曾　梳　　得。

吴铮（2007）认为羌语桃坪话 mi⁵⁵tʂʅ³³（尚未）中的"tʂʅ³³"可能是一个表示体范畴的附加成分。[②] 仫佬语 ŋ⁵taŋ²（尚未）中的"taŋ²"、畲语 ha⁶ma²（尚未）中的"ma²"等都居于否定标记之后，表达动作没有完成或没有经历的语法意义，这些不同形式的成分是否也是表示体范畴的附加成分？从逻辑上推理应当是如汉语"曾"之类表时体的成分，但目前资料十分有限，还只是一种猜测。

下面是"不是－不有－不 X"型的语言总表：

表 4－2　类型 2"不是－不有－不 X"型（单一标记）

语言		不	未	是	不是	有	没有（动）	系属	位置	语序
1. 藏语德格话	自称	mi¹³	ma¹³ jø²²³¹ → (me²²³¹)	jĩ¹³	mi¹³ ŋge⁵³	jø²²³¹	ma¹³ jø²²³¹ → (me²²³¹)	藏语支	动后	SOV
	他称	ma¹³	ma¹² re²²³¹ → (me²²³¹)	re²²³¹	ma¹² re²²³¹	ŋge⁵³	mi¹³ ŋge⁵³			

①王均，郑国乔. 仫佬语简志[M]. 北京：民族出版社，1980：37，38，40，69.

②吴铮. 藏缅语否定范畴研究[M]. 北京：中央民族大学，2007：20.

（续表）

语言		不	未	是	不是	有	没有（动）	系属	位置	语序
2. 错那门巴语	自称	mʌ³⁵ 等	mo³⁵ jin³⁵→ (men³⁵)	jin³⁵	me³⁵ jin³⁵→ (men³⁵)	neʔ³⁵	mo³⁵ nom³⁵	藏语支	动后	SOV
	他称	mʌ³⁵ 等	me³⁵ jin³⁵ te³¹→ (min³⁵ te³¹)	jin³⁵ te³¹	min³⁵ te³¹	neʔ³⁵ / deʔ³⁵	mo³⁵ no²³⁵			
3. 羌语桃坪话		mi⁵⁵	mi⁵⁵ / mi⁵⁵ tsɿ³³	dzʐe³³ / ty³³ / ŋuə³³ （否）	mi⁵⁵ ŋuə³³	ŋa³³	mi⁵⁵ ŋa³³→ (mia⁵¹)	羌语支	动前	SOV
4. 燕齐壮语		ʔbou⁵⁵~³³ / mi⁵⁵~³³	ʔbou⁵⁵ / hi⁵⁵ jaŋ⁴²	tɯk³³	ʔbou⁵⁵~³³ tɯk³³	mi⁴²	ʔbou⁵⁵~³³ mi⁴²	台语支	动前	SVO
5. 仫佬语		ŋ⁵ / khɔːŋ¹	taŋ² / ŋ⁵ taŋ²	si⁶ / tsjaːk⁸	ŋ⁵ si⁶ / ŋ⁵ tsjaːk⁸	me²	ŋ⁵ me²	侗水语支	动前	SVO
6. 畲语		ha⁶	ha⁶ ma²	tshi⁴	ha⁶ tshi⁴	ma²	ha⁶ ma²	苗语支	动前	SVO
7. 塔山勉语		ŋ̍⁵⁵	ŋ̍⁵⁵ /ŋ̍⁵⁵ mei³¹	tsei³³	ŋ̍⁵⁵ tsei³³	mei³¹	ŋ̍⁵⁵ mei³¹	瑶语支	动前	SVO
8. 川黔滇苗语		zhi⁴⁴	zhi⁴⁴ gao¹³	yao²⁴	zhi⁴⁴ yao²⁴	mua³¹	zhi⁴⁴ mua³¹	苗语支	动前	SVO
9. 黔东苗语养蒿话		a⁵⁵	a⁵⁵ pi¹¹	ȶi¹³	a⁵⁵ ȶi¹³	me⁵³ / ŋaŋ³³	a⁵⁵ me⁵³ / a⁵⁵ ŋaŋ³³	苗语支	动前	SVO

（三）"专名－专名－不"型

在"专名－专名－不"型语言中，"不是"不是通过在判断动词前加否定词来表达，而是用另外一个专门的单音节或双音节词来表达；"没有"也不是通过存在动词前加否定成分表达，而是用一个专门的词来表达；"未"与一般否定标记"不"同形。如格曼僜语的一般否定标记是"mɯ³¹"，判断动词"是"是"am⁵³"，"不是"是"mai⁵⁵"；纳西语的一般否定标记是"mə³³"，判断动词"是"是"ŋa⁴⁴"，"不是"是"mə³³ uo³¹"；元江苦聪话的一般否定标记是"mʌ³¹"，判断动词"是"是"zʌ³³"，"不是"是"mʌ³¹ xie³¹"，不过，格曼僜语和元江苦聪话、纳西语的存在否定"没有¹"并非专名形式，而是通过存在动词前加否定标记"不"的形式来表达。调查中有一种语言的存在否定"没有"是专名形式，例如海南黎语（侗台语族黎语支）。

在黎语中，"不是""没有¹"都使用"专名"来表达。黎语是黎族的语言，黎族主要居住在海南省黎族苗族自治州。黎语属于侗台语族黎语支，黎语的一般否定标记是 ta¹，表达"不、未"的意思，如"ta¹ la²"（不吃）、"ta¹ tɯːŋ²"（不给），禁止标记为 jou³。① 例如：

(33) na¹　dom¹　ta¹　wau²　tsu¹.（他还没有起来呢。欧阳觉亚等，P45）
　　他　　还　　不　　起来　呢。

(34) hou¹　ta¹　laːi³　me³he³　ru³.（我没看见什么呢。欧阳觉亚等，P46）
　　我　　不　　见　　什么　　呢。

黎语的判断动词是 man¹，判断动词的否定为一个专用的词 gwai²，判断动词在肯定判断句中一般可不出现，但在否定句中必须出现判断动词的否定式。例如：

(35) na¹　gwai²　foːi²　hou¹　ve¹.（他不是我的叔叔。欧阳觉亚等，P45）
　　他　　不是　　叔　我　　的。

(36) gwai²　na¹　pa³?（不是他吧？欧阳觉亚等，P71）
　　不是　　他　　吧？

黎语的存在动词"有"是 tsau²，其否定是 weŋ³ 或 weŋ³ naːi³。

weŋ³ naːi³　　aːu¹.（没有人。欧阳觉亚等，P36）
没有　　　　人。

weŋ³ naːi³　　tui³.（没有水牛。欧阳觉亚等，P67）
没有　　　　水牛。

黎语的能愿动词的否定也有专门的词语来表达，"ka²（不能）""poːi¹（不会）"。例如：

(37) ɗoːi¹　daːŋ³　ka²　khaːi³.（多得数不清。欧阳觉亚等，P67）
　　多　　到　　不能　数。

(38) poːi¹　vuːk⁷thun¹.（不会唱歌。欧阳觉亚等，P60）

---

①欧阳觉亚，郑贻青.黎语简志[M].北京：民族出版社，1980：33.

不会 唱歌。

采用单一否定标记的语言中，使用与现存"是""有"无明显关联的词来表达"是""有"的否定的语言并不多，目前只搜集到 4 种。这些"是"或"有"否定的专名形式是如何形成的？是不是语言底层中的否定标记与判断动词或存在动词的合音所形成？现有的资料非常有限，我们还不能做出明确的回答。

"专名－专名－不"型的语言如下表：

表 4-3 类型 3"专名－专名－不"型语言表（单一标记）

语言	不	未	是	不是	有	没有（动）	别	系属	语序
1. 格曼僜语	$muɯ^{31}$	$muɯ^{31}$	am^{53}	mai^{55}	$tɕau^{53}$	$muɯ^{31} tɕau^{53}$	e^{55}	景颇语支	SOV
2. 纳西语	$mə^{33}$	$mə^{33}$	$ŋa^{44}$	$mə^{33} uo^{31}$	$dʑy^{31}$ 等	$mə^{33} dʑy^{31}$ 等	$mə^{33} nie^{31}$	彝语支	SOV
3. 元江苦聪话	$mʌ^{31}$	$mʌ^{31}$	$ʑʌ^{33}$ / $xiɛ^{31}$	$mʌ^{31} xiɛ^{31}$	$muɯ^{33}$ 等	$mʌ^{31} muɯ^{33}$ 等	$tʌ^{31}$	彝语支	SOV
4. 黎语	ta^1	ta^1	man^1	$gwai^2$	$tsau^2$	wen^3 / $wen^3 nai^3$	jou^3	黎语支	SVO

二、两个否定标记语言"是"与"有"的否定类型

汉藏语系中，很多语言有两个否定标记，一个是否定性质状态、动作行为的"不"，另一个是否定动作完成的"未"，相当于汉语普通话中的"不""没"两个否定标记，如普米语、车江侗语、布依语等，两个否定标记语言中"是""有"的否定又可以分成 5 种类型，包括"不是－不有－未"型、"不（未）是－不有－未 X"型、"不是－无有－无有"型、"不－不－未"型、"是（变调）－有（变调）－未"型。

（一）"不是－不有－未"型

"不是－不有－未"型语言中，"是"的否定是在判断动词"是"前加否定标记"不"，形成"不是"的形式；"有"的否定是在存在动词"有"前添加否定标记"不"，形成"不有"的形式；"未"则用与"不"不同形的"未"来表示。例如：

1. 车江侗语（侗台语族侗水语支）

侗语是侗族的语言，侗族居住在贵州、湖南、广西三个省区的二十多个县里。湖南新晃、通道侗族自治县的侗族人口最多，靖州苗族侗族自治县次之，绥宁、芷江、会同、城步等县也有一些。贵州侗族大部分聚居在黔东南苗族侗族自

治州的黎平、天柱、从江、榕江、锦屏、剑河、镇远七个县内。

侗语句子主要成分的次序与汉语相似，也是"主语＋谓语＋宾语"，以名词为中心的修饰词组，除数词、量词外，修饰成分在中心成分之后；有一定数量的虚词，虚词在语法中起着相当重要的作用；有相当多的量词，量词有表示数量和区分事物类别的作用。据梁敏（1980）的《侗语简志》，贵州省榕江县车江侗语的否定标记是：kwe^2（不）、$əi^3$（不）、mi^4（未）、pi^4（别），[①] 例如：

(39) $ljen^2$ $jaːu^2$ tu^1 kwe^2 wo^4. （连我都不知道。梁敏，P52）

　　　　连　　我　　都　　不　　知道。

(40) sak^7 li^3 $mjen^2$ man^1， nan^2 mi^4 so^3. （洗了几天了，还没有干。梁敏，P59）

　　　　洗　　得　　几　　天，　　还　　未　　干。

从语料来看，kwe^2 与 $əi^3$ 都可以表达"不"的意思，现有的资料没有说明二者之间有何差别。例如：

$əi^3$ $ŋon^6$ 不愿（梁敏，P48）　　$əi^3 ɕi^6$ 不是（梁敏，P48）　　$əi^3 me^2$ 没有（梁敏，P50）

不愿　　　　　　　　　不是　　　　　　　　　不有

车江侗语中的判断动词有三个：$taːŋ^3$、$ɕin^5$、$ɕi^6$。

(41) $taːŋ^3$ kwe^2 $taːŋ^3$? （是不是？梁敏，P48）

　　　　是　　不　　是?

—$taːŋ^3$. （是。）

　　　是。

(42) $maːu^6$ $taːŋ^3$ $ti^1 tsaːŋ^4$， $khwaːi^1 ti^1$ $ɕin^5$ $jaːu^2$. （他是队长，会计是我。梁敏，P50）

　　　　他　　是　　队长，　　会计　　是　　我。

有时判断动词 $ɕin^5$ 和 $taːŋ^3$ 连用表示强调。

(43) tu^2 $naːi^6$ $ɕin^5$ $taːŋ^3$ tu^2 $pa^1 pu^2$. （这条就是七星鱼。梁敏，P50）

　　　　只　　这　　是　　是　　只　　七星鱼。

判断动词"$ɕi^6$"有时也可以放在别的动词、动词词组前面或者放在句子的开

---

①梁敏. 侗语简志[M]. 北京：民族出版社，1980：52. 说明：车江侗语的"不"为 me^2，但其他大部分地方侗语的"不"为 kwe^2，因此这里按《侗语简志》的说法，也记为 kwe^2。

头表示强调。

（44）ja:u² ɕi⁶ əi³me² ma:ŋ² mje⁶ la⁴，nu⁵ ma:u⁶ ɕi⁶ kwe² ɕi² thoŋ²ji¹.（我是没有什么考虑了，看他是不是同意。梁敏，P50）

　　　　我　是　不有　什么　考虑了，看　他　是　不是　　同意。

车江侗语的存在动词为 me²（有），其否定形式为 kwe² me²（不有）。

（45）ki¹ na:i⁶ me² tu² kwe².（这里有一只水牛。梁敏，P38）

　　　　处　这　有　只　水牛。

（46）a:u⁴ ja:n² me² nən².（屋里有人。梁敏，P73）

　　　　里　屋　有　人。

（47）sən¹ na:i⁶ i¹ tu² njuŋ⁴pa⁵ tu¹ kwe²me².（这个村子一只苍蝇都没有。梁敏，P73）（"一"可以省略）

　　　　村　这　一　只　苍蝇　　都　不有。

2. 湘西矮寨苗语（苗瑶语族苗语支）

湖南湘西矮寨苗语中，表否定的副词有 tɕu⁵³（不）、ɕan⁴⁴（尚未）、qa⁵³ maŋ²²/qa⁵³（别）三个。[1] 例如：

（48）ta⁴⁴/⁵³ pɛ⁵³ pei⁴⁴/⁵³z̩a³¹ nəŋ⁴⁴ tɕu⁵³ ɕo⁵³.（这些桃子不酸。余金枝，P153）

　　　　一些　（缀）桃　　　这　不　酸。

（49）e⁵³ te⁵³ tɕu⁵³ pə³⁵.（小孩不睡。余金枝，P153）

　　　　子女小　不　睡。

（50）ʂei²¹ta⁴⁴ ɕan⁴⁴ dʑæŋ³⁵.（辣椒还没红。余金枝，P153）

　　　　辣椒　　尚未　红。

"tɕu⁵³（不）"只能与谓语黏附使用，不能单独用来回答问题。"ɕan⁴⁴（未）"可以单独回答问题，"ɕan⁴⁴（未）"还可以用于疑问句末尾，询问事件或状态变化是否完成。例如：

（51）məŋ³¹ tɕu⁵³ ləŋ⁴⁴ kjɛ⁴⁴dʑaŋ³¹ za⁴⁴？（你不来赶集了？余金枝，P153）

　　　　你　不　来　赶场　　了？

——tɕu⁵³ ləŋ⁴⁴ za⁴⁴.（不来了。余金枝，P153）

_____

① 余金枝. 湘西矮寨苗语参考语法［M］. 北京：中国社会科学出版社，2011：153.

    不　来　了。

（52）məŋ³¹　məŋ⁴⁴　ɕaŋ⁴⁴？（你去了没有？余金枝，P153）

    你　去　尚未？

——ɕaŋ⁴⁴．（还没有。）

    尚未。

（53）pei⁴⁴ᐟ⁵³　na³¹　pə⁵³　tɕu⁴⁴　ɕaŋ⁴⁴？（山药挖完了没有？余金枝，P153）

    （缀）　山药　挖　完　尚未？

湘西矮寨苗语的判断动词n̪i²²（是）与存在动词me³¹（有）的否定方式相同，都是前加否定副词tɕu⁵³（不），其形式分别为tɕu⁵³n̪i²²（不是）与tɕu⁵³me³¹（不有）。

（54）bu⁴⁴　tɕu⁵³n̪i²²　ne³¹　tɕi⁵³le⁵³．（他不是人家的什么人。余金枝，P153）

    他　不是　人　哪个。

（55）we⁴⁴　tɕu⁵³me³¹　məŋ⁵³．（我没有病。余金枝，P153）

    我　不有　病。

"不是－不有－未"型否定组合在两个否定标记的语言中是最为普遍的，有10种语言。下面是这一类型的语言概况总表。

表4－4　类型4"不是－不有－未"型（两个标记）

语言	不	未	是	不是	有	没有（动）	系属	位置	语序
1. 普米语	ma¹³	mi⁵⁵	də¹³ 等	ma¹³ də¹³ 等	bɔ̄⁵⁵ 等	ma¹³ bɔ̄⁵⁵ 等	羌语支	前后	SOV
2. 车江侗语	kwe²/ əi³	mi⁴	taːŋ³/ ɕiŋ⁵/ɕi⁶	kwe² ɕi⁶/ əi³ ɕi	me²	kwe² me²/ əi³ me²	侗水语支	动前	SVO
3. 安顺仡佬语	a³³	mpa³¹	tshu⁴⁴	tshu⁴⁴ a³³	n̪e⁴⁴	n̪e⁴⁴ a³³	仡央语支	动后	SVO
4. 毛南语	kam³	muːi⁴	ɕi⁴（肯）/ tsi⁵⁵（肯）/ tsiŋ⁵（肯否）	kam³ tsiŋ⁵	mɛ²	kam³ mɛ²	侗水语支	动前	SVO
5. 佯僙语	me²	mi⁴	thəi⁶	me² thəi⁶	ʔnaŋ¹	me² ʔnaŋ¹	侗水语支	动前	SVO
6. 金秀拉珈语	hwãi¹/ ŋ³	waŋ²	tok⁷（肯）/ tuk⁸（肯否）	hwãi¹ tuk⁸	mi²	hwãi¹ mi²	侗水语支	动前	SVO
7. 布依语	mi²	fi⁶	tɯk⁸	mi² tɯk⁸	li⁴	mi² li⁴	台语支	动前	SVO

语言	不	未	是	不是	有	没有（动）	系属	位置	语序
8. 京语	khoŋ⁵⁵	tswə³²³	la¹¹（肯）/ fa:i³²³（否）	khoŋ⁵⁵ fa:i³²³	kɔ⁵³	khoŋ⁵⁵ kɔ³	黎语支	动前	SVO
9. 湘西矮寨苗语	tɕu⁵³	ɕaŋ⁴⁴	ȵi²²	tɕu⁵³ ȵi²²	me³¹	tɕu⁵³ me³¹	苗语支	动前	SVO
10. 梅珠布努语	ma²/ ntu⁵	θi²	ɕi⁶（肯）/ ţau⁶（肯否）	ma² ţau⁶	moŋ²	ntu⁵ moŋ²	瑶语支	动前	SVO

（二）"不（未）是－不有－未 X"型

"不（未）是－不有－未 X"型与类型 4 相比，其不同之处有两点：一是"是"可由"不""未"两者否定；二是"未"由否定标记带上后附成分组成，后附成分也可以省略。类型 5 只有一种语言，就是大坪江勉语（苗瑶语族瑶语支）。

大坪江勉语有两个否定标记：n̥⁵（不）、ma:i³（没有，未曾）。[1]

(56) fuŋ⁶ ha⁶ n̥⁵ ta:i² .（怎么还不来？毛宗武等，P30）

    怎么 还 不 来。

(57) n̥⁵ bwo⁵ nen² .（不告诉他。毛宗武等，P42）

    不 告诉 他。

(58) je¹ n̥⁵ ȵen⁶ na:ŋ⁵ .（我不吃饭。毛宗武等，P59）

    我 不 吃 饭。

大坪江勉语的判断动词有"ţsei⁴"和"se¹"两个。"ţsei⁴"前面可以加否定副词"不"，也可以用肯定与否定相叠的方式表示疑问，回答问题时可以说 ţsei⁴ 或 n̥⁵ţsei⁴，ma:i³ ţsei⁴。"se¹"却不能这样，只能在肯定句中使用，不能在否定句中使用，也不能单独回答问题。

(59) je¹ （se¹） loŋ² min² .（我是农民。毛宗武等，P51）

    我 是 农民。

(60) ţsoŋ¹ toŋ² ţsei⁵ n̥⁵ ţsei⁴ sai¹·² tje⁵ .（钟同志不是师傅。毛宗武等，P38）

    钟 同志 不是 师傅。

(61) （jom¹ wei⁶） je¹ ma:i² si⁶ tshi:ŋ⁵ n̥⁵ ta:i² .（因为我有事才不

---

[1]毛宗武，蒙朝吉，郑宗泽 . 瑶族语言简志[M]. 北京：民族出版社，1982.

来。毛宗武等，P43）

$$\text{因为} \quad \text{我} \quad \text{有} \quad \text{事} \quad \text{才} \quad \text{不} \quad \text{来}。$$

（62）mjen² se¹ tɕai⁶ a³ ，（taːŋ⁵ tsei⁴）ŋ̍⁵ maːi² pɛːŋ⁶ .（人是瘦了，但是没有病。毛宗武等，P43）

$$\text{人} \quad \text{是} \quad \text{瘦} \quad \text{了，但是} \quad \overset{\cdot}{\text{不}}\text{有} \quad \text{病}。$$

（63）je¹ maːi³ tɕɛːŋ⁴ n̟en⁶ naːŋ⁵ .（我未曾吃饭。毛宗武等，P59）

$$\overset{\cdot}{\text{我}} \quad \overset{\cdot}{\text{未}}\overset{\cdot}{\text{曾}} \quad \text{吃} \quad \text{饭}。$$

类型5大坪江勉语"是""有"否定情况如下表：

表4－5　类型5"不（未）是－不有－未 X"型（两个标记）

语言	不	未	是	不是	有	没有（动）	系属	位置	语序
大坪江勉语	ŋ̍⁵	maːi³ / maːi³ tɕɛːŋ⁴	se¹（肯）/ tsei⁴（肯否）	ŋ̍⁵ tsei⁴ / maːi³ tsei⁴	maːi²	ŋ̍⁵ maːi²	瑶语支	动前	SVO

（三）"不是－无有－无有"型

"不是－无有－无有"型语言只有汉语普通话一种语言。汉语有两个否定标记："bu⁵¹（不）"和"mei³⁵（无）"。判断动词"ʂɿ⁵¹（是）"的否定为"bu⁵¹ ʂɿ⁵¹（不是）"，存在动词"iəu²¹⁴（有）"的否定为"mei³⁵ iəu²¹⁴（无有）"，表达完成体和经历体"未"的否定形式与存在否定同形，都是"mei³⁵ iəu²¹⁴（无有）"。例如：

（64）我不去。

（65）他没有去。

（66）我不是班长。

（67）我没有钱。

类型6汉语普通话"是""有"否定情况如下表：

表4－6　类型6"不是－无有－无有"型（两个标记）

语言	不	未	是	不是	有	没有（动）	别	位置	语序
汉语普通话	bu⁵¹	mei³⁵ / mei³⁵ iəu²¹⁴	ʂɿ⁵¹	bu⁵¹⁻³⁵ ʂɿ⁵¹	iəu²¹⁴	mei³⁵ / mei³⁵ iəu²¹⁴	piɛ³⁵	动前	SVO

（四）"不－不－未"型

"不－不－未"型语言只有水语（侗台语族水语支）一种语言，其特点是：从整体上来说，有"me²（不）""mi⁴（未）"两个否定标记，但是判断动词"是"

的否定可以用仅仅用单纯否定标记"me^2（不）"来表达（判断动词可以不出现），存在否定"没有^1"也可以用单纯否定标记"me^2（不）"来表达（存在动词可以不出现），副词"没有^2"的意思则用单音节的"mi^4（未）"来表达。[1] 例如：

(68) ȵa^2　pa:i^1　ɕo^{2}si^2　me^2？（你去学习吗？张均如，P49）

　　　你　　去　　学习　　不？

——me^2.（不。）

——不。

在肯定性判断句中，判断动词不一定出现，一般用体词和 to^2 字结构作谓语，当强调判断意义时，可以加判断动词 dum^3、sɿ^1、si^3。

(69) pa:k^7　na:i^6　to^2　ju^2.（这把是我的。张均如，P61）

　　　把　　这　　的　　我。

(70) ʁa:u^3　na:i^6　man^2.（这里面是油。张均如，P61）

　　　里面　　这　　油。

(71) man^1　dum^3　li^6　su^{3}ʨi^1。（他是李书记。张均如，P61）

　　　他　　是　　李书记。

(72) to^2　qa:u^5　(sɿ^1)　to^2　ju^2.（旧的是我的。张均如，P60）

　　　的　　旧　　是　　的　　我。

(73) tsau^6　tsa^5　me^2　to^2　ju^2.（那双不是我的。张均如，P66）

　　　双　　那　　不　　的　　我。

水语的存在动词的肯定形式是"ʔnaŋ^1（有）"，其否定形式是动词性的"me^2（不）"，也就是说，"me^2（不）"还可以表达动词性的"没有"的含义；表达动作完成的否定为"mi^4（未）"。

(74) me^2　pa:n^2　paŋ^6，me^2　faŋ^5　ʔniŋ^3.（无依无靠。张均如，P66）

　　　无　　篱笆　　扶　　无　　田坎　　靠。

(75) luŋ^2　ȵa^2　lit^8　ɣa:n^2　mi^4？（你伯父拆房子了吗？张均如，P49）

　　　伯　　你　　拆　　房子　　未曾？

——mi^4（还没有。）

——还未。

——————

[1]张均如．水语简志［M］．北京：民族出版社，1980：49-66．

类型 7 水语"是""有"否定情况如下表：

表 4-7　类型 7"不—不—未"型（两个标记）

语言	不	未	是	不是	有	没有（动）	别	位置	语序
水语	me^2	mi^4	dum^3/sʔ^1/si^3	me^2	ʔnaŋ^1	me^2	ʔna^3	动前	SVO

（五）"是（变调）—有（变调）—未"型

"是（变调）—有（变调）—未"型是指采用屈折手段来表达"不是""没有（动词）"的否定形式，在"是""有"的肯定形式基础上实行变调来表达否定的含义，而副词"尚未、未曾"用"未"来表达。类型 8 的语言目前也只搜集到居都仡佬语（侗台语族仡央语支）一种。

居都仡佬语完好地保留了仡佬语多罗方言，仡佬语多罗方言横跨贵州、广西、云南，在越南北部也有分布，覆盖地域很广，在贵州的使用人口最多。居都仡佬语的否定标记有两个：ma^{33}（不）、qa^{33}（未）。例如：

（76）i^{55}　ma^{33}　ka^{31}ʔ　u^{33}mo^{31}　wo^{33}.（我不吃猪肉。康忠德，P226）

　　　 我　 不　 吃　　肉猪　　否助。

（77）mĩ^{35}　ha^{31}　qa^{33}　do^{31}　wo^{33}.（他还没有来。康忠德，P226）

　　　 他　 还　 未　 来　 否助。

判断动词"au^{31}（是）"的否定形式为"au^{33}"，当表达"是"的否定时，声调由肯定形式的中降变为否定形式的中平，"au^{33}"一般必须与句末的否定助词"wo^{33}"连用。例如：

（78）ne^{35}　i^{55}　au$^{35-31}$　na^{31}ʔ　o^{33}　qau^{33}.（我是给别人干活。康忠德，P14）

　　　 话标 我　是　　给　　别人　做。

（79）a^{35}　　bu^{35}　au^{33}　nʑi^{31}　wo^{33}.（那不是牛。康忠德，P15）

　　　 发语词那　　不是　牛　 否助。

（80）ma^{33}　phai^{35}　su^{31}　ȵi^{35}　au^{33}　di^{33}i^{55}　wo^{33}.（这本书不是我的。康忠德，P15）

　　　 定助 本　　 书　 这　 不是　的我　 否助。

除了"au^{31}（是）"之外，仡佬语还有一个汉语借词的判断动词"sʔ^{35}（是）"，但是借词"sʔ^{35}（是）"不能用变调的方式来表示否定。[1]

---

[1]康忠德. 居都仡佬语参考语法[M]. 北京：中国社会科学出版社，2011：72.

仡佬语的存在动词为"aŋ³¹（有）"，其否定形式是在肯定形式的基础上进行变调，变为中平调的"aŋ³³（没有）"，"aŋ³³（没有）"一般必须与否定助词"wo³³"连用。例如：

(81) qɛ³¹ ble³¹ tsɿ³³ aŋ³¹. （鸡鸭都有。康忠德，P194）
　　 鸡　 鸭　 都　 有.

(82) tsa³⁵pai³³ʔ u⁵⁵ tsɿ³³ aŋ³³ wo³³. （一点肉都没有。康忠德，P18）
　　 一点　　 肉　 都　 没有 否助.

仡佬语中用"lan³¹"表达"达到""比得上"的含义，不用"aŋ³¹（有）"；其变调形式"lan³³"则表示否定比较的"没有"。例如：

(83) dʑau³³ ni³⁵ lan³¹ dʑau³³ buɯ³⁵ dʑuŋ³¹. （这个有那个大。康忠德，P212）
　　 个　 这　 有　 个　 那　 大.

(84) i⁵⁵ lan³³ mi³⁵ ʑu³¹ wo³³. （我没有他高。康忠德，P229）
　　 我　 没有 他　 高　 否助.

此外，其他几个常见能愿动词的否定形式也采用变调的形式来表达，与"是""有"一样，31调值为肯定形式，33调值为否定形式。可见，变调是居都仡佬语表达否定的一种常见方式。例如：

luŋ³¹会——luŋ³³不会　　　　　han³¹该——han³³不该
tshuŋ³¹能——tshuŋ³³不能　　　gen³¹敢——gen³³不敢（康忠德，P234）

类型8居都仡佬语"是""有"否定情况如下表：

表4-8　类型8"是（变调）-有（变调）-未"（两个标记）

语言	不	未	是	不是	有	没有（动）	系属	位置	语序
居都仡佬语	ma³³	qa³³	au³¹/sɿ³⁵	au³³	aŋ³¹	aŋ³³	仡央语支	动前	SVO

三、多个否定标记语言"是"与"有"的否定类型

汉藏语系中有的语言不止两个否定标记。在不考虑汉语借词"不"的情况下，当否定标记不止两个时，这些语言的否定标记往往体现出语义功能上的对立，包括单纯否定标记与时体否定标记的对立，或者是否定标记的主、客观的对立，或者是时间上的过去、现在与将来的对立。本书将多个否定标记语言的"是""有"否定组合概括成类型9的"专名-专名-未"型。

这种类型中，"不是"由专名来表达，动词性的"没有¹"由与存在动词

"有"没有直接关联的专名来表达，"未"则由表否定过去动作的单音节的"未"类动词表达。类型 9 目前只搜集到 3 种语言，包括嘉戎语、大理白语、土家语。①

1. 嘉戎语（藏缅语族羌语支）

嘉戎语的否定标记主要有："ma"（有时用 mɐ）表示单纯否定意义，"mə"表示对过去动作或状态的否定，"mi"表示对现在动作行为的否定，在否定式的存在句中"mi"也可以充当存在动词的否定形式。例如：

（85）ta—pu　mɐ　mʃor.（孩子不漂亮。）

孩子　　不　漂亮。

（86）ŋa　tə—mɲok　mɐ—zɐ—ŋ.（我不吃馍馍。）

我　馍馍　　　不　吃（后缀）。

（87）ŋa　məʃer　tə—mɲok　mə—za—ŋ.（我昨天没有吃馍馍。）

我　昨天　　馍馍　　　没　吃（后缀）。

（88）pa—ŋ　　　　　　mi.（我现在没做。）

做（人称后缀）　没。

嘉戎语的判断动词"ŋos"有人称和数的变化。对判断句的否定是在句末加上否定标记"mak（不是）"。"mak"也可以单独回答问题。例如：

（89）wəjo　kə—pa　mak.（他不是汉人。）

他　　汉人　不是。

嘉戎语的主语后有存在助词"—i"，存在动词"ndo/to"在存在句中作谓语中心语，存在句的否定式是在句中用"mi"取代存在动词"ndo"或"to"。例如：

（90）wəjo—i　ta—pu　mi.（他没有孩子。）

他（助）孩子　没有。

吴铮（2007）认为"mak（不是）"是嘉戎语中单纯否定标记"ma"与语气助词"ko"的合音，即 mak←ma＋ko。嘉戎语中的语气助词"ko"可以放在判

---

①注释：据吴铮（2007）介绍，其他如羌语支的扎坝语、史兴语也属于多个否定标记的语言，这些多个否定标记主要体现为体的对立上，扎坝语的四个否定标记 ma^{13}、ma^{33}、$mə^{55}$、mu^{55} 分别用于将行体、进行体、已行体和完成体中，史兴语的三个否定标记 $mõ^{55}$、mi^{55}、mu^{55} 分别用于将行体、进行体和已行体中。但关于这两种语言的资料非常有限，其对"是""有"的否定究竟如何无从查找，因此没有纳入本书的统计之中。

断句的末尾，表示判断、肯定的语气，并且"ko"很可能是由判断动词虚化而来。[1] 同时，本文推测，表存在否定的"mi"是"ma"与存在助词"−i"的合音，即 mi←ma+i。此外，与汉语普通话部分相似的是，"mi"是存在动词的否定式，有动词"没有[1]"的意思，但同时，也可以用于动词谓语句表示对现在动作行为的否定，可以表达副词"没有在"的意思。

2. 土家语（藏缅语族，语支未定）

土家族主要分布在湖北、湖南、四川和贵州四省接壤地区。学者们对土家语的否定范畴进行了系列研究，田德生等学者（1986）的研究涉及了湘西土家族苗族自治州龙山县靛房乡的土家语的否定词；[2] 根据戴庆厦等（2005）年的《仙仁土家语研究》中的语料，[3] 吴铮（2007）对湘西保靖县仙仁乡的土家语的否定范畴进行了研究；[4] 杨溢（2014）全面描写了湘西龙山县坡脚乡土家语的否定范畴。[5]

（1）龙山县靛房乡土家语

龙山县靛房乡的土家语的否定标记有四个：ta^{35}（不、没有）、tha^{55}（不、不要、别）、tau^{35}（已经不）、$thau^{55}$（再不）。"ta^{35}（不，没）"在动词和形容词后，表达对客观事实的否定。"tha^{55}（不）"，对主观意愿的否定，还可以表示对动作本身的禁止，相当于"不要""别"，二者语序不同，一般否定时，否定标记在句尾；禁止性否定时，否定标记在动词前。"tau^{35}"，对过去动作的否定，表示"已经不"的意思。"$thau^{55}$"，表示对未来动作的否定，相当于"再不"。

（91）kai^{35} $\varphi i^{55}kua^{55}$ $thia^{21}$ ta^{35}.（这西瓜不甜。田德生，P73）

　　　这　　西瓜　　　甜　　不．

（92）ηa^{35} $\tilde{c}^{21}tsi^{21}$ tha^{55} le^{21}.（我不想来了。田德生，P73）

　　　我　　来　　　不．　　（助）

（93）ko^{35} no^{55} ji^{21} tau^{35}.（他已经看不见人了。田德生，P74）

　　　他．　人　　看见　　已经不．．．

（94）ηa^{35} ze^{35} xu^{21} $thau^{55}$.（我再不喝酒了。田德生，P74）

　　　我　　酒　　喝　　　不了．．．

---

①吴铮. 藏缅语否定范畴研究[D]. 北京：中央民族大学，2007：27−28.
②田德生，何天贞. 土家语简志[M]. 北京：民族出版社，1986：73.
③戴庆厦，田静. 仙仁土家语研究[M]. 北京：中央民族大学出版社，2005.
④吴铮. 藏缅语否定范畴研究[D]. 北京：中央民族大学，2007.
⑤杨溢. 土家语否定范畴研究[D]. 广州：暨南大学，2014.

（2）龙山县坡脚乡土家语

龙山县坡脚乡土家语的否定词基本上与靛房乡的土家语相一致，但是杨溢（2014）指出，坡脚乡土家语中"thau^{55}"除了可以表达对未来动作的否定，相当于"再不"之外，"thau^{55}"还可以表达动态的存在否定，相当于"没有了"。例如：

（95）n^{55}ti^{55} kha^{21}moŋ^{21} ɣue^{55}tha^{55} thau^{55}.（这树没有叶子了。杨溢，P22）

　　　这　　树　　　　叶子　　　没有了。

（96）tshu^{55} tɕhiõ^{21} lie^{21} lai^{55} to^{55} thau^{55}.（家里穷得什么都没有了。杨溢，P22）

　　　家里　　穷　　得　　什么　都　　没有了。

"thai^{35}"也可以后接名词性成分，表示对静态存在的否定，相当于动词性的"没有^{1}"。例如：

（97）xu^{21}pha^{21} wo^{21}thu^{55} sʅ^{35} ɕiɛ^{35}.（河里有鱼。杨溢，P27）

　　　河　　　　里面　　　鱼　　有。

（98）wu^{35} tshi^{21} thai^{35}.（没有烧的。）

　　　烧　　的　　没有。

（99）ka^{35} tshi^{21} thai^{35} ta^{35} tshi^{21} thai^{35}.（没有吃的，没有穿的。杨溢，P22）

　　　吃　　的　　没有，穿　　的　　没有。

杨溢指出，土家语的判断句有隐性判断句和显性判断句两类，在隐性判断句中，不出现判断动词，否定副词"ta^{35}"直接在句中行为动词后面。例如：

（100）ŋa^{35} ko^{35} no^{35}，   i^{55} no^{21} ta^{35}.（我是骂他，不是骂你。杨溢，P15）

　　　我　他　骂　你　骂　不。

在显性判断句中，有判断动词 sou^{35}，否定副词"ta^{35}"位于"sou^{35}"后。例如：

（101）a^{55}ti^{55} ie^{55} phoŋ^{55} ŋa^{35} ie^{55} sou^{35}ta^{35}.（那床不是我的。杨溢，P15）

　　　那　　（助）床　　我　　（助）是不。

土家语判断句的否定还可以用借自汉语的"pu^{35}sʅ^{55}（不是）"。例如：

（102）n^{55} sʅ^{55}pa^{55} na^{55} phi^{35} ŋa^{55} pu^{35}sʅ^{55}.（这件衣服不是我的。杨溢，P24）

　　　这　衣服　　一　件　我　不是。

在土家语的否定范畴中，人们可以通过声母屈折的形态手段来区分主观意愿和客观事实，声母屈折的方式为送气与不送气的交替，这种屈折方式还可用来区分时态。因此，土家语的声母送气的 tha^{55} 表达主观否定，声母不送气的 ta^{35} 表达客观否定。土家语声母的这种形态变化可能由早期具有语法意义的前缀与浊辅音声母演变而来，因为在藏缅语中，用声母的屈折表达不同意义是一种较为常见的语法手段，如在古代藏语中，声母送气与不送气分别表达动词的自动与使动范畴。

此外，土家语的动词有情貌范畴，通过在动词后添加后缀或助词来表达将行貌、欲行貌、将欲行貌、将起始貌等情貌，如添加"－i"表达将行貌、添加"－u"表达完成貌。动词的情貌范畴对否定标记的语义区分产生了影响，因此，土家语的基本否定标记是"ta^{35}"，在此基础上，添加"－i"的"thai^{35}"是对将行貌的否定，添加"－u"的"tau^{35}"是对已然态的否定。[①] 土家语中还有很多整体性借自汉语的否定性结构，包括"pu^{33} tɕĩ^{54}（不仅）""pu^{33} tã^{35}（不但）""pu^{33} kuã^{33}（不管）""pu^{33} tsuɛ^{33}（不准）""pu^{33} ko^{33}（不过）"等，但是"pu^{33}（不）"不能独立使用。

类型 9 语言的"是""有"否定情况如下表：

表 4-9　类型 9"专名－专名－未"型（多标记）

语言	不	是	不是	有	没有（动）	系属	语序
1. 嘉戎语	ma（mɐ）（性质、状态、将来，前） mə^{55}（过去，前） mi（现在，前）	ŋos	mak	ndo	mi	羌语支	SOV
2. 大理白语	piɔ^{33}（判断，后） pu^{33}（动作、状态，前） mu^{33}（动作、状态，后） tu^{44}（完成体，后）	lɯ^{44}	piɔ^{33}	tsɯ^{33}	mu^{33}	藏缅语族	SVO
3. 土家语	ta^{35}（客观，后） tha^{55}（主观，后） tau^{35}（过去，后） thau^{55}（将来，后）	sou^{35}	sou^{35} ta^{35} / pu^{35} sĩ^{55}	ɕiɛ^{35}	thai^{35}	藏缅语族	SOV

①杨溢．土家语否定范畴研究［D］．广州：暨南大学，2014：33－34.

第三节 "是""有"否定的类型学特征

通过上文对汉藏语系各语言"是""有"否定的比较，我们可以归纳出一些具有语言类型学意义的蕴含共性。但是语言是一个复杂的综合体，否定范畴既包括了这种语言的历史继承与现实创新，又包含了语言间相互影响所造成的语言糅合，多种因素叠加在一起形成了当前"是""有"否定的多样性。因此，这些蕴含共性也并非绝对共性，而是带有倾向性的蕴含共性，现将其总结如下：

一、共性一：使用频率共性

共性一可以解释为：如果一种语言的判断动词的否定用"不是"来表达，那么，其存在否定倾向于用"不有"来表达，即"不有"的使用频率＞"不是"的使用频率。

现有资料表明，对于汉藏语系的绝大部分语言而言，存在否定倾向于使用"不有"，判断动词的否定倾向于使用"不是"。本书统计的 54 种语言中，有 44 种语言"是""有"的否定方式均采用"不是"或"不有"的形式。此外，还有 3 种语言，包括格曼僜语、纳西语、元江苦聪话中，"有"的否定用"不有"，"是"的否定用"专名"。这 47 种语言约占所有语言的 87.04%。因此，对于"是""有"的否定而言，用分析型的前加单纯否定标记"不"的方式来进行否定，具有很强的语言共性，并且在汉藏语系诸语言中，"不"否定"有"比"不"否定"是"要更为广泛。

表 4-10　存在否定"不有"型语言总表

语言		不	未	是	不是	有	没有（动）
1. 藏语拉萨话	自称	ma¹² 不	ma¹² 不	jĩ¹¹³ 是	ma¹²jĩ¹¹³（mɛ̃¹¹³） 不是	jø²¹² 有	ma¹² re²¹²（me²¹³） 不有
	他称	ma¹² 不	ma¹² 不	re²¹² 是	ma¹³²re²¹² 不是	tu²¹² 有	mĩ¹² tu²¹² 不有

（续表）

语言		不	未	是	不是	有	没有（动）
2. 藏语德格话	自称	mi¹³ / ma¹³ 不	ma¹³ jøʔ²³¹ (meʔ²³¹) 不有	jĩ¹³ 是	mi¹³ ŋge⁵³ 不是	jøʔ²³¹ 有	ma¹³ jøʔ²³¹ (meʔ²³¹) 不有
	他称	mi¹³ / ma¹³ 不	ma¹² reʔ²³¹ (meʔ²³¹) 不是	reʔ²³¹ 是	ma¹² reʔ²³¹ 不是	ŋge⁵³ 有	mi¹³ ŋge⁵³ 不有
3. 藏语拉卜楞话	自称	ma 不	ma 不	jən 是	ma jən (mən) 不是	jot 有	ma jot (met) 不有
	他称	ma 不	ma 不	rə (re) 是	ma—rə 不是	jot—kə 有	met—kə 不有
4. 错那门巴语	自称	mᴀ³⁵ 等 不	mo³⁵ jin³⁵→ (men³⁵) 不有	jin³⁵ 是	me³⁵ jin³⁵→ (men³⁵) 不是	ne ʔ³⁵ 有	mo³⁵ nom³⁵ 不有
	他称	mᴀ³⁵ 等 不	me³⁵ jin³⁵ te³¹→ (min³⁵ te³¹) 不有	jin³⁵ te³¹ 是	min³⁵ te³¹ 不是	ne ʔ³⁵ / de ʔ³⁵ 有	mo³⁵ no ʔ³⁵ 不有
5. 羌语桃坪话		mi⁵⁵ 不	mi⁵⁵ / mi⁵⁵ tsʅ³³ 不 X	dz̠e³³ / ty³³ / ŋuə³³ （否） 是	mi⁵⁵ ŋuə³³ 不是	ŋa³³ 有	mi⁵⁵ ŋa³³ (mia⁵¹) 不有
6. 羌语曲谷话		ma 等 不	ma 等 不	ɦũ 是	ma—ɦũ 不是	ʂə 有	ma—ʂə 不有
7. 普米语		ma¹³ 不	mi⁵⁵ 未	də¹³ 等 是	ma¹³ də¹³ 等 不是	bõ55 等 有	ma¹³ bõ⁵⁵ 等 不有
8. 珞巴语		moŋ 不	moŋ 不	ko/ɦəː/loŋ 是	moŋ/ɦəː—moŋ 不/是不	daː 有	daː—moŋ 有不
9. 景颇语		n⁵⁵ 不	n⁵⁵ 不	ʒe⁵¹ 是	n⁵⁵ ʒe⁵¹ 不是	lu⁵¹ 有	n⁵⁵ lu⁵¹ 不有
10. 独龙语		mɯ³¹ / mǎn⁵⁵ 不	mɯ³¹ / mǎn⁵⁵ 不	e⁵³ / iŋ⁵⁵ 是	mɯ³¹ e⁵³ / mɯ³¹ iŋ⁵⁵ 不是	ǎl⁵³ 有	mɯ³¹ ǎl⁵³ 不有

243

（续表）

语言	不	未	是	不是	有	没有（动）
11. 阿依语	m^{31} 不	m^{31} 不	ie^{33} / z̩ŋ^{55} 是	m^{31} z̩ŋ^{55} 不是	a^{31} dʑa^{55} 等有	ma^{31} dʑa^{55} 等不有
12. 格曼僜语	mɯ^{31} 不	mɯ^{31} 不	am^{53} 是	mai^{55} 不是	tɕau^{53} 有	mɯ^{31} tɕau^{53} 不有
13. 遮放载瓦语	a^{31} 不	a^{31} 不	ŋut̚^{55} 是	a^{31} ŋut̚^{55} 不是	nji^{55} 等有	a^{31} nji^{55} 不有
14. 梁河阿昌语	n̥^{31}/m^{31} 不	n̥^{31}/m^{31} 不	n̥ɛʔ^{55} 是	n^{31} n̥ɛʔ^{55} 不是	pa^{35} 有	m^{31} pa^{35} 不有
15. 浪速语	mə̃^{31} 不	mə̃^{31} 不	ŋat^{31} 是	mə̃^{31} ŋat^{31} 不是	pɔ^{31} / nai^{33} 有	mə̃^{31} pɔ^{31} 不有
16. 仙岛语	n^{31}/ma^{31}/ ŋ^{31} 不	n^{31}/ma^{31} 不	ŋjɛʔ^{55} 是	n^{31} ŋjɛʔ^{55} 不是	pɔiʔ^{55} 有	n^{31} pɔiʔ^{55} 不有
17. 波拉语	a^{31} 不	a^{31} 不	ŋɔt^{55} 是	a^{31} ŋɔt^{55} 不是	ɣa^{35} 等有	a^{31} ɣa^{35} 等不有
18. 彝语喜德话	a^{21} 不	a^{21} 不	ŋɯ^{33} 是	a^{21} ŋɯ^{33} 不是	dʑo^{33} 等有	a^{21} dʑo^{33} 等不有
19. 彝语泸西话	ma^{21} 不	ma^{21} 不	ŋa^{44} 是	ma^{21} ŋa^{44} 不是	dʑo^{33} 有	ma^{21} dʑo^{33} 不有
20. 怒苏语	ma^{55} 不	ma^{55} 不	uã˩^{53} / ʔne^{53} / ta^{31} 是	ma^{55} uã˩^{53} 不是	khui^{31} 等有	ma^{55} khui^{31} 等不有
21. 傈僳语	ma^{31} 不	ma^{31} 不	ŋa^{33} 是	ma^{31} ŋa^{33} 不是	nie^{35} 有	ma^{31} nie^{35} 不有
22. 哈尼语	ma^{31} 不	ma^{31} 不	ŋɯ^{55} 是	ma^{31} ŋɯ^{55} 不是	dʑo^{55} 等有	ma^{31} dʑo^{55} 等不有
23. 拉祜语	ma^{53} 不	ma^{53} 不	xe^{54} 是	ma^{53} xe^{54} 不是	tsɔ^{31} 有	ma^{53} tsɔ^{31} 不有
24. 桑孔语	a^{31} 不	a^{31} 不	ŋgɤ^{55} / ɤ^{55} 是	a^{31} ŋgɤ^{55} / a^{31}ɤ^{55} 不是	tɕa̠^{33} 等有	a^{31} tɕa̠^{33} 等不有

（续表）

语言	不	未	是	不是	有	没有（动）
25. 基诺语	mʌ⁴⁴ 不	mʌ⁴⁴ 不	ŋɤ⁴⁴ 是	mʌ⁴⁴ ŋɤ⁴⁴ 不是	tʃa³¹ 有	mʌ⁴⁴ tʃa³¹ 不有
26. 毕苏语	ba³¹ 不	ba³¹ 不	a³¹ 是	ba³¹ a³¹ 不是	tsa³³ 有	ba³¹ tsa³³ 不有
27. 纳西语	mə³³ 不	mə³³ 不	ŋa⁴⁴ 是	mə³³ uo³¹ 不是	dʑy³¹等 有	mə³³ dʑy³¹等 不有
28. 元江苦聪话	mʌ³¹ 不	mʌ³¹ 不	zʌ³³ / xie³¹ 是	mʌ³¹ xie³¹ 不是	muɯ³³等 有	mʌ³¹ muɯ³³等 不有
29. 临高语	mən² / m² 不	mən² 不	ti⁴ 是	mən² ti⁴ 不是	lai³ 有	mən² lai³ 不有
30. 西双版纳傣语	bau⁵ / m̥⁵ 不	bau⁵ / m̥⁵ 不	pin¹ / pen⁶（肯） tsai⁶ / tsaɯ⁶ （否）是	bau⁵ tsai⁶ 不是	mi² 有	bau⁵ mi² 不有
31. 京语	khoŋ⁵⁵ 不	tsɯə³²³ 未	la¹¹（肯） /faːi³²³ （否）是	khoŋ⁵⁵ faː i³²³ 不是	kɔ⁵³ 有	khoŋ⁵⁵ kɔ³ 不有
32. 村语	vɛn³ 不	vɛn³ 不	si⁵ 是	vai⁵ si⁵ 不是	dok² 有	vɛn³ dok² 不有
33. 布依语	mi² 不	fi⁶ 未	tɯk⁸ 是	mi² tɯk⁸ 不是	li⁴ 有	mi² li⁴ 不有
34. 燕齐壮语	ʔbou⁵⁵~³³ / mi⁵⁵~³³ 不	ʔbou⁵⁵ / hi⁵⁵ jaŋ⁴² 不 X	tɯk³³ 是	ʔbou⁵⁵~³³ tɯk³³ 不是	mi⁴² 有	ʔbou⁵⁵~³³ mi⁴² 不有
35. 仫佬语	ŋ⁵ / khɔːŋ¹ 不	taŋ² / ŋ⁵ taŋ² X/不 X	si⁶ / tsjaːk⁸ 是	ŋ⁵ si⁶ / ŋ⁵ tsjaːk⁸ 不是	mɛ² 有	ŋ⁵ mɛ² 不有

（续表）

语言	不	未	是	不是	有	没有（动）
36. 车江侗语	kwe² 不	mi⁴ 未	ta:ŋ³/ɕiŋ⁵/ɕi⁶ 是	kwe² ɕi⁶/əi³ ɕi⁶ 不是	me² 有	kwe² me²/əi³ me² 不有
37. 安顺仡佬语	a³³ 不	mpa³¹ 未	tshu⁴⁴ 是	tshu⁴⁴ a³³ 是不	ŋe⁴⁴ 有	ŋe⁴⁴ a³³ 有不
38. 毛南语	kam³ 不	mu:i⁴ 未	ɕi⁴（肯）/tsi⁵⁵（肯）/tsiŋ⁵（肯否）是	kam³ tsiŋ⁵ 不是	mɛ² 有	kam³ mɛ² 不有
39. 佯僙语	me² 不	mi⁴ 未	thəi⁶ 是	me² thəi⁶ 不是	ʔnaŋ¹ 有	me² ʔnaŋ¹ 不有
40. 畲语	ha⁶ 不	ha⁶ ma² 不有	tshi⁴ 是	ha⁶ tshi⁴ 不是	ma² 有	ha⁶ ma² 不有
41. 川黔滇苗语	zhi⁴⁴ 不	zhi⁴⁴ gao¹³ 不 X	yao²⁴ 是	zhi⁴⁴ yao²⁴ 不是	mua³¹ 有	zhi⁴⁴ mua³¹ 不有
42. 黔东苗语养蒿话	a⁵⁵ 不	a⁵⁵ pi¹¹ 不 X	ti¹³ 是	a⁵⁵ ti¹³ 不是	mɛ⁵³/ȵaŋ³³ 有	a⁵⁵ mɛ⁵³/a⁵⁵ ȵaŋ³³ 不有
43. 湘西矮寨苗语	tɕu⁵³ 不	ɕaŋ⁴⁴ 未	ȵi²² 是	tɕu⁵³ ȵi²² 不是	me³¹ 有	tɕu⁵³ me³¹ 不有
44. 塔山勉语	ŋ̍⁵⁵ 不	ŋ̍⁵⁵/ŋ̍⁵⁵ mei³¹ 不 X	tsei³³ 是	ŋ̍⁵⁵ tsei³³ 不是	mei³¹ 有	ŋ̍⁵⁵ mei³¹ 不有
45. 大坪江勉语	ŋ̍⁵ 不	ma:i³/ma:i³ 未 tɕœ:ŋ⁴ 未 X	se¹（肯）/tsei⁴（肯否）是	ŋ̍⁵ tsei⁴/ma:i³ tsei⁴ 不是、未是	ma:i² 有	ŋ̍⁵ ma:i² 不有
46. 梅珠布努语	ma²/ntu⁵ 不	θi² 未	ɕi⁶（肯）/tau⁶（肯否）是	ntu⁵ tau⁶ 不是	moŋ² 有	ntu⁵ moŋ² 不有
47. 金秀拉珈语	hwãi¹/ŋ³ 不	waŋ² 未	tok⁷（肯）/tuk⁸（肯否）是	hwãi¹ tuk⁸ 不是	mi² 有	hwãi¹ mi² 不有

表 4-11 存在否定非"不有"型语言总表一

语言	不	未	是	不是	有	没有（动）
1. 黎语	ta¹ 不	ta¹ 不	man¹ 是	gwai² 不是	tsau² 有	wen³ na:i³ 没有
2. 居都仡佬语	ma³³ 不	qa³³ 未	au³¹ / sɿ³⁵ 是	au³³ 不是	aŋ³¹ 有	aŋ³³ 没有
3. 汉语普通话	bu⁵¹ 不	mei³⁵ / mei³⁵ iəu²¹⁴ 未有	sɿ⁵¹ 是	bu⁵¹⁻³⁵ sɿ⁵¹ 不是	iəu²¹⁴ 有	mei³⁵ / mei³⁵ iəu²¹⁴ 未有
4. 水语	me² 不	mi⁴ 未	dum³ sɿ¹ / si³ 是	me² 不	ʔnaŋ¹ 有	me² 不

表 4-12 存在否定非"不有"型语言总表二

语言	词形	意义	是	不是	有	没有（动）
5. 嘉戎语	ma（mɐ）不	性质、状态、将来	ŋos 是	mak 不是	ndo 有	mi 没在
	mə⁵⁵ 未	过去				
	mi 没在	现在				
6. 大理白语	piɔ³³ 不是	判断	luɯ⁴⁴ 是	piɔ³³ 不是	tsuɯ³³ 有	mu³³ 不
	pu³³ 不	动作、状态（汉语借词）				
	mu³³ 不	动作、状态				
	tu⁴⁴ 未	完成体				
7. 土家语	ta³⁵ 不、未	客观	sou³⁵ 是	sou³⁵ ta³⁵ / pu³⁵ sɿ⁵⁵ 是不、不是	ɕie³⁵ 有	thai³⁵ 没有
	tha⁵⁵ 不	主观				
	tau³⁵ 未	过去				
	thau⁵⁵ 不	将来				

二、共性二：否定选择性共性

共性二即："是"的否定选择性 > "有"的否定选择性。这一共性可以解释为：当某种语言中，只有一个"是"、一个"有"时，"是""有"的否定方式大概率是相同的，根据共性一，这种语言很可能采用同一种否定方式，即"不是－不有"。当某种语言有几个判断动词或几个存在动词时，这几个判断动词常常具有功能选择性，会形成肯定、否定功能互补的局面，即某些判断动词用于肯定句和否定句，而某些判断动词只用于肯定句或只用于否定句；但这几个存在动词却大多没有肯定、否定的选择性，大部分既可用于肯定句，也可用于否定句，其否定方式是在所有的存在动词前都加上一般否定标记。

判断具有很强的主观性。判断与我们的确认程度有密切关系，因而是一种主观性较强的认知活动。存在的主观性则体现在我们对事物存在方式的认知。判断和存在的主观性体现在语言中是依据不同的句子语气对判断动词和存在动词进行意义和功能的区分。如在藏语中，金鹏（1985）指出，判断动词和存在动词各有一对含有不同语气的同义词。判断动词"jĩ¹³"（其否定形式是"me¹³"）和"reʔ¹²"（其否定形式是"ma¹² reʔ¹²"），它们除了表判断外，"jĩ¹³"还含有强调判断是出于叙述者所深知的肯定语气。[①] 胡坦（1984）指出，现代藏语的两个系词"yin"和"red"，在拉萨话中读作"jən¹¹³"和"re¹³²"，这两个系词的区别与人称有关，主语是自称时用"yin"，主语是他称时用"red"，但在对称时疑问句用"yin"，陈述句用"red"，某些语境中，"yin"与"red"还会发生一律用"yin"的"人称中和现象"。[②] 张军（2005）认为藏语这两个判断动词主要是表达说话人的判断情态，即确认的程度，当叙述者表示高程度的确认判断时用"yin"，当表示不能确知的判断时用"red"。[③]

判断与句子的强调语气也有密切关系，句子中出现判断词除了具有判断功能之外，还意味着表达的强调。汉藏语系诸语言中，有的语言判断动词在肯定句中有隐性与显性之分，肯定句中一般不出现判断动词，如果出现则意味着强调，但在否定句中判断动词必须出现，如梁河阿昌语（藏缅语族缅语支）。

梁河阿昌语中，只有一个系词"n̥ɛʔ⁵⁵（是）"，在肯定句中"n̥ɛʔ⁵⁵"可以省略或隐含，因为话题助词"la"普遍存在于这类判断句中，"la"本身就含有较强的判断义，在肯定句中加上"n̥ɛʔ⁵⁵"，表示说话者对某一性质、状态所做的判断，含有肯定、强调的语气。[④] 例如：

（1）xai⁵⁵⁻³³ tʂu³³⁻⁵⁵   la³³   ŋai³⁵ u³¹ tɕɛ̃³³.（这是我的东西。时建，P116）
　　 这   （定指助）（话题助）我的 东西。

---

①金鹏．藏语简志[M]．北京：民族出版社，1985：35—36．
②胡坦．拉萨藏语中几种动词句式的分析[J]．民族语文，1984（3）：1—16．
③张军．汉藏语系语言判断句研究[M]．北京：中央民族大学出版社，2005：48—50．
④时建．梁河阿昌语参考语法[M]．北京：中国社会科学出版社，2009：115—116．

(2) xai$^{55-33}$ tʂu$^{33-55}$ la^{33} ŋai^{35} u^{31}tɕɛ̃^{33} n̥ɛʔ$^{55-31}$ ɛi^{55}. (这是我的东西。时建，P115)

这 (定指助)(话题助) 我的 东西 是 (语助)。

例（1）（2）语义的基本内容相同，但例（1）没有出现判断动词"n̥ɛʔ^{55}（是）"，例（2）则出现了判断动词，二者相比，例（2）带有强调语气。"n̥ɛʔ^{55}（是）"在否定句和疑问句中是强制出现的。例如：

(3) xa^{55}tha^{ʔ55} tə^{33} nuŋ^{33}tɕhu^{55} n̩^{31}n̥ɛʔ^{55}. (这里不是弄丘。时建，P115)

这里 (方助)弄丘 不是。

(4) naŋ^{33} kə^{33}tə^{33} ɛi^{55} ɕo^{231}sən^{33} n̥ɛʔ$^{55-31}$ ɛi^{55}？（你是哪里的学生？时建，P115)

你 哪里 的 学生 是 (语助)？

梁河阿昌语存在动词的否定则是在存在动词前加上否定词"m^{31}（不/没）"。梁河阿昌语中表达"有"的含义的存在动词有两个：一个是"pa^{33}（有）"，表示有生命的个体对人、事或物品的领有；另一个是"nai^{33}（有、在）"，表示人、动物、植物、物品等自然存在于某个非封闭的空间。例如：

(5) ʂaŋ^{31} mə^{31} ta^{31} ʐu^{231} pa^{33} nɛi^{55}. (他有一个孙子。时建，P114)

他 孙子 一 个 有 (进行体标)。

(6) ʂuk^{55}paŋ^{33} tha^{ʔ31} tə^{33} tɕi^{31}za^{31} tɕhi^{31} to^{35} nai^{33} nɛi^{55}. (树上有七只竹鸡。时建，P114)

树 上 (位标)竹鸡 七 只 有 (进行体标)。

但"有"的否定形式只选择了在"pa^{33}（有）"前加否定副词"m^{31}（不/没）"。例如：

(7) ʂɿ^{31}tuŋ^{33} ɛi^{ʔ55} ʑin^{33}khau^{33} tə^{33} tsu$^{33-35}$ m^{31}pa$^{33-35}$. (他们家里没有人。时建，P354)

他们 的 家里 (方位标)人 没有。

(8) a^{31}ka^{35} tə^{33} a^{31}tʂhau^{33} m^{31}pa$^{33-35}$. (上边没有甘蔗。时建，P342)

上边 (方位标) 甘蔗 没有。

(9) ʂaŋ^{31} ʑi^{33}tɕin^{33} ʐu^{233}pha^{31} ʐu^{231}n̩it^{31} tə^{33} m^{31}pa^{33}. (她已经没有公婆了。时建，P355)

她 已经 公公 婆婆 (宾格标) 没有。

有些语言的判断动词有肯定性与否定性之分，存在动词也会根据存在物的属性搭配相应的存在动词，如元江苦聪话（藏缅语族彝语支）。元江苦聪话中的判断动词分为肯定性判断动词和否定性判断动词。肯定性判断句中判断动词为 $z\Lambda^{33}$，当不需要强调时，也可以不用判断动词。否定性判断句中则要用判断动词 xie^{31}。[①]

(10) φi^{35}　$phui^{33} ku^{33}$　ue^{35}　　　γui^{33}　$z\Lambda^{33}$. （这件衣服是他的。常俊之，P34）

　　　这　　衣服　　　　他（领格）　的　　　是。

(11) $n\jmath^{31}$　$k\jmath^{31}$　$tsh\jmath^{33}$　$tshu^{33}$　$z\Lambda^{33}$. （你是苦聪人。常俊之，P189）

　　　你　锅　搓　人　　　是。

(12) $n\jmath^{31}$　　$k\jmath^{31}$　　$tsh\jmath^{33}$　$tshu^{33}$　$m\Lambda^{31} xie^{31}$. （你不是苦聪人。常俊之，P189）

　　　你　锅　搓　　人　　　不是。

苦聪话的存在否定要根据不同存在物的生命度进行区分。苦聪话的存在动词有 3 个，"mui^{33}"表示人或动物的存在，否定形式是在其前面加否定词"$m\Lambda^{31}$"；"$t\varphi ue^{35}$"表示其他无生命的事物或植物等的存在，其否定形式为否定副词加"$ts\jmath^{31}$"；"$ts\jmath^{31}$"也可以表示事物的存在，但不常见。例如：

(13) $kui^{33} m\Lambda^{33}$　tha^{35}　$l\Lambda^{31} m\Lambda^{33}$　$m\Lambda^{31} mui^{33}$. （山上没有老虎。常俊之，P85）

　　　山　　　上　老虎　　没有。

(14) $kui^{33} m\Lambda^{33}$　tha^{35}　$s\gamma^{33} t\varphi e^{31}$　$ti^{31} t\varphi e^{31}$　na^{55}　$m\Lambda^{31} ts\jmath^{31}$. （山上一棵树也没有。常俊之，P85）

　　　山　　　上　树　　一棵　都　没有。

汉藏语系的很多语言判断动词与存在动词具有多个，因而其判断句或存在句的否定形式也有很大的差异。在本书统计的 54 种语言中，有 28 种语言或者有多个判断动词，或者有多个存在动词。这 28 种语言中，有 8 种语言既有多个判断动词，又有多个存在动词；有 14 种语言有多个判断动词，存在动词只有一个；有 6 种语言有多个存在动词，判断动词只有一个。现将这 28 种语言列举如下表：

[①]常俊之. 元江苦聪话参考语法[M]. 北京：中国社会科学出版社，2011：189.

表 4 - 13 多个判断动词或多个存在动词的否定方式总表

语言	是		不是	有		没有（动）
	意义	形式		意义	形式	
1. 藏语拉萨话	自称	jĩ¹¹³	ma¹² jĩ¹¹³（mɛ̃¹¹³）	自称	jø²¹²	ma¹² re²¹²（mɛ̃²¹³）
	他称	re²¹²	ma¹³² re²¹²	他称	tu²¹²	mĩ¹² tu²¹²
2. 藏语德格话	自称	jĩ¹³	mi¹³ ŋge⁵³	自称	jø²²³¹	ma¹³ jø²²³¹ →（me²²³¹）
	他称	re²²³¹	ma¹² re²²³¹	他称	ŋge⁵³	mi¹³ ŋge⁵³
3. 藏语拉卜楞话	自称	jən	ma jən（mən）	自称	jot	ma jot（met）
	他称	rə（re）	ma—rə	他称	jot—kə	met—kə
4. 错那门巴语	自称	jin³⁵	me³³ jin³⁵ →（men³⁵）	自称	ne²³⁵	mo³⁵ no²³⁵
	他称	jin³⁵ te³¹	me³⁵ jin³⁵ te³¹ →（min³⁵ te³¹）	他称	ne²³⁵ /de²³⁵	mo³⁵ no²³⁵
5. 羌语桃坪话	肯定句	dzʐe³³	mi⁵⁵ ŋuə³³	泛用	ŋa³³	mi⁵⁵ ŋa³³ →（mia⁵¹）
	肯定句	ty³³				
	否定句	ŋuə³³				
6. 普米语	第一人称单数	dʒɔ̃¹³	前加一般否定标记 ma¹³	人或动物	ʒø⁵⁵	前加一般否定标记 ma¹³
	第一、二人称多数	dĩ¹³		不能移动的事物	diãu¹³	
	第二人称单数	diɯɯ¹³		某物在另一物的上或下面	sta⁵⁵	
	第三人称单数、多数	də¹³		在空间或容器中	kai⁵⁵	
				一般事物的领有	bɔ̃⁵⁵	
				抽象事物	ʂə¹³	

（续表）

语言	是		不是	有		没有（动）
	意义	形式		意义	形式	
7. 珞巴语	判断	ko	moŋ/fiəː—moŋ	泛用	daː	daː—moŋ
	判断兼语气助词	loŋ（lo）				
	判断兼语气助词	fiəː				
8. 独龙语	他称	e⁵³	mɯ³¹ e⁵³	泛用	ǎl⁵³	mɯ³¹ ǎl⁵³
	自称	iŋ⁵⁵	mɯ³¹ iŋ⁵⁵			
9. 阿侬语	肯定句	iɛ³³	m³¹ z̩ɻŋ⁵⁵	无生命、可移动的客观事物	a³¹ ɖa⁵⁵	ma³¹ ɖa⁵⁵
				有生命体	ŋo⁵⁵	mɯ³¹ ŋo⁵⁵
				抽象事物	a³¹ ne⁵⁵	mɯ³¹ e⁵⁵
	肯、否定句	zɻŋ⁵⁵		不可移动的物体	io⁵⁵	m³¹ io⁵⁵
				动物身体的一部分	dɛm⁵⁵	—
10. 遮放载瓦语	泛用	ŋut⁵⁵	a³¹ ŋut⁵⁵	有生命体	ŋji⁵¹	前加一般否定标记 a³¹
				无生命体	tʃoʔ³¹	
				人或动物存在于某个受限空间	luŋ⁵⁵	
				在另一物内部	po⁵¹	
				无生命黏附物	toŋ⁵¹	
11. 梁河阿昌语	泛用	n̥ɛʔ⁵⁵	n³¹ n̥ɛʔ⁵⁵	有生个体对他物的领有	pa³⁵	m³¹ pa³⁵
				存在于封闭空间	nai³³	

（续表）

语言	是		不是	有		没有（动）
	意义	形式		意义	形式	
12. 波拉语	泛用	ŋɔt^{55}	a^{31} ŋɔt^{55}	拥有（身外）	ɣa^{35}	前加一般否定标记 a^{31}
				（天然）内有	pa^{55}	
				占有、拥有（身外）	tɛʔ^{31}	
				存在、有（植物、无生命物）	tʃa^{31}	
				（生命体）存在、有	nji^{55}	
				（有清楚界限的小范围内）有	lauŋ^{35}	
13. 彝语喜德话	泛用	ŋɯ^{33}	a^{21} ŋɯ^{33}	动物	dʑo^{33}	前加一般否定标记 a^{21}
				植物	dʑu̠^{33}	
				无生物	dʑu̠^{33}	
14. 怒苏语	肯定句	ta^{31}	ma^{55} uã˩^{53}	无生物	khui^{31}	前加一般否定标记 ma^{55}
	肯定句	ʔne^{53}		有生物	n̠i^{35}	
	否定句	uã˩^{53}				
15. 哈尼语	泛用	ŋɯ^{55}	ma^{31} ŋɯ^{55}	人或其他生物	dʑo^{55}	前加一般否定标记 ma^{31}
				一般事物	dʑa̠^{33}	
				液体或气体	dɔ^{31}	
				植物	de̠^{31}	
				容器中装有某物	kɣ^{31}	
				物体中含有某种成分	tshɔ^{31}	
				某物上有文字等	da̠^{33}	
				道路有足迹或痕迹	dɔ^{55}	
				昆虫的存在	dʑɔ^{55}	
				意想不到的事物	ja^{33}	

（续表）

语言	是		不是	有		没有（动）
	意义	形式		意义	形式	
16. 纳西语	泛用	ŋa⁴⁴	mə³³ uo³¹	事物存在	dʑy³¹	前加一般否定标记 mə³³
				人或动物	ndʑy³¹	
				植物或人体部位	dzʅ³¹	
				液体或物体内部	zi³³	
17. 桑孔语	泛用	ŋgɤ⁵⁵ / ɤ⁵⁵	a³¹ ŋgɤ⁵⁵ / a³¹ ɤ⁵⁵	一般事物	tɕa̠³³	前加一般否定标记 a³¹
				人和动物	tɕaŋ⁵⁵	
				存在于某事物之中	qø³³	
18. 元江苦聪话	肯定	zʌ³³	mʌ³¹ xiɛ³¹	人或动物	mɯ³³	mʌ³¹ mɯ³³
	否定	xiɛ³¹		植物、无生物	tɕuɛ³⁵	mʌ³¹ tsɔ³¹
				事物（不常见）	tsɔ³¹	
19. 土家语	泛用	sou³⁵	sou³⁵ ta³⁵ /pu³⁵ sʅ⁵⁵	泛用	ɕiɛ³⁵	thai³⁵
20. 仫佬语	肯、否句	si⁶	ŋ⁵ si⁶	泛用	mɛ²	ŋ⁵ mɛ²
	否定	tsja:k⁸	ŋ⁵ tsja:k⁸			
21. 车江侗语	肯、否定	ɕa:ŋ³ /	kwe² ɕa:ŋ³ / kwe² ɕi⁶	泛用	mɛ²	kwe² mɛ² / əi³ mɛ²
	肯定句	ɕiŋ⁵				
	肯、否定	ɕi⁶				
22. 毛南语	肯定句	ɕi⁴	kam³ tsiŋ⁵	泛用	mɛ²	kam³ mɛ²
	肯定句	tsi⁵⁵				
	肯否句	tsiŋ⁵				
23. 水语	肯定句	dum³	mɛ²	泛用	ʔnan¹	mɛ²
	肯定句	sʅ¹				
	肯定句	si³				

（续表）

语言	是		不是	有		没有（动）
	意义	形式		意义	形式	
24. 西双版纳傣语	肯定句	pin^1/pen^6	$bau^5 tsai^6$	泛用	mi^2	$bau^5 mi^2$
	否定句	$tsai^6/tsau^6$				
25. 京语	肯定句	la^{11}	$khoŋ^{55} faːi^{323}$	泛用	$kɔ^{53}$	$khoŋ^{55} kɔ^3$
	否定句	$faːi^{323}$				
26. 大坪江勉语	肯定句	se^1	$ȵ̥^5 tsei^4/$ $maːi^3 tsei^4$	泛用	$maːi^2$	$ȵ̥^5 maːi^2$
	肯否定句	$tsei^4$				
27. 梅珠布努语	肯定句	$ɕi^6$	$ma^2 tau^6$	泛用	$moŋ^2$	$ntu^5 moŋ^2$
	肯否句	tau^6				
28. 金秀拉珈语	肯定句	tok^7	$hwãi^1 tuk^8$	泛用	mi^2	$hwãi^1 mi^2$
	肯否句	tuk^8				

　　从上表可以看出，对"是""有"的否定而言，两者同时都区分的语言只有 2 种，即怒苏语、元江苦聪话；同时都不区分的语言有 6 种，包括藏语拉萨话、藏语德格话、藏语拉卜楞话、错那门巴语、普米语、桑孔语；只区分"是"的否定的语言有 12 种，包括羌语桃坪话、珞巴语、阿侬语、仫佬语、车江侗语、毛南语、水语、西双版纳傣语、京语、大坪江勉语、梅珠布努语、金秀拉珈语；只区分"有"的否定的语言有 1 种，即梁河阿昌语。因此，对判断动词"是"的否定进行选择性的区分要大大多于对"有"的否定的选择性区分。原因可能在于，表达判断行为的"是"的主观性要大大超过表达存在行为的"有"。这种对"是"的否定进行区分的现象在侗台语族和苗瑶语族中更为普遍。

三、共性三：否定形式共性

　　共性三即：存在否定与完成体否定不同形＞存在否定与完成体否定同形。这一共性可以解释为：在绝大部分汉藏语系语言中，存在否定与完成体否定采用不同的语法形式来表达，即"没有[1]"与"没有[2]"形式不同。只有少数几种语言的存在否定与完成体否定采用相同的语法形式来表达。在本书统计的 54 种语言中，只有 3 种语言的存在否定与完成体否定完全同形，包括汉语、畲语、塔山勉语；

255

其余 51 种语言的存在否定与完成体否定不同形。

1. 畲语

畲语的存在否定为"ha⁶ ma²（不有）"，其完成体否定也是"ha⁶ ma²（不有）"。

（15）ka⁶tha² ha⁶ma² nuŋ² ha⁶ma² nji⁴。（从前没有吃没有穿。毛宗武等，P61）

　　从前　不有　吃　不有　穿。

（16）pa¹ i⁶ sji⁶ ha⁶ma² kuŋ³ kwa⁵ ka⁵ ti⁶ni⁴。（我们一辈子没有讲过假话。毛宗武等，P41）

　　我们 一 世　不有　讲　过　假　话。

畲语与汉语极为类似的是，"有"还具备表达"完成"的语义功能。例如：

（17）nuŋ⁴ mɔ⁴ ma² i⁶ ti¹ te¹。（他买了一些布。毛宗武等，P50）

　　他　买　有　一　些　布。

此外，"有"可以表达"达到"的含义，"有"的这种语法功能也和汉语极类似，例如：

（18）ne³ naŋ¹ ne²taŋ¹ ma² khjɔ⁶ u¹ pa¹ sji³。（这个小孩有十二三岁。毛宗武等，P46）

　　这　个　人仔　有　十　二　三　岁。

2. 塔山勉语

塔山勉语的存在否定为"n̩⁵⁵ mei³¹（不有）"，其完成体否定也是"n̩⁵⁵ mei³¹（不有）"。

（19）mei³⁵ mei³³ sen³³ tsuaŋ²³² n̩⁵⁵ mei³¹ tsin³¹。（妹妹身上没有钱。孙叶林，P225）

　　妹　妹　身　上　唔有　钱。

（20）liɛn³¹ nen³¹ tu³³ n̩⁵⁵ mei³¹ puə²³² dʑi²³²。（连他都没有见过。孙叶林，P233）

　　连　他　都　唔有　见　过。

四、共性四：否定标记位置共性

共性四即：否定标记位于"是""有"之前＞否定标记位于"是""有"之后。这一共性可以解释为：某种语言，不论其语序类型是 SOV 还是 SVO，否定标记是居于谓语动词前还是居于句子的尾部，"是""有"的否定都倾向于否定标记在"是""有"前，采用"否定标记＋是/有"的形式，如"不是""不有"等。

本书所考察的 54 种语言中，SOV 语序的语言 30 种，有 10 种语言的否定标记后置于行为动词、形容词后，有 20 种语言的否定标记位于行为动词、形容词前，但其对"是""有"的否定大都采用"否定标记＋是/有"的形式，只有土家语、珞巴语两个例外，这两种语言的否定标记后置于"是"和"有"，采用"是不""有不"的形式。

SVO 语序的语言有 24 种，有 23 种采用否定标记的语法位置在谓语动词之前，"是""有"的否定也是采用"否定标记＋是/有"的形式，例外的是安顺仡佬语，其语序类型是 SVO 语序，否定标记一般后置于句末，在对"是""有"进行否定时，采用"是/有＋否定标记"的形式，即"是不""有不"的形式。

仡佬语对动作行为的否定方式是在句子末尾加一个否定词表示的。仡佬语的否定词有："a^{33}（不、别）""mpa^{31}（尚未）"。"tsi^{55}"和"a^{33}"配合起来表示"禁止"的意思，"tsi^{55}"位于动词之前，"a^{33}"用在句子的末尾。[1] 例如：

（21）u^{33}　　pai^{33}　　a^{33}.（他不走。贺嘉善，P39）

　　　　他　　走　　不。

（22）u^{33}　　pai^{33}　　mpa^{31}.（他尚未走。贺嘉善，P39）

　　　　他　　走　　尚未。

（23）$səɯ^{55}$　　$nɒ^{13}$　　nu^{33}　　$ɲe^{44}$ a^{33}.（什么都没有。贺嘉善，P39）

　　　　样　　哪　　都　　有不。

第四节　汉藏语系语言否定标记的特点

一、否定标记的语音形式具有不稳定性

刘丹青（2005）指出，否定标记系统存在着弱化与强化矛盾因素的互动和平衡。[2] 一方面，否定词因其出现频率高而容易弱化，于是出现合音等语音熔合现象，造成音节减少；另一方面，否定词因其提供的信息具有很强的重要性，因而

---

[1]贺嘉善.仡佬语简志［M］.北京：民族出版社，1983：39.
[2]刘丹青.汉语否定词形态句法类型的方言比较［J］.（日）中国语学，2005（252）：1—22.

时常被加上其他语素进行强化，造成音节增加的语音繁化现象，如古代汉语"无"即是"有"的否定，但又产生出"无有、未有"等双音形式。汉藏语系诸语言否定标记的语音形式都是单音节的，音节结构较为简单，否定标记往往与被否定的成分黏着在一起，容易产生语音熔合、逆同化语流音变、否定语素脱落等音变现象。此外，还有一种功能对应多种语音形式的现象，这些多个语音形式有的是原形与缩略的关系，有的从现存的资料无法判断之间的关系。

第一，否定标记与相邻成分的语音熔合现象。汉藏语系的否定标记大部分是以双唇鼻音［m］为声母的音节，或者是自成音节的鼻辅音［m］［n］［ŋ̍］等。否定标记具有黏着性，它往往与被否定的成分黏着在一起，再加上否定标记在语言表达中的高频出现，语言组合的经济性原则使得否定标记在语流中很容易与其他语言成分发生熔合，从而减少了发音的用力和时长，这样就很容易导致出现否定标记与后续音节形成合音的现象，甚至有的否定标记与否定性成分合音后又通过词汇化的过程形成了新的否定标记。例如：

藏语支语言中否定标记与表判断或存在的语尾助词结合紧密，二者常常合音形成新的单音节否定标记。

藏语拉萨话：ma^{12}（不）+jĩ^{113}（是）→mɛ̃^{113}（不是，自称），ma^{12}（不）+jøʔ^{12}（有）→mɛ̃ʔ^{12}（不有，自称）

藏语德格话：ma^{13}（不）+jøʔ^{231}（有）→meʔ^{231}（不有，自称）

藏语拉卜楞话：ma（不）+jən（是）→mən（不是，自称），ma（不）+jot（有）→met（不有，自称）

错那门巴语：me^{35}（不）+jin^{35}（是）→men^{35}（不是，自称），me^{35}（不）+jin^{35}te^{31}（是）→min^{35}te^{31}（不是，他称）

羌语桃坪话中，否定标记mi^{55}与存在动词ŋa^{33}结合为一个音节mia^{51}，表示存在否定。

第二，否定标记的逆同化语流音变现象。否定标记的逆同化语流音变现象是指否定标记与所修饰的词组合后，语音上往往受到所修饰词的影响而发生音变或产生多个变体。

藏语拉萨话中否定标记ma^{12}与后面的动词连读时语音受到动词的影响，如果动词是低调也读低调，如果动词是高调则读高平，韵母元音不变；如果动词是高调而且声母是送气的，则声母清化；如果动词元音是o，则读作mo；如果动词是双音节的，ma^{12}要加在两个音节之间。①

错那门巴语的否定标记要根据所修饰词的语音特点，采用 m^{35}、me^{35}、mo^{35} 等不同的变体。当动词的韵母是展高元音时，否定标记的韵母也读为元音 e，如果动词的韵母是圆唇元音时，否定标记的韵母也读为元音 o。

羌语曲谷话的否定标记与动词的元音有较严整的元音和谐规律。羌语曲谷话的否定标记可以分为开式前缀和闭式前缀两套，开式前缀的韵母元音舌位较低，如 ma−、mæ−、mo−等；闭式前缀的韵母元音舌位较高，如 mə−、me−、mi−、mu−等。它们修饰动词或形容词时，前缀的元音与其后动词或形容词的词根元音要相和谐。开式否定标记用于无趋向前缀的动词词根前，闭式否定标记用于有趋向前缀或已行体前缀前。②

扎坝语中的否定标记有 ma^{13}、ma^{33}、mə^{55}、mu^{55}等，这几个否定标记语音较为相似，但各有不同的功能，分别用于将行体、进行体、已行体和完成体。将行体中动词的高平调要变成中平调；已行体中体前缀的元音 ə 要变成 ʌ，ʌ 要变成 ə。如果动词是圆唇元音，否定标记的元音也要变为圆唇的 mo^{55}；如果动词后有体和人称后缀，否定标记用 mʌ^{33}。

独龙语的一般否定标记有 mɯ^{31} 和 mãn^{55}，mɯ^{31}用于第一、三人称作主语的句子，mãn^{55}用于第二人称作主语的句子。mɯ^{31}常随后面动词词头的语音而改变：在 a^{31}词头的动词前，则去掉 a^{31}，并且否定标记变成 ma^{55}；加在其他词头的动词前，否定标记变成 ma^{55}。

格曼僜语的一般否定标记 mɯ^{31} 后面的动词、形容词有词头时，mɯ^{31}要变为 a^{55}。

梁河阿昌语的一般否定标记 n^{31} 后面的动词、形容词是双唇音时，n^{31}要变成 m^{31}。

仙岛语的一般否定标记有 n^{31} 和 ma^{31}两个，n^{31}的频率要高于 ma^{31}。n^{31}后的音节开头是双唇音时，n^{31}要变读为 m^{31}，若其后的音节是舌根音，则 n^{31}变读为 ŋ^{31}。③

第三，否定语素的脱落现象。否定语素在语流中脱落的情况较为少见，在本

①金鹏．藏语简志[M]．北京：民族出版社，1983：42．
②孙宏开．羌语简志[M]．北京：民族出版社，1980：30−40．
③吴铮．藏缅语否定范畴研究[D]．北京：中央民族大学，2007：49．

书统计的汉藏语系少数民族语言中，只出现在侗台语族侗水语支的仫佬语对完成体的否定中。仫佬语中的"ŋ⁵ taŋ²（未）"可以简化为脱落了一般否定标记"ŋ⁵（不）"的"taŋ²"。①

(1) paːi¹　ŋ⁵　paːi¹？（去不去？王均等，P37）

　　　去　不　去？

(2) hu³kək⁷　　taŋ²　ŋaːn³．（稻子没有黄。王均等，P40）

　　稻　　　　未曾　黄。

(3) mo⁶　　naŋ¹　ŋaːu⁶　ləu⁵tɕəu¹　taŋ²　m̥a¹．（他还在柳州没有回来。王均等，P52）

　　　他　还　在　柳州　　未曾　来。

例（2）（3）中否定词"ŋ⁵ taŋ²（未）"中的否定标记"ŋ⁵（不）"脱落了。

第四，否定标记的一义多音现象。汉藏语系中，有的语言中同一功能的否定标记的语音形式有读音相近的两种形式，如藏语德格话的否定标记 ma¹³、mi¹³ 都表示单纯否定；嘉戎语的单纯否定标记是 ma，有时也用 mɐ，二者语音较为接近，可以将 mɐ 看成是 ma 的变体；临高语的一般否定标记是 mən²，也可以简化成m̩²；西双版纳傣语的一般否定标记是 bau⁵，其缩减形式为 m̥⁵；燕齐壮语的一般否定标记为ˀbou⁵⁵，在口语中，ˀbou⁵⁵常常变读为ˀbu³³，单个使用时，还可以变读为 mi⁵⁵→mi³³，即 mi⁵⁵为ˀbou⁵⁵的变体，mi³³是 mi⁵⁵的变调形式；②仫佬语的单纯否定标记有 ŋ⁵、khoːŋ¹ 两个，ŋ⁵ 更为常见；③金秀拉珈语的单纯否定标记有 ŋ³、hwāi 两个，后者使用频率更高。

这些否定标记中多个语音形式之间的关系较为复杂，藏语德格话和嘉戎语的单纯否定标记读音特别接近，可以看成是同一否定标记的两个自由变体；临高语、西双版纳傣语、燕齐壮语的否定标记的两种形式可以看成是否定标记的原形与缩略形式；仫佬语、金秀拉珈语的否定标记的两种语音形式更像是本族语原有标记与汉语借词标记，［ŋ̍］来自汉语南方方言，两种形式形成竞争，在仫佬语中，［ŋ̍］取得优势，但在拉珈语中，［ŋ̍］并未取得优势。

---

①王均，郑国乔．仫佬语简志[M]．北京：民族出版社，1980：37—52.

②韦景云，何霜俊．燕齐壮语参考语法[M]．北京：中国社会科学出版社，2011：264.

③王均，郑国乔．仫佬语简志[M]．北京：民族出版社，1980：51.

二、否定标记的功能具有区分性

汉藏语系的语言及其方言中，否定标记的数量有四种情况：1个、2个、3个、4个。其中，一个否定标记的语言有37种，两个否定标记的语言有14种，三个否定标记的语言有1种，四个否定标记的语言有2种。1个否定标记的语言在汉藏语系语言中占据了很大的优势，否定标记超过2个的语言较少，大部分语言的否定标记数量少于3个。刘丹青（2005）指出，否定词的词形数量不会无限膨胀，否定词与其他词的合音导致新的否定词中含有其他的范畴义，如情态、言语行为功能（语气）、时、体等，使否定词不是挂单的词项，而形成一个系统。①

影响否定标记功能区分的首要因素是已然与未然的时体功能区分。姜鸿青（2011）认为，中国境内少数民族语言的否定标记分化的最大影响因素是时体因素。② 因为动词是一个句子语义表达的中心，核心时体信息往往由动词来承载，否定作为一种重要语义成分，与动词在时间上、体上形成了重要的语义关联。在本书统计的汉藏语系54种语言中具体表现为如下三种情况：

第一，在只拥有1个否定标记的37种语言中，否定标记的功能完全没有分化的语言有28种，另外9种语言的否定标记的分化体现在已然与未然的时体功能的区分上，见上表4-1、4-2、4-3。

第二，拥有2个否定标记的14种语言中，否定标记的功能区分大部分表现为已然与未然的时体功能差异上。

第三，拥有2个以上否定标记的有3种语言，其否定标记的功能区分主要表现在已行、将行、进行等体的区分上，这种分工明确、细致严密的区分在藏缅语族羌语支的语言中表现更为突出，如嘉戎语、史兴语等语言，并且各否定标记的读音也较为接近，都是以双唇鼻音［m］为声母的单音节，可以推测这些标记之间有同源关系。因此，否定词的意义与功能的分化首先体现在时体区别上，尤其是已然与未然的对立上，其次体现在人称或主客观的区分上。

下面是不同时体对否定标记影响的总表：

---

①刘丹青. 汉语否定词形态句法类型的方言比较[J].（日）中国语学，2005（252）：1—22.
②姜鸿青. 一般否定标记的类型学考察[D]. 上海：上海师范大学，2011：50.

表 4-14　否定标记时体分化表

(4-14-1) 1-2 个否定标记的时体分化表

语言		不	未	语言系属	语序
1. 藏语德格话	自称	mi^{13}/ma^{13}	$ma^{13}\,j\not\!o^{?231}$（$me^{?231}$）	藏缅语族藏语支	SOV
	他称	mi^{13}/ma^{13}	$ma^{12}\,re^{?231}$（$me^{?231}$）		
2. 错那门巴语	自称	$m\Lambda^{35}$ 等	$mo^{35}\,jin^{35}\rightarrow$（$men^{35}$）	藏缅语族藏语支	SOV
	他称	$m\Lambda^{35}$ 等	$me^{35}\,jin^{35}\,te^{31}\rightarrow$（$min^{35}\,te^{31}$）		
3. 羌语桃坪话		mi^{55}	$mi^{55}/mi^{55}\,ts\eta^{33}$	藏缅语族羌语支	SOV
4. 燕齐壮语		$?bou^{55\sim33}/mi^{55\sim33}$	$?bou^{55}/hi^{55}\,ja\eta^{42}$	侗台语族台语支	SVO
5. 畲语		ha^6	$ha^6\,ma^2$	苗瑶语族苗语支	SVO
6. 塔山勉语		$\underset{\cdot}{n}^{55}$	$\underset{\cdot}{n}^{55}/\underset{\cdot}{n}^{55}\,mei^{31}$	苗瑶语族瑶语支	SVO
7. 川黔滇苗语		zhi^{44}	$zhi^{44}\,gao^{13}$	苗瑶语族苗语支	SVO
8. 普米语		ma^{13}	mi^{55}	藏缅语族羌语支	SOV
9. 布依语		mi^2	fi^6	侗台语族台语支	SVO
10. 车江侗语		kwe^2	mi^4	侗台语族侗水语支	SVO
11. 安顺仡佬语		a^{33}	mpa^{31}	侗台语族仡央语支	SVO
12. 毛南语		kam^3	$mu\!:\!i^4$	侗台语族侗水语支	SVO
13. 水语		me^2	mi^4	侗台语族侗水语支	SVO
14. 佯僙语		me^2	mi^4	侗台语族侗水语支	SVO
15. 京语		$khon^{55}$	$tsw\vartheta^{323}$	侗台语族黎语支	SVO
16. 大坪江勉语		$\underset{\cdot}{n}^5$	$ma\!:\!i^3/ma\!:\!i^3\,t\varsigma\varepsilon\!:\!\eta^4$	苗瑶语族瑶语支	SVO
17. 梅珠布努语		ma^2/ntu^5	θi^2	苗瑶语族瑶语支	SVO
18. 金秀拉珈语		$hw\tilde{a}i^1/\eta^3$	$wa\eta^2$	侗台语族侗水语支	SVO
19. 湘西矮寨苗语		$t\varsigma u^{53}$	ςan^{44}	苗瑶语族苗语支	SVO

(4—14—2)2个以上否定标记的功能分化表

语言	词形	意义	语言系属	语序
1. 嘉戎语	ma（mɐ）	性质、状态、将来	藏缅语族羌语支	SOV
	mə^{55}	过去		
	m	现在		
2. 大理白语	piɔ^{33}	判断	藏缅语族	SVO
	puɯ^{33}	动作、状态（汉语借词）		
	mu^{33}	动作、状态		
	tu^{44}	完成体		
3. 土家语	ta^{35}	客观	藏缅语族	SOV
	tha^{55}	主观		
	tau^{35}	过去		
	thau^{55}	将来		
4. 扎坝语	ma^{13}	将行体	藏缅语族羌语支	不详
	ma^{33}	进行体		
	mə^{55}	已行体		
	mu^{55}	完成体		
5. 史兴语	mõ^{55}	将行体	藏缅语族羌语支	不详
	mi^{55}	进行体		
	mu^{55}	已行体		
6. 独龙语	mɯ^{31}	第一、三人称	藏缅语族景颇语支	SOV
	mǎn^{55}	第二人称		

　　林素娥（2006）指出，汉语否定词在数量和功能区分类别上，与壮侗、苗瑶等南方民族语言具有较高的一致性，而与西北部藏缅语族语言差异较大。[①] 本书的语言材料也说明的确如此。

---

①林素娥. 汉语否定副词"不""没"的类型学初探[J]. 广西社会科学，2006（5）：162—165.

三、否定标记有时呈现出中和状态

汉藏语系诸语言中，否定标记的形式与意义并非完全一一对应，两个不同语音形式的否定标记也可能在某些时候表达相同的否定含义，呈现出标记中和的状态。否定标记的中和有两种情况：

第一，大体功能区分下的局部中和，如汉语和仙仁土家语。

在有两个否定标记的语言中，每个标记有着明确的功能区分，如汉语普通话中"我不去"与"我没去"意义不同，但有时具有同一性，如"十年不见"与"十年没见"意义几乎没有差别。还有的语言否定标记大体来说有分工，但这种分工只体现出倾向性的功能区分，如仙仁土家语。

仙仁土家语是湘西吉首市保靖县仙仁乡的土家族人所使用的语言，是土家语的北部方言。仙仁土家语的一般否定标记有两个：[①]

①te^{33}：在动词、形容词后，对动作、状态进行否定。

(4) i^{54} $ci^{54} pa^{33}$ kue^{35} te^{33}. （这衣服不贵。戴庆厦，P125）

　　　这　衣服　　贵　　不．

(5) $la^{33} pie^{54}$ ηa^{33} ko^{33} $ts\vartheta^{33}$ $te^{33/54}$. （原来我没有告诉他。戴庆厦，P135）

　　原来　　我　他　告诉　没有．

②tha^{33}：在动词后，对动作进行否定，tha^{33} 还有 the^{33}、thc^{33} 的读法。在名词前，对名词进行否定，相当于汉语动词性的"没有"。例如：

(6) $tca^{55} s_1^{33}$ $mue^{35} ts\vartheta^{33}$ lu^{33}, ηa^{33} tcu^{35} $s\tilde{o}^{55} kho^{33}$ tha^{33}. （如果天下雨了，我就不回去。戴庆厦，P109）

　　假使　　下雨　　　了，　我　就　　回去　　　不．

(7) ko^{33} $\varphi o^{33} w\tilde{e}^{35}$ $the^{33/35}$. （他没有学问。戴庆厦，P74）

　　他　学问　　没有．

吴铮（2007）指出，在仙仁土家语中，te^{33}、tha^{33} 的分工不太明确，只表现出使用频率上有一定的倾向性，如修饰形容词用 te^{33} 的情况远多于用 tha^{33}；用来表示对过去动作的否定，使用 tha^{33} 的情况要多于用 te^{33}，目前还很难对 te^{33}、tha^{33} 的功能作出明确的区分。例如：

[①]戴庆厦，田静．仙仁土家语研究[M]．北京：中央民族大学出版社，2005.

(8) ŋa³³ ɣə³³ ɕi³³ tie³³/³⁵ tɛ³³/⁵⁴. (我不想走。戴庆厦，P127)

　　 我 走 （助）想 不.

(9) ɛ³³ na⁵⁴ ȵe³³ ŋa³³ ɣə³³/³⁵ tɛ³³/³⁵. (那天我没有去。戴庆厦，P134)

　　 那 一 天 我 去 没有.

　　在上例（4）（5）与例（6）（7）中，我们可以看出否定标记 te³³、tha³³ 有主客观和时体的差别，但在例（8）（9）中，tɛ³³ 也可以表达 tha³³ 的含义，出现了中和现象。

　　第二，不区分功能完全混用，如梁河阿昌语。

　　在一种语言中，两个否定标记表达相同的语法意义，类似于一个否定标记的两个自由变体。下面以梁河阿昌语为例来说明。梁河阿昌语属于汉藏语系藏缅语族缅语支，梁河阿昌语的否定副词包括"n³¹/m³¹（不、没）"和禁止性否定标记"ta³¹（别）"。①

(10) ti³³ ti³³ tu³³ m³¹ kə³³~³⁵. (一点都不好。时建，P130)

　　 一点 都 不 好.

(11) ŋa³³ sā³³ ko³³⁻⁵⁵ khə³³ ka³³ n³¹ kə³³⁻³⁵. (我山歌唱得不好。时建，P117)

　　 我 山歌 唱 得 不 好.

(12) ŋa³³ ɕin³³ tɕi³³ thiɛ̃³³ ɕɔ²³¹ thaŋ³³ tə³³ n³¹ la²³¹~³⁵. (我星期天不去学校。时建，P133)

　　 我 星期天 学校 （方标） 不 去.

(13) pɛi³³ ma³³~³⁵ n³¹ tɕɛ³⁵ ʂən³¹. (阳光还没照到。时建，P132)

　　 阳光 没 到 还.

(14) a³¹ mā³¹ ŋa³³ n³¹ la²³¹⁻³⁵! (昨天我没去啊！时建，P117)

　　 昨天 我 没去!

(15) ŋa³³ xai⁵⁵ tɕhi³³ nai³¹ ȵa³⁵ tɕa³³ m³¹ tɕa³¹~³⁵ ʂən³¹. (我现在还没吃早饭呢。时建，P132)

　　 我 现在 早饭 没 吃 还.

　　n³¹ 或 m³¹ 既表"不"义，也表"没"义，具体意义要视所关涉的语境以及词

_____

①时建. 梁河阿昌语参考语法[M]. 北京：中国社会科学出版社，2009：132－137.

语组合的关系而定。如果上下文语境表示"已然"，n³¹或m³¹表示"没"义；表示"未然"或客观存在的事实，n³¹或m³¹表示"不"义，也就是说n³¹或m³¹都可以表达"没"义或"不"义，二者处于混用状态，如 m³¹ tɕɐ³¹⁻³⁵（不吃），n³¹ laʔ³¹⁻³⁵（不去），但对于具体的大部分单个词而言，二者并非混用，而是根据习惯使用其中的某一个。

同样是助动词，既有用n³¹否定的，也有用m³¹否定的。例如：

m³¹　uŋ³³⁻³⁵（不敢）　　　　　n³¹　laʔ³¹　khui⁵⁵［不应该去（时建，P117）］

不　敢　　　　　　　　　不　去　应该

m³¹　tɕaŋ³³⁻³⁵　lai⁵⁵（不会来）　　　n³¹　tɕaŋ³³　nai³³（不会骑）

不　会　来　　　　　　　不　会　骑

四、单一否定标记具有语义补偿手段

汉语普通话中有"不""没"两个否定标记，这两个标记在很多时候是功能互补的，如"我不走"和"我没走"意义有别，"不""没"有着区分语义的作用，通俗地说，"不""没"起着区分主观与客观、过去与将来的作用。在本书统计的54种汉藏语系语言中，有37种语言只有一个否定标记，否定标记的功能没有分化，那么这些功能没有分化的否定标记如何表现时体或主客观等语义的差别？语言事实表明，否定标记功能没有分化的语言可以通过添加词语和调整语序两种方式来区分语义。例如：

（一）添加词语

添加词语方式即根据具体说话的语境，用时间词语和体标记来表达句子的时间位置，以此来表现句中动词的时间属性，如景颇语、遮放载瓦语、元江苦聪话、普米语等。

1. 景颇语

景颇语中，否定式一般在动词前加否定标记"n⁵⁵"，至于否定的动作行为是过去、现在还是将来，必须依赖时间词或动词后的助动词来区别。例如：

（16）phot⁵⁵ni⁵⁵　ŋai³³　kat⁵⁵teʔ³¹　n⁵⁵sa³³　n³¹ŋai³³.（明天我不上街。吴铮，P40）

明天　　我　街　　不去　（句尾）。

(17) ma⁻⁵⁵ na²⁵⁵ ŋai³³ kat⁵⁵ te²³¹ n⁵⁵ sa³³ n³¹ ŋai³³. （昨晚我没上街。吴铮，P40）

昨晚　　我　　　街　　没去　　（句尾）。

2. 遮放载瓦语

遮放载瓦语是藏缅语族景颇语支的一种语言，主要分布在云南省陇川县、盈江县等。遮放载瓦语的一般否定标记为"a³¹（不、没）"，禁止副词为"khə⁵⁵"。据朱艳华等（2011）的研究，"a³¹"在动词和形容词之前，表达对动作行为或性质状态进行否定。动作行为或性质状态可以是已经发生的，也可以是尚未发生的。"a³¹"本身对这些情况不作区分，只能根据上下文语境或其他词语，如时间词、体助词等来判断。[①] 例如：

(18) ŋɔ⁵¹ a³¹ŋji⁵⁵ nap³¹ tʃɔŋ³¹ ma⁵⁵ a³¹jɛ⁵¹. （我昨天没去学校。朱艳华等，P161）

我　昨天　　　学校　（方助)没去。

(19) jaŋ̱³¹ nap³¹ma⁵⁵ tʃɔŋ³¹ ma⁵⁵ a³¹jɛ⁵¹. （他明天不去学校。朱艳华等，P161）

他　　明天　　学校　（方助)不去。

(20) ŋɔ⁵¹ xjɛ⁵¹ma⁵⁵ a³¹jɛ⁵¹ wu³⁵. （我没去过那里。朱艳华等，P162）

我　那里　　没去　（曾行体助）。

(21) jaŋ³¹ tsaŋ³¹ a³¹tsɔ³¹ ʃɿ²³¹. （他还没吃饭。朱艳华等，P162）

他　饭　　没吃　（未行体助）。

例（18）中的时间名词是 a³¹ŋji⁵⁵nap³¹（昨天），我们可以推断，否定标记 a³¹ 表达的是未完成体；从例（19）中的时间名词是 nap³¹ma⁵⁵（明天），我们可以推断，a³¹ 表达的是将来行为的否定；例（20）中出现曾行体助词 wu³⁵，我们可以推断，a³¹ 表达的是对经验体的否定；例（21）中出现未行体助语 ʃɿ²³¹，我们可以推断，a³¹ 表达的是对预设行为或状态的否定，表示动作行为尚未发生。

3. 元江苦聪话

元江苦聪话属于藏缅语族彝语支，苦聪人被归为拉祜族的一支，分布于云南省镇沅、金平、绿春、新平和墨江等县，苦聪人多半居住在这些地区的高山或半

①朱艳华，勒排早扎. 遮放载瓦语参考语法[M]. 北京：中国社会科学出版社，2013：161。

山腰。① 元江苦聪话的否定标记"mʌ³¹"位于核心动词或形容词前，表达汉语"不""没"的意思。例如：

（22）la³⁵tsi³¹ tʌ³¹ phie³¹，ŋa³¹ la³⁵tsi³¹ mʌ³¹ tsʌ³¹.（别放辣椒，我不吃辣椒。常俊之，P122）

辣子 别 放， 我 辣子 不 吃。

（23）ŋa³¹ ɣɔ³¹ lɔ³³ mʌ³¹ tɕhi³³ zu³³.（我没欺负过他。常俊之，P34）

我 他 （受事） 不 欺 过。

如果有助动词，则语序为：否定副词+动词+助动词。例如：

（24）a³³ sɔ⁵⁵ mu³¹ zɿ³¹ mʌ³¹ zɿ³¹ puɯ⁵⁵.（明天不会下雨。常俊之，P122）

明天 雨 不 下 会。

4. 普米语

在普米语中，只有一个否定标记 ma¹³。普米语通过不同的后加成分来表明否定句的不同时态，否定词本身不能表达句子的时态信息。

（25）ɛ⁵⁵ ʃə⁵⁵ ma¹³ ʃe⁵⁵.（我将来不去。吴铮，P26）

我 去 不 （后加）。

（26）ɛ⁵⁵ ʃə⁵⁵ ma¹³ ʐɤ̟ð⁵⁵.（我现在不去。吴铮，P26）

我 去 不 （后加）。

例（25）中，后加成分 ʃe⁵⁵ 表示将来时，例（26）中后加成分 ʐɤ̟ð⁵⁵ 表示现在时，通过两个不同的表时间的后加成分来区分句子的时体意义。

5. 村语

村语的否定方式是在动词或形容词前加否定标记 vɛn³，通过动词后的体助词来表达时体信息。

（27）kə⁵ vɛn³ tsou¹ hɛi³ dan⁵.（我不要这条。欧阳觉亚，P118）

我 不 要 这 条。

（28）na⁵ kan³ vɛn³ bən⁴ tsa⁵.（他还没来呢。欧阳觉亚，P132）

他 还 不 来 （着）。

---

① 常俊之. 元江苦聪话参考语法[M]. 北京：中国社会科学出版社，2011：2.

(29) kə⁵ vɛn³ bən⁴ nɛi³di² kuə³．(我没来过这里。欧阳觉亚，P132)

　　我　不　来　　这里　（过）。

例（28）中的"着"表示句子的时体信息是现在时、进行体，例（29）中的"过"表示的是过去时、经验体，这两个例句中的否定词"vɛn³"我们相应地处理成汉语普通话中的"没"。

（二）调整语序

语序调整方式是指通过改变否定标记与动词的位置来区分动词的时间属性，或者是通过调整否定标记的位置表达主、客观的区别。如藏语德格话、拉卜楞话中，对叙述句的否定是在动词后、语尾助词前加否定标记，但表过去时的叙述句时，可以将否定标记放在动词前。

在藏语德格话中，否定标记在动词后、语尾助词前表示客观意义上的对叙述句的否定，但是当否定标记在语尾助词和动词的前面则表示主观上的"不肯"的意思。

1. 藏语德格话（汉藏语系藏语支）

(30) kho⁵³ ndo⁵³le tse⁷⁵³ jø¹³li⁵³ ma¹³reʔ²³¹．(他还没有到达康定。吴铮，P14)

　　他　康定　　　到　　不有。

(31) ta⁵³ ki tso¹³sho⁷⁵³ mi¹³ za⁵³ do．(马不肯吃麦秆草。吴铮，P14)

　　马　麦秆草　　不肯　吃　（助动）。

例（30）中，否定标记 ma¹³ 在动词 jø¹³li⁵³ 后，在语尾助词 reʔ²³¹ 前，表示客观的陈述即"没有"的意思；例（31）中，否定标记 mi¹³ 在动词 za⁵³ 前，则表示主观上"不肯"。

2. 藏语拉卜楞话（汉藏语系藏语支）

现在、将来时：

(32) ŋi te−raŋ hwe−tɕha hta−dʑə−mən．(我今天不看书。吴铮，P15)

　　我　今天　书　　　看　不。

过去时：

(33) ŋi te−raŋ hwe−tɕha ma−hti．(我今天没有看书。吴铮，P15)

　　我　今天　书　　　不　看。

3. 却域语（汉藏语系羌语支）

却域语只有一个否定标记 ma⁵⁵，将行体和已行体中，否定标记位于动词前，但在进行体中则位于动词之后，体后缀或助动词之前。① 例如：

将行体：

（34）ŋa¹³　ma⁵⁵　pɕɛ¹³ro.（我不看。吴铮，P29）

　　　我　不　看。

已行体：

（35）ŋa¹³　kə⁵⁵　　　ma⁵⁵　pɕɛ¹³ro³³.（我没看。吴铮，P29）

　　　我　（体前缀）不　看。

进行体：

（36）ŋa¹³　pɕɛ¹³ro⁵⁵　ma⁵⁵　ʑo.（我不在看。吴铮，P29）

　　　我　看　　　不　（体后缀）。

4. 纳木兹语（汉藏语系羌语支）

在纳木兹语中，否定标记 mæ⁵⁵ 在将行体、进行体中用于动词后，动词的体后缀前，在已行体中，用于动词前。例如：

将行体：

（37）ŋa⁵⁵　dʑi⁵³　mæ⁵⁵－jæ⁵³.（我不吃。吴铮，P31）

　　　我　吃　不（体后缀）。

进行体：

（38）ŋa⁵⁵　dʑi⁵³　mæ⁵⁵－n̥u⁵³.（我没在吃。吴铮，P31）

　　　我　吃　不（体后缀）。

已行体：

（39）ŋa⁵⁵　mæ⁵⁵－dʑi⁵³.（我没吃。吴铮，P31）

　　　我　没　吃。

第五节　在汉藏语系中看邵阳方言"唔是""冇是"并存的理据

一、邵阳方言否定词与汉藏语系语言的共性和特性

从"是""有"否定的跨语言比较来看，邵阳方言的否定词与汉藏语系其他

---

①却域语、纳木兹语料来自：吴铮.藏缅语否定范畴研究[D].北京：中央民族大学，2007：29.因为资料很少，只有否定标记的基本语料，无法找到其"是""有"的否定资料，因此并未纳入本书统计的54种语言中。

语言的否定词既有不同，也有共性。

其不同之处在于，在本书统计的汉藏语系 54 种语言中，有 37 种语言只有一个否定标记，这个否定标记的意义就是从逻辑上与肯定相对立，无所谓主观，也无所谓客观；无所谓过去，也无所谓现在与将来。与这些语言相比，邵阳方言的否定词存在明确的主客观分化，"唔"表主观否定，"冇"表客观否定。

其相同之处在于，54 种语言的单纯否定标记中，有 35 种语言的单纯否定标记音节的声母是鼻音［m］或［n］［ŋ］，或自成音节的鼻音［m］或［n］［ŋ］；有 2 种语言的单纯否定标记声母是双唇音［b］［p］；有 3 种语言的单纯否定标记是鼻音［m］和双唇音［p］的混用。其他 14 种语言的单纯否定标记是唇音或鼻音之外的其他成分。因此可以得出，汉藏语系的绝大部分语言的单纯否定标记与鼻音（尤其是双唇鼻音）或双唇音有关。邵阳方言的否定标记也不例外，两个否定标记都与鼻辅音有关。

二、邵阳方言否定判断与汉藏语系语言的共性和特性

邵阳方言否定判断与汉藏语系民族语言的共性是对判断有着情态的区分。根据现有的资料，汉藏语系很多语言的判断与情态有关。本书涉及的 54 种语言中，有 20 种语言的判断动词不止一个，这些语言通过不同的判断动词来表达情态。当某种语言有几个判断动词时，这几个判断动词常常具有功能选择性，会形成肯定、否定功能互补的局面，即某些判断动词既用于肯定句和否定句，而某些判断动词只用于肯定句或只用于否定句。如现代藏语的两个系词"yin"和"red"表面上看是人称的区别，但在某些语境中，"yin"与"red"又会发生中和现象，这两个系词的本质区别是表达说话人的判断情态，即确认的程度，当叙述者表示高程度的确认判断时用"yin"，当表示不能确知的判断时用"red"。元江苦聪话中的判断动词分为肯定性判断动词和否定性判断动词。肯定性判断句中判断动词为 $z\Lambda^{33}$，当不需要强调时，也可以不用加判断动词；在否定性判断句中则用判断动词 xie^{31}。因此，汉藏语系中的很多语言在判断的表达上存在着情态的差别。

邵阳方言否定判断与汉藏语系民族语言相比的特性是，邵阳方言否定判断的不同情态功能不是通过不同的判断动词来实现，而是通过使用不同的否定词与判断动词的组合来实现。邵阳方言的否定词"唔""冇"可以同时对判断动词进行否定，这种现象在整个汉藏语系语言中是非常少见的。

因此，从语言的比较来看，邵阳方言"唔是""冇是"的形成是汉藏语系诸语言在表达中重视判断情态的体现，也是表义需要驱动下的语义精细化的体现。但是邵阳方言的否定判断在表达方式上与汉藏语系诸语言又有不同之处。这种不同之处体现了汉语南方方言在否定判断表达上的个性。

本章小结

本章拟从跨语言的角度，从与汉语关系密切、类型近似的汉藏语系的诸多民族语言"是""有"的否定类型中探讨邵阳方言"唔是""冇是"并存的理据。本章选取了包括汉语普通话在内的 54 种语言作为比较对象。除汉语普通话外，这些语言大部分位于我国西南、东南地区，与汉语南方方言接触较多，且语言类型上也较为接近，更具有语言地理类型学上的对比意义。

本章通过比较得出，按照"不是－没有^1－没有^2"的顺序，汉藏语系各语言"是""有"与否定标记的组合类型有 9 种：① "不是－不有－不"型；② "不是－不有－不 X"型；③ "专名－专名－不"型；④ "不是－不有－未"型；⑤ "不（未）是－不有－未 X"型；⑥ "不是－无有－无有"型；⑦ "不－不－未"型；⑧ "是（变调）－有（变调）－未"型；⑨ "专名－专名－未"型。

通过对汉藏语系各语言"是""有"否定的比较，我们可以归纳出一些具有语言类型学意义的蕴含共性。

共性一："不有"的使用频率大于"不是"的使用频率。本书统计的 54 种语言中，有 44 种语言"是""有"的否定方式均采用"不是"或"不有"的形式。此外，还有 3 种语言，包括格曼僜语、纳西语、元江苦聪话中，"有"的否定用"不有"，"是"的否定用"专名"。这 47 种语言约占所有语言的 87.04%。因此，对于"是""有"的否定而言，用分析型的前加单纯否定标记"不"的方式来进行否定，具有很强的语言共性。

共性二："是"的否定选择性大于"有"的否定选择性。当某种语言中，只有一个"是"、一个"有"时，"是""有"的否定方式大概率是相同的，这种语言很可能采用同一种否定方式，即"不是－不有"；当某种语言有几个判断动词或几个存在动词时，这几个判断动词常常具有功能选择性，会形成肯定、否定功能互补的局面；但这几个存在动词却大多没有肯定、否定的选择性，其否定方式是在所有的存在动词前都加上同样的一般否定标记。

共性三：在绝大部分汉藏语系语言中，存在否定与完成体否定采用不同的语法形式来表达，即"没有[1]"与"没有[2]"形式不同。在本书统计的 54 种语言中，只有 3 种语言的存在否定与完成体否定完全同形，包括汉语、畲语、塔山勉语；其余 51 种语言的存在否定与完成体否定不同形。

共性四：某种语言，不论其语序类型是 SOV 还是 SVO，否定标记是居于谓语动词前还是居于句子的尾部，"是""有"的否定都倾向于否定标记在"是""有"前，采用"否定标记＋是/有"的形式，如"不是""不有"等。

汉藏语系语言否定标记的特点是：第一，否定标记的语音形式具有不稳定性，语音形式都是单音节的，音节结构较为简单，否定标记往往与被否定的成分黏着在一起，容易产生语音熔合、逆同化语流音变、否定语素脱落等音变现象；第二，影响否定标记功能区分的首要因素是已然与未然的时体功能区分。

从"是""有"否定的跨语言比较来看，邵阳方言的否定词与汉藏语系其他民族语言的否定词既有共性，也有不同。其共性在于：汉藏语系的绝大部分语言的单纯否定标记与鼻音（尤其是双唇鼻音）或双唇音有关。邵阳方言的否定标记也不例外，两个否定标记都与鼻辅音有关。其不同之处在于：汉藏语系 54 种语言中，有 37 种语言只有一个否定标记，这个否定标记的意义就是逻辑上与肯定相对立，无所谓主观，也无所谓客观；无所谓过去，也无所谓现在与将来。与这些语言相比，邵阳方言的否定词存在明确的主客观分化，"唔"表主观否定，"冇"表客观否定。

邵阳方言否定判断与汉藏语系民族语言的共性是对判断有着情态的区分。汉藏语系很多语言的判断与情态有关。本书涉及的 54 种语言中，有 20 种语言的判断动词不止一个，这些语言通过不同的判断动词来表达情态。邵阳方言否定判断与汉藏语系民族语言相比的特性是，邵阳方言否定判断的不同情态功能不是通过不同的判断动词来实现，而是通过使用不同的否定词与判断动词的组合来实现。邵阳方言"唔是""冇是"的形成是汉藏语系语言在表达中重视判断情态的体现，也是表义需要驱动下的语义精细化的体现。这种并存现象体现了汉语南方方言在否定判断表达上的个性。

表 4 - 15　汉藏语系语言一般否定标记总表

语言	不	未	语言	不	未
1. 藏语拉萨话	ma^{12}		28. 毕苏语	ba^{31}	
2. 藏语德格话	mi^{13}、ma^{13}		29. 元江苦聪话	mʌ^{31}	
3. 藏语拉卜楞话	ma		30. 土家语	ta^{35}、tha^{55}	tau^{35}、thau^{55}
4. 错那门巴语	mʌ^{35}等		31. 大理白语	piɔ^{33}、pɯ^{33}、mu^{33}	tu^{44}
5. 羌语桃坪话	mi^{55}	mi^{55} / mi^{55} tsʅ^{33}	32. 汉语普通话	pu^{51}	mei^{35} /mei^{35} iəu^{214}
6. 羌语曲谷话	ma 等		33. 临高语	mən^{2} /m̩^{2}	
7. 珞巴语	moŋ		34. 西双版纳傣语	bau^{5} /m̥^{5}	
8. 普米语	ma^{13}	mi^{55}	35. 布依语	mi^{2}	fi^{6}
9. 嘉戎语	ma（mɐ）、mə^{55}	mi	36. 燕齐壮语	ʔbou$^{55\sim33}$ / mi$^{55\sim33}$	ʔbou^{55} / hi^{55} jaŋ^{42}
10. 景颇语	n^{55}		37. 黎语	ta^{1}	
11. 独龙语	mɯ^{31} / mǎn^{55}		38. 村语	vɛn^{3}	
12. 阿侬语	m^{31}		39. 京语	khoŋ^{55}	tsɯə^{323}
13. 格曼僜语	mɯ^{31}		40. 车江侗语	kwe^{2}	mi^{4}
14. 遮放载瓦语	a^{31}		41. 安顺仡佬语	a^{33}	mpa^{31}
15. 梁河阿昌语	n^{31} /m^{31}		42. 居都仡佬语	ma^{33}	qa^{33}
16. 浪速语	mə^{31}		43. 仫佬语	ŋ^{5} /khɔːŋ^{1}	taŋ^{2} /ŋ^{5} taŋ^{2}
17. 仙岛语	n^{31} / ma^{31} / ŋ^{31}		44. 毛南语	kam^{3}	muːi^{4}
18. 波拉语	a^{31}		45. 水语	me^{2}	mi^{4}
19. 彝语喜德话	a^{21}		46. 佯僙语	me^{2}	mi^{4}

（续表）

语言	不	未	语言	不	未
20. 彝语泸西话	ma^{21}		47. 川黔滇苗语	zhi^{44}	$zhi^{44}\,gao^{13}$
21. 纳西语	$mə^{33}$		48. 湘西矮寨苗语	$tɕu^{53}$	$ɕaŋ^{44}$
22. 怒苏语	ma^{55}		49. 黔东苗语养蒿话	a^{55}	$a^{55}\,pi^{11}$
23. 傈僳语	ma^{31}		50. 畲语	ha^6	$ha^6\,ma^2$
24. 哈尼语	ma^{31}		51. 塔山勉语	$ȵ̩^{55}$	$ȵ̩^{55}/ȵ̩^{55}\,mei^{31}$
25. 拉祜语	ma^{53}		52. 大坪江勉语	$ȵ̩^5$	$maːi^3/maːi^3$ $tɕeːŋ^4$
26. 桑孔语	a^{31}		53. 梅珠布努语	ma^2/ntu^5	$θi^2$
27. 基诺语	$mʌ^{44}$		54. 金秀拉珈语	$hwăi^1/ŋ^3$	$waŋ^2$

表 4－16　汉藏语系语言与地域分布一览表

语言	语族	民族	地域分布
1. 藏语拉萨话	藏缅语族藏语支卫藏方言	藏	西藏自治区拉萨市
2. 藏语德格话	藏缅语族藏语支康方言	藏	四川甘孜藏族自治州德格县
3. 藏语拉卜楞话	藏缅语族藏语支安多方言	藏	甘肃省夏河县拉卜楞镇
4. 错那门巴语	藏缅语族藏语支错那门巴语	门巴	西藏自治区错那县勒布区麻玛乡门巴族乡
5. 羌语桃坪话	藏缅语族羌语支羌语南部方言	羌	四川省理县桃坪乡
6. 羌语曲谷话	藏缅语族羌语支羌语北部方言	羌	四川省茂县曲谷乡
7. 珞巴语	藏缅语族	珞巴	西藏自治区东南部的米林、墨脱等县及洛渝地区
8. 普米语	藏缅语族羌语支	普米	云南省兰坪白族普米族自治县箐花乡
9. 嘉戎语	藏缅语族羌语支	藏	四川省阿坝州马尔康市卓克基区
10. 景颇语	藏缅语族景颇语支	景颇	云南省铜江县铜壁关区

（续表）

语言	语族	民族	地域分布
11. 独龙语	藏缅语族景颇语支	独龙	云南省怒江傈僳族自治州贡山县龙拉村
12. 阿侬语	藏缅语族景颇语支	怒	云南省怒江傈僳族自治州福贡县
13. 格曼僜语	藏缅语族景颇语支	藏	西藏自治区察隅县下察隅镇沙穷村
14. 遮放载瓦语	藏缅语族缅语支	景颇	云南省德宏傣族景颇族自治州芒市遮放镇
15. 梁河阿昌语	藏缅语族缅语支	阿昌	云南省梁河县
16. 浪速语	藏缅语族缅语支	景颇	云南省芒市芒海镇怕牙村
17. 仙岛语	藏缅语族缅语支	阿昌	云南省盈江县姐冒乡芒面村仙岛寨
18. 波拉语	藏缅语族缅语支	景颇	云南省芒市三台山乡孔家寨
19. 彝语喜德话	藏缅语族彝语支东南部方言	彝	四川省凉山州喜德县
20. 彝语泸西话	藏缅语族彝语支北部方言	彝	云南省红河州泸西县
21. 纳西语	藏缅语族彝语支	纳西	云南省丽江市古城区
22. 怒苏语	藏缅语族彝语支	彝	云南省怒江州福贡县知子罗村
23. 傈僳语	藏缅语族彝语支	傈僳	云南省傈僳族自治州碧江区
24. 哈尼语	藏缅语族彝语支	哈尼	云南省绿春县老马村
25. 拉祜语	藏缅语族彝语支	拉祜	云南省澜沧拉祜族自治县勐朗镇
26. 桑孔语	藏缅语族彝语支	哈尼	云南省西双版纳州景洪市小街乡
27. 基诺语	藏缅语族彝语支	基诺	云南省西双版纳州景洪市基诺山乡
28. 毕苏语	藏缅语族彝语支	毕苏	云南省澜沧县竹塘乡东主老缅大寨
29. 元江苦聪话	藏缅语族彝语支	拉祜	云南省镇沅、金平、绿春、新平和墨江等县的高山或半山腰。
30. 土家语	藏缅语族	土家	湖南省土家族苗族自治州龙山县坡脚乡
31. 大理白语	藏缅语族	白	云南省大理白族自治州
32. 汉语普通话	汉语	汉	北京市
33. 临高语	侗台语族台语支	临高	海南省北部地区临高、澄迈和琼山等地
34. 西双版纳傣语	侗台语族台语支	傣	云南省西双版纳州

（续表）

语言	语族	民族	地域分布
35. 布依语	侗台语族台语支	布依	贵州省黔西南布依族苗族自治州望谟县
36. 燕齐壮语	侗台语族台语支	壮	广西南宁市武鸣区陆斡镇燕齐村
37. 黎语	侗台语族黎语支	黎	海南省黎族苗族自治州
38. 村语	侗台语族黎语支	黎	海南东方市、昌江黎族自治县
39. 京语	侗台语族黎语支	京	广西壮族自治区防城港市各族自治县
40. 车江侗语	侗台语族侗水语支	侗	贵州省黔东南苗族侗族自治州榕江县车江乡
41. 安顺仡佬语	侗台语族仡央语支	仡佬	贵州省安顺市
42. 居都仡佬语	侗台语族仡央语支	仡佬	贵州省六盘水市箐口乡居都村
43. 仫佬语	侗台语族侗水语支	仫佬	广西壮族自治区罗城仫佬族自治县及其附近的柳城、忻城、宜山等县
44. 毛南语	侗台语族侗水语支	毛南	广西壮族自治区环江县
45. 水语	侗台语族侗水语支	水	贵州省黔南布依族苗族自治州三都水族自治县
46. 佯僙语	侗台语族侗水语支	毛南	贵州省黔南布依族苗族自治州平塘县
47. 川黔滇苗语	苗瑶语族苗语支	苗	四川、贵州、云南三省交界处
48. 湘西矮寨苗语	苗瑶语族苗语支	苗	湖南省湘西州吉首市矮寨镇
49. 黔东苗语养蒿话	苗瑶语族苗语支	苗	贵州省凯里市养蒿寨
50. 畲语	苗瑶语族苗语支	畲	广东博罗、增城、惠东和海丰等县
51. 塔山勉语	苗瑶语族瑶语支	瑶	湖南省衡阳常宁市塔山瑶族乡
52. 大坪江勉语	苗瑶语族瑶语支	瑶	湖南省永州市双牌县尚仁里乡大坪江村
53. 梅珠布努语	苗瑶语族瑶语支	瑶	广西都安、巴马、凌云、南丹、田东、平果、东兰、凤山等32个县的部分山区
54. 金秀拉珈语	侗台语族侗水语支	瑶	广西金秀瑶族自治县金秀镇

注：表格中的侗台语族下属各语支的分类见梁敏、张均如的《侗台语族概论》（第7页）。①

------

①梁敏，张均如．侗台语族概论［M］．北京：中国社会科学出版社，1996：7．

结　语

　　本研究对邵阳方言否定判断"唔是""冇是"并存的现象进行了全面的描写、分析，并通过否定判断的跨方言、跨语言比较，进一步探讨了邵阳方言"唔是""冇是"并存现象形成的原因，并指出了有待进一步研究的问题。

一、本研究的主要创新点

　　本研究在前人的研究基础上，主要形成了以下三个创新点。

（一）指出了邵阳方言否定判断的类型学意义

　　通过实地田野调查，本研究收集了大量的自然对话语料，挖掘出了不少有特色、有价值的原始方言材料，这不仅使得本研究对邵阳方言否定判断的研究更为深入，也使得学界对邵阳方言的否定范畴研究更为系统全面，极大地丰富了汉语方言否定研究的语料资源，为否定范畴的比较研究提供了富有价值的第一手方言语料。

　　对这些原始语料进行细致分析后，我们可以归纳出邵阳方言中"唔是"与"冇是"的功能差别主要体现在不同的句类中，具体包括：陈述句中，要表达否定判断的功能，一般用"冇是"，不用"唔是"；是非问句中，"冇是"重在确认事实，"唔是"重在表达情绪；正反问句中，"是唔是"重在询问，"是冇是"重在确认事实；选择复句和假设复句中，一般用"唔是"。总之，"唔是"与"冇是"表现出功能上的对立，"唔是"侧重在主观表达，"冇是"侧重在客观表达；"唔是"侧重主观推导，"唔是"进一步虚化，可以引导假设句、虚拟语气句和选择句中的从句；"冇是"侧重客观陈述，可以引导叙实性的并列关系从句。概括而言，"唔是"与"冇是"的语法意义分别是："唔是"侧重主观否定，"冇是"

侧重客观否定。

从否定判断的跨方言比较来看，类似邵阳方言"唔是""冇是"并存的语言现象有其特定的地理区域，这一现象主要存在于汉语南方方言中，具体而言包括湖南西南部的双峰花门镇、双峰甘棠镇、新化、邵阳、邵东、隆回、新宁、洞口一带，还有江西石城等湘、赣、客方言中。

从否定判断的跨语言比较来看，汉藏语系民族语言非常重视对判断情态的主客观区分。根据现有的资料，汉藏语系很多语言的判断存在情态区分，本书统计的 54 种少数民族语言中，有 20 种语言通过不同的判断动词来表达情态的区分。邵阳方言也很重视对否定判断的情态区分，但邵阳方言否定判断的不同情态功能不是通过不同的判断动词来实现，而是通过使用不同的否定词与判断动词的组合来实现。

从类型学角度来看，邵阳方言"唔是""冇是"并存现象体现了汉语南方方言在否定判断表达上的个性。邵阳方言"唔是""冇是"并存而又有功能分工的现象具有独特的类型学意义，它丰富了汉藏语系语言否定判断的表达类型。

（二）揭示了邵阳方言"唔是""冇是"并存的理据

本研究认为，邵阳方言"唔是""冇是"并存现象的形成有以下四个方面的理据。

第一，语义基础：判断动词"是"的主客观兼具性。

"是"作为判断动词，是汉语普通话中的高频词，也是汉语方言中的高频词。在一个句子中，"是"主要起肯定和联系的作用。"是"的主客观双重属性为"唔是""冇是"的语义分化提供了语义基础。一方面，"是"具有客观性，当我们对某物的种类、属性、性质进行判断时，我们往往会根据某种客观现实的标准来进行辨别和断定。另一方面，"是"也具有主观性，当我们对事物的关系进行断定时，往往融入了我们的主观认知、语气情感的成分在其中。"是"表达的判断行为具有主客观的双重属性，同时，邵阳方言否定词"唔""冇"也有主客观的分工，二者匹配组合形成的"唔是"倾向于表达主观判断否定，"冇是"倾向于表达客观判断否定。

第二，外部动因：南方方言存在否定向普通否定延伸。

从跨方言比较的角度来看，南方方言否定范畴的共性特征是"存在否定"向"普通否定"延伸，"唔"来自"无"，最初也是表存在否定，随着时间的流逝，很多方言中的存在否定词"唔"已经固化为普通否定词，而"冇"又开始新一轮的"存在否定"向"普通否定"的延伸，这种延伸在南方方言中具有非均衡性，即有的方言普通否定彻底用"冇"或"没"之类的存在否定词来行使否定的职能，如南宁平话、柳州话等；有的方言只在部分情况下普通否定由"冇"来充当，如江西永新赣语、江西石城客家话、邵阳方言等。后者直接导致了类似邵阳方言中的"唔是""冇是"并存现象。

第三，内部动因：否定词并存竞争后的语义分化。

当存在否定词向普通否定词延伸后，很有可能形成存在否定词与普通否定词共同否定某些语言成分，从而导致了方言中的否定并存现象，如上文中的"唔－冇"混用的否定类型。邵阳方言中的"唔是""冇是"并存现象也正是在"唔－冇"混用的背景下形成的。

"唔是""冇是"并存形成后，最初二者意义可能没有多大的差别，用法常常相混，但这样一来，势必会增加人们的记忆负担，在语言经济原则的影响下，二者形成竞争，结果有两种：或者淘汰其中一个，或者两者分工，意义各有侧重。在"唔是""冇是"并用的语言中，语义分化的速度与内容并不一致，如在湖南洞口方言中二者基本上没有分化，处于混用状态；在双峰花门镇方言、新化方言中语义分化较少，混用居多，湖南双峰花门镇方言中主要是将假设句、反问句中的"唔是"分化出来，新化方言主要是将反问句中的"唔是"分化出来；邵阳方言中，"唔是""冇是"分化较多，在陈述句与疑问句、确定事实与非确定事实等表义上形成了"冇是""唔是"的对立与分化，从而形成了总体上的主客观的分化。

因此，在邵阳方言中，"唔是""冇是"并存后产生竞争，最终形成两者并存、总体分工、局部纠缠的格局。否定判断形式"唔是""冇是"并存竞争后的语义分化是这种格局形成的内部动因。

第四，演变方式：高频词的优先词汇扩散。

语法演变常常是一个渐进的由少到多的扩散过程。很多南方方言里正进行着否定词第二轮的从"唔"到"冇/无/没"的"存在－否定"演化（第一轮是从"无"到"唔"）。不同的方言在这一演变过程中处于不同的阶段，演变的初始阶段里，往往只有一个谓词进入演变，即使用频率最高的系动词"是"，如闽北的石陂话里，一般的谓词否定词是[ŋ]，但"是"的否定不用[ŋ]，而要用已然否定词［nain⁴²］；吴语玉山话里，一般的谓词否定形式是 p－系的［fo?⁵］，但"是"的否定不能用［fo?⁵］，要用 m－系的［mɐi²²］。初始阶段之后，其他高频动词也接受了用存在否定词来表达一般否定，如福建邵武话中"是"和"能"可以看成是首先进入演变的两个谓词。福建莆仙话中，来自存在否定的"冇［mo²］"可与高频助动词"要"共现，① 接下来再扩散到其他谓词和形容词中。在否定词的"存在－否定"演化过程中，湖南邵阳方言的存在否定词"冇"正处在初始阶段之后，其否定功能正好与福建莆仙话类似，扩散到高频使用的判断动词"是"和能愿动词"要"、性质形容词"好"上。

（三）充分运用了语言类型学的研究方法

本课题的研究使用了类型学的研究方法。世界上的不同语言之间、同一语言的不同方言之间必然存在共性，也存在个性。不同语言之间的共性和个性是区分语言类型的基础。根据科姆里（2010），语言共性包括实质共性和形式共性、蕴含共性和非蕴含共性、绝对共性和倾向共性。实质共性指语义广泛的范畴，形式共性指对语法规则进行说明的形式表现；蕴含共性指某一个特性的出现必须或只有在其他某个特性也出现的条件下才出现，非蕴含共性指不必依靠其他特征就可以判断的共性；绝对共性指没有例外的共性，倾向共性指存在某种倾向，但有例外的共性。②

语言类型关注的是不同语言在共性特征上表现出的差异，我们必须选择那些在世界语言中具有普遍性但在不同语言中又存在变异的参项。本书所选择的参项为"概念－形式"关联，否定、判断、存在是人类认知世界和语言表达中的普遍概念，不同的语言或方言在使用"不""不是""没有"表达这三个概念意义时可能会表现出一定的个性差异。本书在对邵阳方言否定判断进行充分描写的基础上，尝试运用语言类型学的理论和方法，努力寻求邵阳方言在否定判断上与汉语其他南方方言及汉藏语系其他少数民族语言的共性与差异，力图在汉藏语系的背景下给邵阳方言否定判断进行定位，并挖掘其语言类型学价值，这是本书在汉语方言否定范畴的类型学研究方面进行的有益探索，极大地开阔了否定研究的视野，丰富了人们对汉语方言否定范畴的研究。

---

① 张敏. 上古、中古汉语及现代南方方言里的"否定－存在"演化圈［C］//余霭芹. Proceedings of the international symposium on the historical aspect of the Chinese language：commemorating the centennial birthday of the late professor Li Fangkuei, vol Ⅱ. Seattle：University of Washington, 2002：571－616.

② ［美］伯纳德·科姆里. 语言共性和语言类型［M］. 沈家煊，译. 北京：华夏出版社，1981：18－22.

类型学研究离不开比较，本书对否定判断的不同类型归纳是建立在大范围的比较研究基础之上的。李如龙（2001）指出，比较研究是方言研究的基本方法，只有比较研究才能显示个体方言的特征。方言作为民族语言的分支，它和民族共同语之间必定是一种同中有异、异中有同，相互对立又相互补充的共存互动的关系。① 我们既要将方言与共同语比较，也要将某一方言与周边方言比较，将方言与周边少数民族语言比较。因此，本书以邵阳方言的单点研究为基础，进行了大范围的语言比较研究。本课题将邵阳方言与其他地域上相近、内容上相关的多种方言或少数民族语言的否定判断进行了比较研究。通过跨方言、跨语言的比较，本书归纳出107种方言和语言的否定词类型和否定判断的类型，并努力在比较中寻求邵阳方言在否定判断上与汉语其他南方方言及汉藏语系其他少数民族语言的共同点与差异，以探讨人们在否定判断表达上的规律。因此，在比较研究基础上的类型归纳是本书的主要研究方法，这种方法可以使我们从更宽广的视角来思考邵阳方言否定判断的本质。

二、本研究的基本认识

本研究在借鉴前人对否定研究的基础上，将研究视角从单点方言研究扩展到跨方言、跨语言的比较研究，并从语言类型的视角来认识邵阳方言否定判断"唔是""冇是"并存的特殊现象。本书的研究使我们对否定范畴有了更为深刻的认识，而不仅仅是停留在单点方言的否定词的描写上。本书对否定范畴的认识有如下几点：

（一）不同语言对否定的表达与理解具有自适应性

不同语言有其自身的否定表达体系。普通话的一般否定标记呈现出"不－没"二元分立的格局，"不"是无界否定，主要否定意愿、性质或状态，具有主观性与泛时性；"没"是有界否定，主要是否定存在和否定已然，具有客观性，其时间大多指向过去。与普通话的否定标记"不""没"二元分立相比，汉语很多南方方言和汉藏语系很多少数民族语言的否定标记并不呈现二元对立，而是呈现出多样化的特征。既有很多语言或方言是二元对立的，也有大量方言使用单一否定标记，还有不少方言的否定标记呈混合状态。语言是一个完整的嵌套层级系

---

①李如龙.汉语方言的比较研究[M].北京：商务印书馆，2001：5.

统，这个系统包括语音、语义、语法等子系统，每个子系统下又有更小的子系统，层层叠叠。人们在长期的语言使用过程中逐渐适应了自身所运用语言的否定表达方式。无论是"二元对立型否定标记"还是"单一型否定标记""并用型否定标记"，任何一个否定标记系统的形成都是长期以来该语言的使用者与语言系统内部各要素互动调试的结果，否定标记的多寡并非判断否定表达优劣的标准，否定标记系统没有优劣之分。同一语言的多个共存的否定标记之间存在互补性，其具体互补类型因语言而异。

二元对立的否定标记系统使得普通话的否定表达清晰明确，但使用单一否定标记和混合否定标记的汉语南方方言和少数民族语言的否定表达也并不因为没有二元对立就混乱不堪，其语言自身都会有一些补偿手段来使语言表达准确无误，如添加词语的手段，包括添加时间词语、意愿动词、能愿动词、体标记等；上下文提示的手段，包括原因提示、结果提示等，来说明否定的主观性或客观性，或说明时间上是过去还是现在和将来。

所以，人们对否定的表达和理解都具有自适应性，即人们在处理和分析否定的过程中，会根据一些边界条件或约束条件自动调整处理方法，这些边界条件和约束条件包括所处语境的时空特征、说话人的语气等，进而使人们准确地表达和理解自然语言的否定。

（二）语言接触对否定表达产生了巨大的影响

Thomason（2001）指出，语言接触是指特定的语言个体或语言社团同时熟悉并使用一种以上的语言，任何一种语言在演变、发展的过程中都会在不同程度上跟其他语言发生接触。[1] 在接触过程中，一般强势语言会对弱势语言产生一定的影响。中国南方地理状况复杂，山川阻隔，交通不便，非常闭塞，由于历史移民等多种原因，很多地方多种方言、多个少数民族语言同时共存，当地人可以同时使用多种方言或语言，语言之间接触频繁。如此一来，中国南方语言状况异常复杂，常常兼具保守性与混合性。一方面，地理上的闭塞与分割导致语言带有一定的保守性；另一方面，人口迁移造成的多语并存使得语言又带有一定的混合性。李如龙（2012）指出，在方言的分化和演变过程中，在方言区的交界处或移往外地的方言岛，由于长期的语言接触和渗透，有些方言兼有不同时代、不同方

---

[1] 吴福祥. 关于语言接触引发的语言演变[J]. 民族语文，2007（2）：3-23.

言的特征，形成一些"混合型方言"，如湘粤桂土语群就是这样的混合型方言。[①]本书所涉及的方言点大部分正是分布在湘粤桂黔交界区域，这些方言的否定词和否定表达式由于语言的接触也呈现出多种混合状态。

除了受到相邻地区方言和其他民族语言的影响之外，南方方言还受到不同时代的共同语的影响，如古代的书面语、现代的普通话都对南方方言产生了不同程度的影响。否定范畴作为一种语言或方言中的一个重要语法范畴，也在语言接触中发展演化。如湖南邵阳武冈地处偏僻的湖南西南部，当地民众主要使用湘方言，但武冈与广西桂林邻近，与桂林经济交往较多，桂林、柳州一带的西南官话作为强势方言也会对武冈湘方言产生影响，因此武冈方言的否定词不像邵阳其他方言"唔－冇"对立，而是如桂林、柳州一样，大部分情况下使用单一否定标记，但在读音上保留湘方言的"冇"，此外，西南官话中或普通话中的"不"也开始进入武冈方言的否定词系统，在极少数情况下，人们开始使用"不"。[②] 再如罗昕如等（2016）指出的，广西湘语的否定词既继承了湖南湘语的部分特征，又受到以桂林话为代表的西南官话的影响。广西北部的全州等地紧邻湖南南部，秦汉以来曾长期隶属湖南，人口也大多来自湖南。全州等地今属广西桂林，但其方言属于湘方言永全片，学界称之为广西湘语。当"不"讲的否定词广西部分湘语保留了湖南湘语的"唔"，部分湘语使用源于湖南永州话的"肯""很"，广西大部分湘语兼用"不"是受到西南官话的影响；当"没有"讲的否定词广西湘语与湖南湘语在形式和意义上均有差异，湖南湘语一般说"冇得""冇"，广西湘语一般说"没得"，与桂林话一致，这可能是受到以桂林话为代表的西南官话的影响。[③] 因此，现代社会交通便利、经济开放、传媒发达，各地经济文化交流不断加强，加之文化程度普遍提高，现代汉民族共同语——普通话对各地方言的影响日益加大，普通话的否定词无论是在语音形式上，还是在语义内涵上，都对方言产生了巨大影响。

（三）否定标记的形式正经历"简单→繁复→简单"的演化过程

否定究其实质是一种逻辑语义现象，从语言表达的经济原则来看，否定词应该是高度简约的，很多语言的口语都是如此。吴铮（2007）指出，藏缅语的各种

---

①李如龙. 论混合型方言——兼谈湘粤桂土话群的性质[J]. 云南师范大学学报（哲学社会科学版），2012（5）：1—12.

②林四香. 湖南武冈（湾头桥）方言否定表达研究[D]. 长沙：湖南师范大学，2021：62.

③罗昕如，周婷. 方言接触境下广西湘语否定词考察[J]. 湖南师范大学社会科学学报，2016（5）：111—117.

语言或方言的否定标记大多来源于原始藏缅语的同一个否定标记，原始藏缅语的否定标记很可能是一个双唇鼻音作声母、单元音作韵母的单音节形式，马提索夫把它构拟为［ma］。① 原始汉语的否定标记最初可能也是一个声母为双唇鼻音的音节，高名凯（1986）指出，上古汉语否定词的反切上字都是双唇音，在上古是同一发音或属于同一类而略有不同的发音。由于方言或时代的不同，后来有的取了双唇音［p］，有的取了唇齿音［f］，有的取了双唇音［m］，有的取了双唇半元音［w］。"无、微"本来念为 m（w），后来读为［w］，而说话则仍保留［m］，这就是现代汉语"没"的来源，"没"其实只是代表保留于口语中的"无""微"类的中古音而已。②

据此，我们可以推测，汉语最初的否定标记也应该是简约的，由于方言或时代的差异，出现了大量音近义通的否定标记，上古汉语书面语中的否定词数量众多，错综复杂，包括"不、弗、蔑、无、靡、曼、毋、亡、莫、勿、微、罔、末、非、匪、否"等。这些否定词彼此在意义、功能上多有重叠。根据车淑娅（2008）的调查，先秦时期《诗经》的单音否定副词有 11 个，《论语》中有 8 个，《左传》中有 11 个；中古时期的《论衡》《世说新语》中否定词分别为 6 个和 7 个；近代汉语常用的否定词有 6 个，包括"不、未、休、别、非、莫"等。③ 到了现代汉语普通话中，常用否定词 3 个，包括"不、没、别"，"别"为"不要"的合音，实际上可以说只有"不、没"2 个。在汉语的发展过程中，否定词的数量逐渐减少，否定标记各形式的功能界限也越来越清楚，表义也更为明确。

汉语某些南方方言的否定标记也正在经历"简单→繁复→简单"的过程，由于否定标记形式在语言演化中的历时累积，以及周边方言与共同语的影响，有些方言的否定词数量众多，如连城客家话的否定标记有 7 个，包括由心理动词演化而来的"懒"，一般否定副词"唔""唔曾"，表禁止的否定副词"莫"，否定名词性成分的否定动词"冇"，成语和固定短语中所使用的"不"，遗迹式的"曼"。随着普通话的普及和语言融合的加剧，一些南方方言的否定词也会逐步简化，如湖南双峰甘棠镇方言中"不""唔""冇"都可以当普通话中的"不"来用，三者的功能界限不太清楚，但年轻人使用"不"的频率越来越高，"不"很有可能在

①吴铮．藏缅语否定范畴研究［D］．北京：中央民族大学，2007：75.
②高名凯．汉语语法论［M］．北京：商务印书馆，1986：441－446.
③车淑娅．古代汉语语义语法发展专题研究［M］．成都：巴蜀书社，2008：221，224，226，244，250，258.

三者的竞争中胜出，取代其他两个否定标记，从而会大大简化甘棠镇方言的否定标记系统。

三、有待进一步研究的问题

限于作者的学术水平和时间精力，本课题的研究也存在许多不足之处，有待进一步的深入探讨。

（一）研究内容还可以进一步深入拓展

本研究的重点在于方言的否定判断，否定与其他语法范畴如语气、人称、程度等范畴的关系非常密切，因此本书探讨了邵阳方言否定判断与语气的关系，由于语言材料收集难度较大，难以对其他各方言点的否定判断与语气之间的关联进行深入的研究和比较；否定与人称也有紧密的关系，由于与本书课题的关联度稍远，本书也涉及较少；否定与程度紧密相关，限于精力，本书也涉及较少。此外，受本书研究对象、选取材料的制约，本书主要关注最为常用的"不""无"类否定词，没有涉及"别"类否定词，"别"类否定词也值得专门研究。由于对话语料获取难度大，本书关于很多方言点的否定研究限于短语、单句、复句的静态研究，如果能从对话互动的动态角度来研究否定，可能会有更多新的发现。

（二）方言否定词的历时演变有待进一步研究

追根溯源是方言研究必不可少的内容之一。本书涉及 53 种南方方言，这些方言广泛分布于湘方言、湘南土话、客家方言、粤方言、赣方言、闽方言、西南官话之中。这些方言的否定词语音形式丰富多样，有些方言的否定词如湘、粤、客、赣方言中的"唔"已经有学者探明其来源是"无"，但是还有些方言的否定词尚不知道其来源，如湖南东安土话中的 $[\gamma a^{24}]$、广西灌阳话中的 $[u^{33}]$、湖南永州岚角山土话中的 $[a^{35}]$，这些否定词的本字究竟是什么还不得而知。再如湘西古丈瓦乡话和沅陵乡话的否定词 $[pa]$，学者伍云姬认为其来源是"不"，但从周边其他方言和否定词演化的规律来看，将其当作"不"是令人怀疑的；广西湘语中当"不"用的否定词"肯""很"可能也只是同音字，其本字究竟是什么目前还不可知。另外，否定词在句中的读音常常弱化，并且还经常与其他词合音形成新的否定词，这些因素导致否定词的语音形式变化多端，给其本字的考证带来了很大的困难。囿于作者的学识，以及方言否定词的历史书面文献的缺乏，因此很多方言否定词的真正本源难以考察，这对本书方言否定词类型归纳的准确性可能会产生一定的影响。

（三）语料的收集与把握还有进一步提高的空间

本书重点探讨的是湖南省邵阳市方言的否定判断，但与之比较作为参照对象的其他方言和少数民族语言地域范围极为广阔，语料的收集尤其是少数民族语料的收集有很大的难度。本书所收集到的语料是否真实全面地反映了某种少数民族语言否定范畴的全貌？这是作者一直思考的问题。

此外，南方方言的否定范畴非常复杂，在语料的搜集和把握上，由于个人语感、方言接触以及方言内部自身发展等多种原因，否定标记的使用必然会存在新老派差异，甚至在同一个县的县城与城郊、边远乡镇之间，同一个乡镇的各个村之间，同一个发音人前后的说法之间也可能存在着差异。不同的说话人对同一否定现象的语义特征也可能表现出不同的理解。方言调查中这种因人而异、因时而异、因地而异的不一致现象经常困扰着本课题的研究，也可能影响本书结论的形成。

总之，学术研究没有止境，本书是作者根据现有的有限资料得出的初步结论，这些结论还有待今后的研究来进一步证明、完善或修正，这也是本人今后努力的方向。

参考文献

一、著作类

[1] 鲍厚星. 湖南江永桃川土话研究[M]. 长沙：湖南师范大学出版社，2016.

[2] 鲍厚星. 东安土话研究[M]. 长沙：湖南教育出版社，1998.

[3] 鲍厚星. 湘方言概要[M]. 长沙：湖南师范大学出版社，2006.

[4] 曹志耘. 汉语方言地图集[M]. 北京：商务印书馆，2008.

[5] 常俊之. 元江苦聪话参考语法[M]. 北京：中国社会科学出版社，2011.

[6] 陈昌来. 现代汉语语义平面问题研究[M]. 上海：学林出版社，2003.

[7] 陈晖. 湖南泸溪梁家潭乡话研究[M]. 长沙：湖南师范大学出版社，2016.

[8] 陈平. 汉英否定结构对比研究[M]. 北京：中国社会科学出版社，1985.

[9] 陈小燕. 多族群语言的接触与交融——贺州本地话研究[M]. 北京：民族出版社，2007.

[10] 储泽祥. 邵阳方言研究[M]. 长沙：湖南教育出版社，1998.

[11] 戴庆厦. 浪速语研究[M]. 北京：民族出版社，2005.

[12] 戴庆厦，田静. 仙仁土家语研究[M]. 北京：中央民族大学出版社，2005.

[13] 戴庆厦，蒋颖，孔志恩. 波拉语研究[M]. 北京：民族出版社，2007.

[14] 高名凯. 汉语语法论[M]. 北京：商务印书馆，1986.

[15] 胡德明. 现代汉语反问句研究[M]. 合肥：安徽人民出版社，2010.

[16] 胡清国. 否定形式的格式制约[M]. 武汉：华中师范大学出版社，2010.

[17] 胡裕树，范晓. 动词研究[M]. 开封：河南大学出版社，1995.

[18] 胡云晚. 湘西南洞口老湘语虚词研究[M]. 南昌：江西人民出版社，2010.

[19] 金鹏. 藏语简志[M]. 北京：民族出版社，1985.

[20] 金颖. 汉语否定语素复合词的形成演变研究[M]. 广州：广东人民出版社，2011.

[21] 康忠德. 居都仡佬语参考语法[M]. 北京：中国社会科学出版社，2011.

[22] 李国华. 邵阳市志[M]. 长沙：湖南人民出版社，1997.

[23] 李启群. 吉首方言研究[M]. 北京：民族出版社，2002.

[24] 李如龙. 汉语方言的比较研究[M]. 北京：商务印书馆，2001.

[25] 李星辉. 湖南永州岚角山土话研究[M]. 长沙：湖南师范大学出版社，2016.

[26] 李宇明. 汉语量范畴研究[M]. 武汉：华中师范大学出版社，2000.

[27] 梁敏. 侗语简志[M]. 北京：民族出版社，1980.

[28] 梁敏，张均如. 临高语研究[M]. 上海：上海远东出版社，1997.

[29] 刘月华. 实用现代汉语语法[M]. 北京：商务印书馆，2001.

[30] 卢小群. 湘语语法研究[M]. 北京：中央民族大学出版社，2007.

[31] 卢小群. 嘉禾土话研究[M]. 长沙：中南大学出版社，2002.

[32] 罗昕如. 新化方言研究[M]. 长沙：湖南教育出版社，1998.

[33] 吕叔湘. 现代汉语八百词[M]. 北京：商务印书馆，2010.

[34] 吕叔湘. 中国文法要略[M]. 北京：商务印书馆，1982.

[35] 刘娅琼. 现代汉语会话中的反问句研究——以否定反问句和特指反问句为例[M]. 北京：学林出版社，2014.

[36] 马庆株. 汉语的动词和动词性结构[M]. 北京：北京大学出版社，1988.

[37] 毛宗武，蒙朝吉. 畲语简志[M]. 北京：民族出版社，1986.

[38] 毛宗武，蒙朝吉，郑宗泽. 瑶族语言简志[M]. 北京：民族出版社，1982.

[39] 苗力田. 亚里士多德全集[M]. 北京：中国人民大学出版社，1990.

[40] 欧阳觉亚. 村语研究[M]. 上海：上海远东出版社，1998.

[41] 欧阳觉亚，郑贻青. 黎语简志[M]. 北京：民族出版社，1980.

[42] 彭利贞. 现代汉语情态研究[M]. 北京：中国社会科学出版社，2007.

[43] 邵敬敏. 现代汉语疑问句研究[M]. 上海：华东师范大学出版社，1996.

[44] 沈家煊. 不对称和标记论[M]. 北京：商务印书馆，2015.

[45] 沈若云. 宜章土话研究[M]. 长沙：湖南教育出版社，1999.

［46］石毓智. 肯定和否定的对称与不对称［M］. 北京：北京语言文化大学出版社，2001.

［47］时建. 梁河阿昌语参考语法［M］. 北京：中国社会科学出版社，2009.

［48］宋永圭. 现代汉语情态动词否定研究［M］. 北京：中国社会科学出版社，2007.

［49］孙宏开，胡增益，黄行. 中国的语言［M］. 北京：商务印书馆，2007.

［50］孙宏开. 羌语简志［M］. 北京：民族出版社，1980.

［51］谭穆喜. 三大学士故里［M］. 北京：中国文史出版社，2007.

［52］田德生，何天贞. 土家语简志［M］. 北京：民族出版社，1986.

［53］涂良军. 云南方言词汇比较研究［M］. 昆明：云南大学出版社，2001.

［54］王均，郑国乔. 仫佬语简志［M］. 北京：民族出版社，1980.

［55］王力. 汉语史稿［M］. 北京：中华书局，1980.

［56］王晓凌. 非现实语义研究［M］. 北京：学林出版社，2009.

［57］韦景云，何霜俊. 燕齐壮语参考语法［M］. 北京：中国社会科学出版社，2011.

［58］伍云姬. 湖南方言的动态助词［M］. 长沙：湖南师范大学出版社，1996.

［59］伍云姬. 湖南方言的副词［M］. 长沙：湖南师范大学出版社，2006.

［60］伍云姬，沈瑞清. 湘西古丈瓦乡话调查报告［M］. 上海：上海教育出版社，2010.

［61］项梦冰. 连城客家话语法研究［M］. 北京：语文出版社，1997.

［62］谢奇勇. 湖南道县祥霖铺土话研究［M］. 长沙：湖南师范大学出版社，2016.

［63］邢福义. 汉语语法学［M］. 长春：东北师范大学出版社，1998.

［64］邢福义. 汉语复句研究［M］. 北京：商务印书馆，2001.

［65］徐晶凝. 现代汉语话语情态研究［M］. 北京：昆仑出版社，2008.

［66］徐世璇. 毕苏语研究［M］. 上海：上海远东出版社，1998.

［67］杨必胜，潘家懿，陈建民. 广东海丰方言研究［M］. 北京：语文出版社，1996.

［68］杨荣祥. 近代汉语副词研究［M］. 北京：商务印书馆，2007.

［69］杨蔚. 沅陵乡话研究［M］. 长沙：湖南教育出版社，1999.

［70］易亚新. 常德方言语法研究［M］. 北京：学苑出版社，2007.

[71] 余金枝. 湘西矮寨苗语参考语法[M]. 北京：中国社会科学出版社，2011.

[72] 袁毓林. 现代汉语祈使句研究[M]. 北京：北京大学出版社，1993.

[73] 袁毓林. 汉语否定表达的认知研究和逻辑分析——从认知和逻辑看语言[M]. 北京：商务印书馆，2018.

[74] 曾毓美. 湖南江华寨山话研究[M]. 长沙：湖南师范大学出版社，2005.

[75] 詹伯慧. 广东粤方言概要[M]. 广州：暨南大学出版社，2002.

[76] 张国宪. 现代汉语形容词功能与认知研究[M]. 北京：商务印书馆，2006.

[77] 张和友. "是"字结构的句法语义研究——汉语语义性特点的一个视角[M]. 北京：北京大学出版社，2012.

[78] 张焕香. 双重否定的类型学研究——以汉语和英语为例[M]. 北京：知识产权出版社，2013.

[79] 张军. 汉藏语系语言判断句研究[M]. 北京：中央民族大学出版社，2005.

[80] 张均如. 水语简志[M]. 北京：民族出版社，1980.

[81] 张清宇. 逻辑学九章[M]. 南京：江苏人民出版社，2004.

[82] 张晓勤. 宁远平话研究[M]. 长沙：湖南教育出版社，1998.

[83] 张晓涛. 疑问和否定的相通性及构式整合研究[M]. 北京：中国社会科学出版社，2011.

[84] 张一舟，张清源，邓英树. 成都方言语法研究[M]. 成都：巴蜀书社，2001.

[85] 赵元任. 汉语口语语法[M]. 北京：商务印书馆，2001.

[86] 郑焱霞，彭建国. 湖南城步巡头乡话研究[M]. 长沙：湖南师范大学出版社，2016.

[87] 周长楫，欧阳忆耘. 厦门方言研究[M]. 福州：福建人民出版社，1998.

[88] 朱德熙. 语法讲义[M]. 北京：商务印书馆，1982.

[89] 朱艳华，勒排早扎. 遮放载瓦语参考语法[M]. 北京：中国社会科学出版社，2013.

[90] [德] 黑格尔. 小逻辑[M]. 贺麟，译. 北京：商务印书馆，1980.

[91] [美] 伯纳德·科姆里. 语言共性和语言类型[M]. 沈家煊，译. 北京：华夏出版社，1981.

[92] [日] 桥本万太郎. 语言地理类型学[M]. 余志鸿，译. 北京：北京大学出版社，1985.

[93] ［日］太田辰夫. 中国语历史文法［M］. 蒋绍愚，徐昌华，译. 北京：北京大学出版社，1987.

[94] ［瑞士］索绪尔. 普通语言学教程［M］. 高名凯，译. 北京：商务印书馆，1980.

二、论文类

[1] 白荃."不""没"教学和研究上的误区［J］. 语言教学和研究，2000（3）：221-226.

[2] 鲍厚星，陈晖. 湘语的分区（稿）［J］. 方言，2005（3）：261-270.

[3] 柴森. 谈强调反问的"又"和"还"［J］. 世界汉语教学，1999（3）：65-69.

[4] 陈法今. 闽南话"有"和"无"字句式［J］. 华侨大学学报（哲学社会科学版），1987（2）：113-120.

[5] 陈晖，鲍厚星. 湖南省的汉语方言（稿）［J］. 方言，2007（3）：250-259.

[6] 陈莉，李宝伦，潘海华. 汉语否定词"不"的句法地位［J］. 语言科学，2013（4）：337-348.

[7] 储泽祥. 在多样性基础上进行倾向性考察的语法研究思路［J］. 华中师范大学学报（人文社会科学版），2011（2）：90-94.

[8] 储泽祥，刘琪. 类推而来的"有不有"——地方普通话特征性构式的个案研究［J］. 语言研究，2014（3）：13-19.

[9] 崔希亮. 汉语"连"字句的语用分析［J］. 中国语文，1993（2）：117-125.

[10] 戴耀晶. 试论现代汉语的否定范畴［J］. 语言教学与研究，2000（3）：45-49.

[11] 邓永红. 湘南桂阳六合土话的否定词［J］. 语言研究，2006（2）：81-84.

[12] 邓玉荣. 贺州铺门话的否定词［J］. 贺州学院学报，2016（1）：42-44.

[13] 董秀芳. 主观性表达在汉语中的凸显性及其表现特征［J］. 语言科学，2016（6）：561-570.

[14] 郭光. 从"否定—存在循环"视角看"不"和"没"的中和［J］. 中国语文，2022（3）：324-338.

[15] 郭继懋. 表提醒的"不是"［J］. 中国语文，1987（2）：110-113.

[16] 郭锐. 形容词的类型学和汉语形容词的语法地位［J］. 汉语学习，2012（5）：3-16.

[17] 郭锐. 过程和非过程[J]. 中国语文，1997（3）：162－175.

[18] 郭锐. 衍推与否定[J]. 世界汉语教学，2006（2）：5－20.

[19] 侯瑞芬. 再析"不""没"的对立与中和[J]. 中国语文，2016（2）：303－315.

[20] 胡建华. 否定、焦点与辖域[J]. 中国语文，2007（2）：99－113.

[21] 胡坦. 拉萨藏语中几种动词句式的分析[J]. 民族语文，1984（3）：1－16.

[22] 黄启良. 广西灌阳话几个语法现象[J]. 广西民族大学学报（哲学社会科学版），2009（4）：134－139.

[23] 黄艳梅. 邵阳市区方言否定词初探[J]. 邵阳师范高等专科学校学报，2002（1）：72－74.

[24] 蒋琪，金立鑫."再"与"还"重复义的比较研究[J]. 中国语文，1997（3）：187－191.

[25] 蒋协众. 湖南邵阳方言"略话"的否定与转折功能[J]. 中国语文，2014（2）：174－175.

[26] 李青. 汉英语中负情绪类心理动词主观性研究[J]. 牡丹江大学学报，2013（11）：90－92.

[27] 李如龙. 闽南话的"有"和"无"[J]. 福建师范大学学报（哲学社会科学版），1986（2）：76－83.

[28] 李如龙. 论混合型方言——兼谈湘粤桂土话群的性质[J]. 云南师范大学学报（哲学社会科学版），2012（5）：1－12.

[29] 李瑛."不"的否定意义[J]. 语言教学与研究，1992（2）：110－115.

[30] 林立芳. 梅县方言口语副词汇释[J]. 韶关大学学报，1990（4）：1－8.

[31] 林素娥. 汉语否定副词"不""没"的类型学初探[J]. 广西社会科学，2006（5）：162－165.

[32] 刘丹青. 汉语否定词形态句法类型的方言比较[J].（日）中国语学，2005（252）：1－22.

[33] 刘丽艳. 作为话语标记的"不是"[J]. 语言教学与研究，2005（6）：23－32.

[34] 龙安隆. 赣语永新方言的否定词和反复疑问句[J]. 井冈山大学学报，2016（1）：115－122.

[35] 罗昕如. 湘语与赣语的否定词及其相关否定表达[J]. 河池学院学报，2010（1）：32－42.

[36] 罗昕如, 周婷. 方言接触语境下广西湘语否定词考察[J]. 湖南师范大学社会科学学报, 2016 (5): 111−117.

[37] 吕叔湘. 疑问·肯定·否定[J]. 中国语文, 1985 (4): 241−250.

[38] 聂仁发. 否定词"不"与"没有"的语义特征及其时间意义[J]. 汉语学习, 2001 (1): 21−27.

[39] 潘悟云. 汉语否定词考源——兼论虚词考本字的基本方法[J]. 中国语文, 2002 (4): 302−310.

[40] 朴汀远. 论"非典型搭配"的修辞价值[J]. 兰州学刊, 2010 (1): 104−106.

[41] 钱敏汝. 否定载体"不"的语义、语法考察[J]. 中国语文, 1990 (1): 30−37.

[42] 裘锡圭. 谈谈古文字资料对古汉语的重要性[J]. 中国语文, 1979 (6): 437−442.

[43] 邵敬敏, 朱彦. "是不是VP"问句的肯定性倾向及其类型学意义[J]. 世界汉语教学, 2002 (3): 23−38.

[44] 沈家煊. "有界"与"无界"[J]. 中国语文, 1995 (5): 370−374.

[45] 沈家煊. 语用法的语法化[J]. 福建外语, 1998 (2): 1−9.

[46] 沈家煊. 语言的"主观性"和"主观化"[J]. 外语教学与研究, 2001 (4): 268−276.

[47] 沈家煊. 英汉否定的分合和名动的分合[J]. 中国语文, 2010 (5): 387−399.

[48] 沈家煊. 从语言看中西方的范畴观[J]. 中国社会科学, 2017 (7): 131−144.

[49] 盛益民, 等. 脱落否定成分: 复杂否定词的一种演变方式[J]. 中国语文, 2015 (3): 242−253.

[50] 施其生, 张燕芬. 粤语肯定否定词的比较研究及成因探讨[J]. 中山大学学报, 2016 (4): 63−72.

[51] 石毓智, 李讷. 十五世纪前后的句法变化与现代汉语否定标记系统的形成——否定标记"没(有)"产生的句法背景及其语法化过程[J]. 语言研究, 2000 (2): 39−62.

[52] 史锡尧. "不"的否定对象和"不"的位置[J]. 汉语学习, 1995 (1): 7−10.

[53] 史金生. 表反问的"不是"[J]. 中国语文, 1997 (2): 25−28.

[54] 孙文访. 基于"有""是""在"的语言共性与类型[J]. 中国语文, 2015 (1): 50−63.

［55］覃远雄. 汉语方言否定词的读音［J］. 方言，2003（2）：127－146.

［56］覃远雄. 部分方言否定语素"冇/冒"所反映的读音层次［J］. 方言，2007（3）：204－212.

［57］唐钰明. 上古判断句的变换考察［J］. 中国语文，1991（5）：388－389.

［58］唐玉环，储泽祥. 南部湘语中的"冇是"［J］. 湖南师范大学社会科学学报，2017（2）：135－141.

［59］童芳华，KONDALA，益西邓珠. 否定算子互补类型研究［J］. 当代语言学，2022（4）：563－585.

［60］全国斌. 惯常句说略［J］. 殷都学刊，2012（2）：87－94.

［61］汪维辉，胡波. 汉语史研究中的语料使用问题——兼论系词"是"发展成熟的年代［J］. 中国语文，2013（4）：359－371.

［62］王灿龙. "宁可"的语用分析及其他［J］. 中国语文，2003（3）：220－231.

［63］王灿龙. "非VP不可"句式中"不可"的隐现——兼谈"非"的虚化［J］. 中国语文，2008（2）：109－120.

［64］王灿龙. 试论"不"与"没（有）"语法表现的相对同一性［J］. 中国语文，2011（4）：301－313.

［65］王红斌. 现代汉语心理动词的范围和类别［J］. 晋东南师范专科学校学报，2002（4）：62－64.

［66］王森，王毅，姜丽. "有没有/有/没有＋VP"句［J］. 中国语文，2006（1）：10－18.

［67］王士元，沈钟伟. 词汇扩散的动态描写［J］. 语言研究，1991（1）：15－33.

［68］吴福祥. 关于语言接触引发的语言演变［J］. 民族语文，2007（2）：3－23.

［69］邢福义. 否定形式和语境对否定度量的规约［J］. 世界汉语教学，1995（3）：5－11.

［70］［美］王士元. 现代汉语中的两个体标记［J］. 袁毓林，译. 国外语言学，1990（1）：25－33.

［71］徐杰，李英哲. 焦点和两个非线性语法范畴："否定""疑问"［J］. 中国语文，1993（2）：81－92.

［72］徐时仪. 否定词"没""没有"的来源和语法化过程［J］. 湖州师范学院学报，2003（1）：1－6.

[73] 杨正超. 汉语中"没得"的来源及其演变方向——以唐河方言为例[J]. 宁夏大学学报，2011 (3)：36-42.

[74] 殷树林. 说话语标记"不是"[J]. 汉语学习，2011 (1)：36-45.

[75] 袁毓林. 并列结构的否定表达[J]. 语言文字应用，1999 (3)：42-46.

[76] 袁毓林. 论否定句的预设、焦点和辖域歧义[J]. 中国语文，2000 (2)：99-109.

[77] 袁毓林. 流水句中否定的辖域及其警示标志[J]. 世界汉语教学，2000 (3)：22-31.

[78] 袁毓林. 试析"连"字句的信息结构特点[J]. 语言科学，2006 (2)：14-25.

[79] 袁毓林. 汉语反事实表达及其思维特点[J]. 中国社会科学，2015 (8)：126-144.

[80] 张赪. 明清时期完成体否定副词的历时演变和共时差异[J]. 中国语文，2016 (5)：554-565.

[81] 张国宪. 现代汉语的动态形容词[J]. 中国语文，1995 (3)：221-229.

[82] 张谊生. 试论主观量标记"没""不""好"[J]. 中国语文，2006 (2)：127-136.

[83] 郑贵友. "不是X吗"句的语义特征和表达功能[J]. 汉语学报，2014 (4)：14-22.

[84] 周洪学. 安仁方言三个否定词的用法及比较[J]. 华侨大学学报（哲学社会科学版），2014 (2)：166-170.

[85] 庄义友. 潮州话的否定副词[J]. 语文研究，2001 (3)：47-50.

[86] 张敏. 上古、中古汉语及现代南方方言里的"否定-存在"演化圈[C] // 余霭芹. Proceedings of the international symposium on the historical aspect of the Chinese language：commemorating the centennial birthday of the late professor Li Fangkuei, vol Ⅱ. Seattle：University of Washington，2002：571-616.

[87] 陈玲巧. 现代汉语情态双重否定研究[D]. 杭州：浙江大学，2009.

[88] 陈芙. 汉语方言否定范畴的比较研究[D]. 武汉：华中师范大学，2013.

[89] 高宁. 现代汉语程度副词与否定副词共现的认知研究[D]. 长春：吉林大学，2013.

[90] 龚娜. 湘方言的程度范畴研究[D]. 长沙：湖南师范大学，2011.

[91] 侯巍. 汉语否定虚拟条件句研究[D]. 长春：吉林大学，2005.

［92］胡静. 湖南祁东县方言否定形式研究［D］. 长沙：湖南师范大学，2018.

［93］蒋协众. 湘方言重叠研究［D］. 长沙：湖南师范大学，2015.

［94］姜鸿青. 一般否定标记的类型学考察［D］. 上海：上海师范大学，2011.

［95］林四香. 湖南武冈（湾头桥）方言否定表达研究［D］. 长沙：湖南师范大学，2021.

［96］仇云龙. 现代汉语隐性否定载体使用条件分析——语言顺应论视角［D］. 长春：东北师范大学，2015.

［97］孙文访. "有、是、在"的跨语言研究［D］. 北京：北京大学，2013.

［98］万莹. 否定副词"不"和"没有"的比较研究［D］. 武汉：华中师范大学，2001.

［99］王洪钟. 海门方言语法研究［D］. 南京：南京师范大学，2008.

［100］王志英. 现代汉语特殊否定现象认知研究［D］. 上海：上海师范大学，2012.

［101］文雅丽. 现代汉语心理动词研究［D］. 北京：北京语言文化大学，2007.

［102］文贞惠. 现代汉语否定范畴研究［D］. 上海：复旦大学，2003.

［103］吴铮. 藏缅语否定范畴研究［D］. 北京：中央民族大学，2007.

［104］肖亚丽. 黔东南方言语法研究［D］. 上海：上海师范大学，2008.

［105］肖娅曼. 汉语系词"是"的来源与成因研究［D］. 成都：四川大学，2003.

［106］徐慧子. 衢州话的否定标记词［D］. 上海：复旦大学，2013.

［107］薛凤生. 现代汉语中补结构否定形式及其英汉对比［D］. 南昌：江西师范大学，2009.

［108］杨溢. 土家语否定范畴研究［D］. 广州：暨南大学，2014.

［109］尹相熙. 现代汉语祈使范畴研究［D］. 上海：复旦大学，2013.

［110］曾蕾. 湖南省洞口县山门镇方言副词研究［D］. 长沙：湖南师范大学，2007.

［111］赵素轶. 湖南省双峰县花门镇方言的副词研究［D］. 长沙：湖南师范大学，2008.

［112］赵燕. 元语言否定的认知语用研究［D］. 杭州：浙江大学，2010.

［113］周洪学. 湖南安仁方言语法研究［D］. 武汉：华中师范大学，2012.

［114］朱娟. 湖南双峰方言否定副词研究［D］. 长沙：湖南师范大学，2011.

附录　否定句调查问卷

一、动词的否定

◎不＋自主动词

1. 我不买这件衣服，想买那件衣服。

_____

2. 我不是湖南人，不吃辣椒。

_____

3. 你抽烟吗？不，我不抽烟。

_____

4. 别怕，我不打你。

_____

5. 今天雨（下得）太大了，我不走了。

_____

6. 他从来不说真话，大家都不欢迎他来。

_____

7. 我不开门，你拿我怎么样？

_____

8. 你坐一下吧？我不坐了，我要回去了。

_____

◎否定词与时体的关系（将来时、过去时、曾经体、完成体）

9. 明天我不去北京，我要去上海。

_____

10. 我明天不上班，正好轮到我休息。

_____

11. 明天不会下大雨，运动会继续开。

_____

12. 我从来没去过北京，也没见过天安门。

_____

13. 她昨天没来开会，不知道干什么去了。

_____

14. 我的书包不见了，怎么也找不到。

_____

15. 我根本没打过他，他说的不是真话。

_____

16. 我还没吃饭，等我一下。

_____

17. 小张昨天钓到了一条大鱼，我没有钓到鱼。

_____

◎不＋判断动词或属性动词

18. 你是不是长沙人？我不是长沙人。

_____

19. 这不是件坏事，是件好事。

_____

20. 那个人太坏了，简直不是人。

_____

21. 这不是我自己的钱，是别人的钱。

_____

22. 连小学生都知道，一加一不等于三。

_____

23. 小明长得一点儿都不像他的爸爸，像他妈妈。

_____

24. 这个人不老实，不值得我们尊重。

_____

25. 我不姓张，姓王。

_____

26. 他跟别人不一样，他非常喜欢唱戏。

_____

◎ "在" 的否定
27. 他昨天不在家，我等了很久他都没来。

_____

28. 我明天不在家，你改天再来。

_____

29. 趁他不在家，你把这点钱先拿去。

_____

◎ "有" 的否定
30. 我没有什么想法，你们看着办吧。

_____

31. 那时候他家里没有钱，儿子上不起学。

_____

32. 那边山上没有树，全是竹子。

_____

33. 昨天屋里有很多客人，今天屋里没有一个人。

_____

◎不＋心理动词
34. 这件衣服太紧了，我不喜欢穿。

_____

35. 女儿太小了，我不放心她一个人在家。

_____

36. 他胆子很大，晚上走路回家也不害怕。

_____

37. 这个老师不关心他的学生，很不负责任。

_____

38. 你对自己做的事后不后悔？我永远不后悔。

_____

39. 他从不说真话，我不相信他的话。

_____

◎不/没＋认知动词

40. 我不知道他什么时候回来的。

_____

41. 我从没想到他会发脾气。

_____

42. 我不认为他小气，他其实很大方。

_____

43. 我不明白他为什么总是迟到。

_____

44. 我并不觉得他是个坏人，其实他人很好。

_____

45. 离家太远了，明年我一点儿也不想出去打工了。

_____

46. 我并不希望他来这里。

_____

◎不/没＋能愿动词

47. 你愿意搬到城里住吗？我不愿意。

_____

48. 你想去北京吗？我不想去。

_____

49. 你要不要喝杯牛奶？我不要。

_____

50. 他家里条件不好，以前没能上大学。

_____

51. 明天星期六，我们不用六点起床。

_____

52. 他还没长大，你没必要跟他生气。

_____

53. 今天下这么大的雨，他还会不会来？他不会来了。

_____

54. 我错怪了他，昨天我不应该骂他。

_____

55. 你不应该迟到，你应该要早点来。

_____

56. 你不能丢下你的父母不管。

_____

57. 太阳不可能从西边出来。

_____

58. 他脾气很差，你敢不敢问他？我不敢。

_____

◎没＋非自主动词

59. 老李说今天要来的，可我没看见他。

_____

60. 大家讨论很热烈，大会开到晚上还没结束。

_____

61. 他去年没考取大学，今年终于考上了。

_____

62. 我昨天没遇到他，明天再去找他。

_____

63. 我没找到那本书，你帮我找找。

_____

◎V 不 C

64. 这担谷子太重了，我实在挑不起。

_____

65. 我走了一个小时，实在走不动了。

_____

66. 这个故事太长了，我根本就记不住。

_____

67. 今年丰收，粮食吃不完。

_____

68. 你说话的声音太小了，我一点都听不见。

_____

69. 这棵樟树太高了，我绝对爬不上去。

_____

◎V 不 C+宾

70. 他口才很好，我讲不过他。

_____

71. 他力气很大，我打不赢他

_____

72. 我们现在还买不起房子，过几年再买。

_____

73. 他一定要回去，我们怎么都留不住他。

_____

◎不＋自然现象，不＋疾病

74. 不下雨了，我们出发去学校吧。

_____

75. 不打雷了，我们走吧。

_____

76. 不发烧了，明天就可以上学了。

_____

77. 不咳嗽了，就不吃药了吧。

◎不/没＋状＋动

78. 他现在没在地里干活，在家休息。

---

79. 我今天不上街了，明天再去。

---

80. 昨天我没把窗户关紧，雨水把桌子打湿了。

二、形容词的否定

◎性质形容词的否定

81. 今天的菜太不好吃了，白花了那么多钱。

---

82. 这种青椒不太辣，那种特别辣。

---

83. 他现在不胖不瘦，刚好。

---

84. 今天天气不太热，昨天非常热。

---

85. 他今天身体有些不舒服，就不出来了。

---

86. 她长得不漂亮，但是特别聪明。

---

87. 这件衣服不贵，你喜欢的话可以买下。

---

88. 这条河一点都不宽，也不深，有一些小鱼。

---

89. 这把刀不快了，要磨一下。

◎变化形容词的否定

90. 橘子红了没有？没红，还是青的。

_____

91. 饭煮熟了没有？还没熟。

_____

三、名词的否定

92. 这件事我没有很多想法，你看着办吧。

_____

93. 那几年，所有人家里都没有一点吃的东西。

_____

94. 大家都搬出去了，山里面已经没有一户人家了。

_____

四、疑问句

95. 你有没有那本书？没有，我没有那本书。

_____

96. 你吃了饭没有？我没吃饭。

_____

97. 你吃不吃饭？我不吃。

_____

98. 你是不是长沙人？

_____

五、禁止性否定

99. 安静点，别吵！

_____

100. 不准插队！

_____

101. 我自己会做，不用你操心！

_____

102. 快要下雨了，你们别出去了！

_____

六、时段否定

103. 十年不/没见，他还是老样子。

_____

104. 不/没隔几天，他又出去了。

_____

105. 不/没等我开口，他就开始说起来了。

_____

后 记

本书是在我博士学位论文的基础上修改、完善，并最终成稿的。时间过得很快，一眨眼，我已经毕业四年多了。时光如流水一般在我的眼前淌过，可博士论文写作艰辛而又快乐的过程，却依然历历在目，那些难忘的日子经常恍如画卷一般浮现在我的眼前。

记得刚入学踏进华中师范大学校园时，我的年龄已经不小了。导师储泽祥教授很担心我难以在三年内正常毕业，他一直鼓励、指导和督促着我的论文写作。从最初选题到提纲拟定，从问卷制订到材料搜集，从结构调整到理论概括，储老师都是一丝不苟地指导着我，为我指点迷津，让我在艰难跋涉中领略到学术研究的快乐。在博士论文的写作中，我一步一步地感受到了自己的进步。刚开始我一头雾水，面对谜一样的论文选题，茫然不知所措。但在储老师的悉心指导下，我不断地搜集语料，不断地总结提升，思路逐渐清晰起来，终于将博士论文写成，并获得了当年"华中师范大学优秀毕业论文"的荣誉。在整个论文的写作过程中，储老师付出了大量的心血。是储老师为我打开了学术的大门，我衷心地感谢储老师！

我还要感谢华中师范大学文学院的各位老师们，他们勤勉严谨的治学态度、淡泊名利的高尚品格深深地影响着我。感谢吴振国老师、刘云老师、谢晓明老师、罗耀华老师，你们精彩的课堂永远铭刻在我的脑海里。还有范新干老师、曹海东老师、郭攀老师、张邱林老师，在开题时给我提出许多宝贵的建议！还有华中师范大学语言所资料室的欧阳老师，让我在语言所资料室自习和查阅资料，为我节约了大量路上奔波的时间。老师们像和煦的春风，温暖着莘莘学子疲惫的身心。

　　我还要感谢华中师范大学的同学们。我是我们这个年级年龄最大、住得最远的学生，也是得到他们照顾最多的人。何潇师妹帮我填了无数次的表格，柴湘露师妹多次帮我交作业、还书，张昀师妹陪我自习散步，孙兴亮师弟为我转交语言所的作业。还有王艳、蔡旺、彭薇、贾迪菲等师妹师弟们，我的室友李御娇老师，谢谢你们对我的热情相助！

　　我还要感谢湖南师范大学的罗昕如老师。她是研究湘方言的专家，也是我硕士时的导师。无论我什么时候去向她请教，她都是那么耐心和热情，即使是在百忙之中，也会挤出时间解答我的困惑。罗老师的善良豁达、对学术的执着追求永远是我学习的榜样。

　　我还要感谢我的发音人苏真雄、刘美容、赵妍娇、彭永明、杨稀钰等，发音的过程枯燥繁复，正是他们的积极配合才使我得到第一手的调查材料。为了熟悉方言调查的方法，我跟着中国社科院语言所的夏俐萍老师去益阳做语保工程的方言调查，夏俐萍老师热心地向我传授了方言调查的基本方法和规范。在邵阳方言的调查过程中，我还得到了很多邵阳籍的老师和朋友的帮助，邵阳学院的吕俭平老师为我找到了优秀的发音合作人，邵阳日报的廖小祥主任到处奔波带我查找方言材料，湖南师大公共管理学院的学生曾文逸和他父亲热情地为我寻找发音人，曾文逸的祖父和外祖父细心地为我讲解邵阳方言，长沙学院邵阳籍学生姚瑶多次帮我提供邵阳方言的现场对话，并协助我深入分析邵阳方言例句。邵阳朋友的热情爽朗给我留下了难以磨灭的印象，至今让我难以忘怀。

　　在整个博士论文的撰写过程中，我的家人是我的坚强后盾，正是他们的鼎力支持，才有我的今天。女儿安宝乖巧可爱，努力学习，先生辛勤工作，毫无怨言，让我衣食无忧地重新享受学生的快乐。回想先生 2005 年在华中师大读博时，为了节约车费，从武汉到长沙之间往返常常是坐最慢最便宜的火车，而我在华师读书，来来去去坐着快捷舒适的高铁，少了很多奔波的辛劳。还有我那年迈的父母，一直在千辛万苦中支持着我的学业。我由衷地谢谢他们！

　　博士毕业四年多了，怀着对未来的期盼与渴望，我们举家从湘江之滨来到了上海。我要感谢我的新工作单位上海电子信息职业技术学院的领导和同事们，学院慷慨的高层次人才激励政策为我解除了经费的后顾之忧，使我得以全身心地投入书稿的修改完善中。本书能够顺利完成并出版还得到了湖南师范大学出版社的各位领导和编辑的大力支持，尤其是编辑部主任李阳博士为本书的出版付出了辛勤的劳动。在此一并对他们表示感谢！

    "抬头是山，路在脚下"，这是著名语言学家、华中师范大学教授邢福义老师留给后人的箴言，也是我们在学术研究上应该秉持的理念。在学术的道路上，无论遇到多少坎坷风雨，我都将坚定不移地走下去。期望本书的出版，能够为方言语法的研究提供一定的借鉴参考。鉴于水平有限，本书错误和疏漏之处在所难免，敬请广大读者朋友提出宝贵意见，以后再作进一步的修改完善。

唐玉环

2023 年 5 月于交大新村